EUROPA LEHRMITTEL

EUROPA-FACHBUCHREIHE
Programmierung für die
IT-Ausbildung



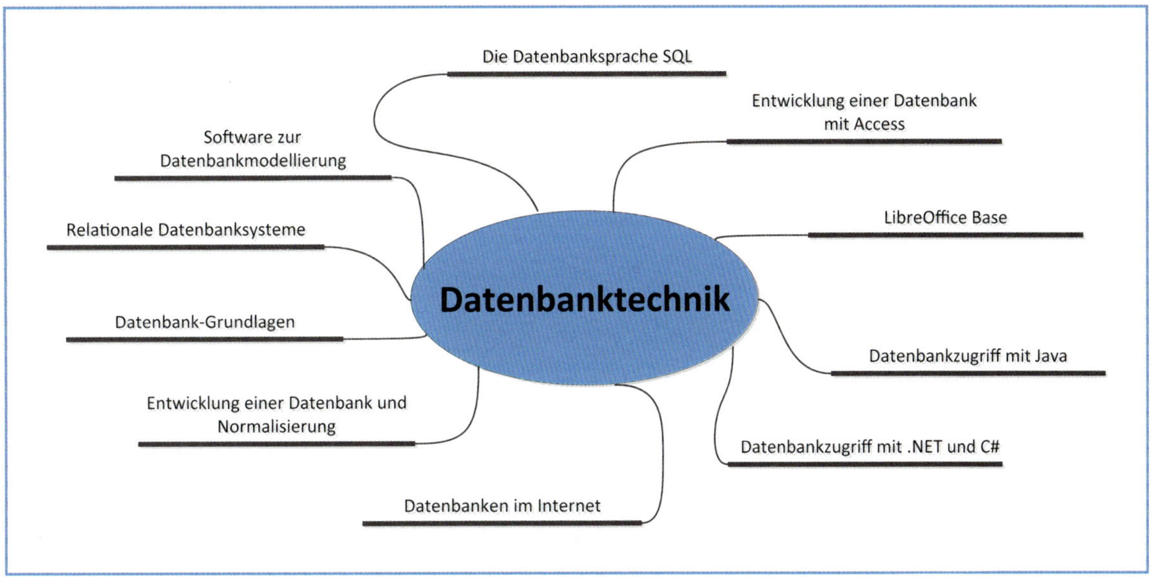


4. Auflage

VERLAG EUROPA-LEHRMITTEL · Nourney, Vollmer GmbH & Co. KG
Düsselberger Str. 23 · 42781 Haan-Gruiten

Europa-Nr.: 36087

**Verfasser:**
Elmar Dehler, Laupheim
Dirk Hardy, Oberhausen
Hubert Troßmann, Burtenbach

4. Auflage 2020

Druck 5 4 3 2 1

Alle Drucke derselben Auflage sind parallel einsetzbar, da sie bis auf die Behebung von Druckfehlern untereinander unverändert sind.

ISBN 978-3-7585-3094-4


http://www.europa-lehrmittel.de
Satz: Reemers Publishing Services GmbH, 47799 Krefeld
Umschlag: braunwerbeagentur, 42477 Radevormwald
Umschlagfotos: envfx-fotolia.com; Gina Sanders-fotolia.com
Druck: Dardedze Holografija, LV-1063 Riga (Lettland)

# Vorwort

Informatik und Informationstechnik beeinflussen nahezu alle gesellschaftlichen Bereiche unseres Lebens. Fast alle beruflichen Aktivitäten und Prozesse werden durch diese Technologien maßgeblich unterstützt oder vollzogen. Datenbanksysteme sind dabei ein zentraler Bestandteil, da von der Verfügbarkeit, Vollständigkeit und Richtigkeit der gespeicherten Daten die Aktionsfähigkeit eines Unternehmens abhängt.

Dieses Buch „**Datenbanken – Entwickeln, Programmieren, Anwenden**" vermittelt die theoretischen und praktischen Grundlagen zur Planung, Realisierung und Programmierung von Datenbanken mit modernen Softwaresystemen. Großer Wert wird dabei auf die Klärung der Zusammenhänge gelegt.

Als grundlegende Einführung in das gesamte Fachgebiet der Datenbanktechnik ist dieses Buch geeignet für **Schüler** und **Studenten** an **beruflichen Schulen**, **Berufskollegs**, **Berufsakademien**, **Gymnasien**, **Fachhochschulen** und **Universitäten**.

Die einzelnen Kapitel enthalten neben zahlreichen Beispielen auch differenzierte Übungsaufgaben, die zur Erarbeitung und Vertiefung der Themengebiete dienen. Neu sind ab der 4. Auflage Übungsaufgaben und Wiederholungsaufgaben als digitale Inhalte. Die Autoren planen diese Inhalte sukzessive zu erweitern. Gerne können die Leserinnen und Leser hier auch eigene Inhalte auf Grundlage der Buchinhalte entwickeln und über die Lernplattformen weiteren Nutzern zur Verfügung stellen. Allen Nutzern hierbei viel Spaß und größtmöglichen Lernerfolg!

All unseren aufmerksamen Leserinnen und Lesern danken wir für die wertvollen Hinweise, die wir in der **4. Auflage** dieses Buches berücksichtigt haben.

Ihre Meinung zu diesem Buch interessiert uns!

Anregungen und Kritik nehmen wir gerne unter lektorat@europa-lehrmittel.de entgegen.

Herbst 2020 — Autoren und Verlag

# Digitale Inhalte mit Kahoot nutzen:

Kahoot! ist ein Audience Response System, mit dem Spiele oder Umfragen erstellt werden können. Diese werden alleine oder im Klassenverband mit PC oder Smartphone durchgeführt. Um kahoot! als Lehrer zu nutzen, muss eine Registrierung erfolgen. Für jedes Spiel erhält man einen Game-PIN (Zugangscode), der an die Lernenden weitergeben wird. Das Spiel oder die Umfrage wird im Klassenverband über einen Beamer oder Monitor für alle sichtbar eingeblendet. Geantwortet wird alleine oder in Gruppen unter Benutzung eines PCs oder eines Smartphones.

**Eine Registrierung der Lernenden ist nicht notwendig.**

KAHOOT-REGISTRIERUNG FÜR LEHRENDE

1. Öffnen Sie einen Browser und gehen Sie auf kahoot.com
2. Registrieren Sie sich, indem Sie auf den Button *Sign Up* klicken.
3. Wählen Sie *I want to use Kahoot! as a teacher*
4. Wählen Sie den gewünschten Weg der Registrierung und loggen Sie sich anschließend mit Ihren Zugangsdaten ein.
5. Nach Eingabe weiterer Angaben, erforderlich sind die Wahl eines Benutzernamens

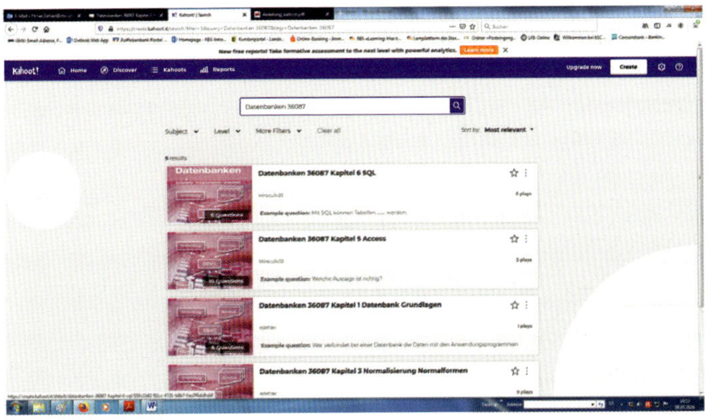

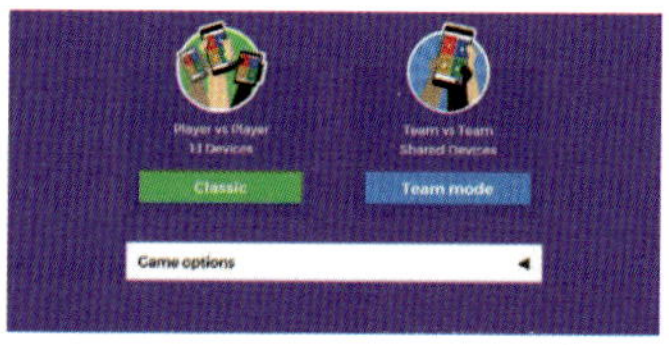


und die Angabe der Art der Einrichtung, für die Sie arbeiten, klicken Sie dann auf *Join Kahoot!*.

6. Wählen Sie die gewünschte Version von kahoot!, die Sie verwenden möchten. Die Gratisversion ist ein wenig versteckt.
7. Mit den Suchbegriffen Datenbanken oder der Europanummer 36087 gelangen Sie zum Angebot dieses Lehrwerkes.

Rufen Sie ein Spiel aus dem Angebot durch Anklicken auf und wählen Sie den Spielmodus (Classic = jeder gegen jeden, Team mode = die Mitspielerinnen und Mitspieler treten in Gruppen gegeneinander an). Nicht bei jedem Spieltyp stehen beide Modi zur Verfügung.

Unter Game Options können Sie zahlreiche Einstellungen vornehmen, z.B. Nicknames automatisch zuweisen.

Nach der Auswahl des gewünschten Modus bekommen Sie die Game PIN angezeigt, mit der sich die Mitspielerinnen und Mitspieler einloggen können.

Laden Sie die kahoot!-App herunter oder geben Sie im Browser Ihres Smartphones die Adresse kahoot.it ein. Es öffnet sich eine Seite, auf der sie die PIN des Spiels eingeben und Enter drücken müssen. Danach müssen sie einen Nickname wählen.

Sind alle Spielerinnen und Spieler eingeloggt, kann es losgehen: Durch Anklicken von Start beginnt das Spiel. Ist die Zeit abgelaufen, sehen alle die richtige Antwort und wie im Plenum abgestimmt wurde.

Die Spielerinnen und Spieler sehen auf dem eigenen Bildschirm ob sie richtig oder falsch abgestimmt haben, wie viele Punkte sie damit erreicht haben und auf dem wievielten Platz sie sich momentan befinden.

Die Fragen und Antworten können vom Lehrer jeweils besprochen werden. Über *Get Results* gelangen Sie am Ende des Spieles zur Bestenliste und im Anschluss können Sie Ihre Schüler noch um ein Feedback zum Spiel bitten.

**Vorwort** ........ **3**

**Digitale Inhalte mit Kahoot nutzen:** ........ **3**

**1 Datenbank-Grundlagen** ........ **9**
1.1 Einsatz von Datenbanken ........ 9
1.1.1 Beispiele für den Einsatz von Datenbanken ........ 9
1.1.2 Probleme bei der Datenspeicherung mit Datenbanken ........ 10
1.1.3 Aufgaben eines DBMS ........ 11
1.2 Systemarchitekturen ........ 13
1.2.1 Desktop Datenbanken für einfache Anwendungen (Einbenutzerbetrieb)... 13
1.2.2 Desktop Datenbanken für wenige Benutzer (Mehrbenutzerbetrieb) ........ 13
1.2.3 Client/Server-Datenbanken ........ 13
1.3 Datenbankmodelle ........ 14
1.3.1 Relationale Datenbanken ........ 14
1.3.2 Objektorientierte Datenbanken ........ 14
1.3.3 Hierarchische und netzwerkartige Datenbanken ........ 14
1.3.4 NoSQL-Datenbanken ........ 15
1.4 Architektur eines Datenbankmanagementsystems DBMS ........ 16
1.4.1 Die Drei-Ebenen-Architektur (Drei-Schichten-Architektur) ........ 16
1.5 Phasen des Datenbankentwurfs ........ 17
1.6 Aufgaben zu Kapitel 1 ........ 17
1.7 Digitale Inhalte zu Kapitel 1 ........ 18

**2 Relationale Datenbanksysteme** ........ **19**
2.1 Relationale Datenbanksysteme ........ 19
2.1.1 Tabellen und Relationen ........ 19
2.1.2 Schlüssel und Beziehungen ........ 20
2.2 Entity Relationship Model/Entitäten-Beziehungs-Modell ........ 22
2.3 Beispiele mit Lösungen zum ERM: ........ 26
2.3.1 Auftragsbearbeitung ........ 26
2.3.2 Lieferanten und Artikel ........ 26
2.4 Aufgaben zu Kapitel 2 ........ 27
2.3 Digitale Inhalte zu Kapitel 2 ........ 31

**3 Entwicklung einer Datenbank und Normalisierung** ........ **33**
3.1 Datenbankentwicklung ........ 33
3.1.1 Verfahren der Software-Entwicklung ........ 34
3.2 Normalisierung ........ 34
3.2.1 Normalformen ........ 35
3.2.2 Beispiel zur Normalisierung: Versandhandel ........ 38
3.2.3 Weitere Normalformen ........ 41
3.2.4 Integritätsbedingungen ........ 41
3.3 Aufgaben zu Kapitel 3 ........ 42
3.4 Digitale Inhalte zu Kapitel 3 ........ 45

**4 Software zur Datenbankmodellierung** ........ **47**
4.1 DB-Designer ........ 47
4.1.1 Download und Installation ........ 47
4.1.2 Tabellen erstellen ........ 50
4.1.3 Tabellen relational verknüpfen ........ 52
4.1.4 Datensätze eingeben ........ 53
4.1.6 Forward Engineering ........ 57
4.2 Microsoft VISIO ........ 60
4.2.1 Datenbankmodelldiagramm starten ........ 60
4.2.2 Tabellen erstellen ........ 61
4.2.3 Spalten erstellen ........ 62
4.2.4 Beziehungen erstellen ........ 63
4.2.5 Reverse Engineering ........ 64
4.2.6 Erstellen von Indizes ........ 67
4.2.7 Erstellen von Ansichten (Views) ........ 68
4.2.8 Erstellen von Feldprüfungsbedingungen ........ 71

**5 Entwicklung einer Datenbank mit Access ... 73**
- 5.1 Tabellen erstellen ... 73
- 5.2 Festlegen von Beziehungen und referenzieller Integrität ... 76
- 5.3 Formulare ... 77
  - 5.3.1 Anlegen eines Formulars ... 77
  - 5.3.2 Unterformulare ... 78
  - 5.3.3 Datenbanksteuerung mit Schaltflächen ... 80
- 5.4 Makros ... 81
- 5.5 Erstellen eines Berichtes ... 82
- 5.6 Erstellen von Datenbankabfragen ... 84
- 5.7 Aufgaben zu Kapitel 5 ... 86
- 5.8 Digitale Inhalte zu Kapitel 5 ... 87

**6 Die Datenbanksprache SQL ... 89**
- 6.1 SQL-Standards ... 89
- 6.2 Erzeugen, Ändern und Löschen von Tabellen ... 90
- **Ändern einer Tabelle ... 91**
- 6.3 Auswahlabfragen mit SELECT ... 92
  - 6.3.1 Eingrenzen von Auswahlabfragen mit Bedingungen ... 92
  - 6.3.2 Darstellung von Feldinhalten in WHERE-Bedingungen ... 93
  - 6.3.3 DISTINCT ... 96
  - 6.3.4 Der Operator BETWEEN ... 96
  - 6.3.5 Der Operator IN ... 96
  - 6.3.6 Umgang mit NULL-Werten ... 97
  - 6.3.7 Daten sortieren ... 97
  - 6.3.8 Abfrage-Ergebnisse einschränken ... 98
  - 6.3.9 Funktionen in SELECT-Abfragen ... 99
  - 6.3.10 Gruppieren von Daten ... 104
  - 6.3.11 Abfragen über mehrere Tabellen (JOINS) ... 105
  - 6.3.12 Unterabfragen ... 110
- 6.4 Daten bearbeiten mit SQL ... 112
  - 6.4.1 Einfügen von Datensätzen ... 112
  - 6.4.2 Löschen von Datensätzen ... 113
  - 6.4.3 Aktualisieren von Daten ... 113
- 6.5 Konsistenz der Datenbank ... 114
- 6.6 Transaktionen ... 115
- 6.7 Aufgaben zu Kapitel 6 ... 116
- 6.8 Digitale Inhalte zu Kapitel 6 ... 118

**7 LibreOffice Base ... 121**
- 7.1 Datenbank erstellen ... 121
- 7.2 Beziehungen zwischen Tabellen erstellen ... 131
- 7.3 Datensätze eingeben ... 133
- 7.4 Verbindung zu anderen Datenbanken herstellen ... 134
- 7.5 Abfragen erstellen ... 137
- 7.6 Formulare ... 141

**8 Datenbanken im Internet ... 147**
- 8.1 Entwicklungsumgebung XAMPP ... 147
- 8.2 Funktionsweise der Komponenten ... 147
  - 8.2.1 Der Webserver ... 147
  - 8.2.2 Installation der Entwicklungsumgebung XAMPP ... 148
  - 8.2.3 Starten der Komponenten ... 148
- 8.3 Die Skriptsprache PHP ... 149
  - 8.3.1 Einführung ... 149
  - 8.3.2 Schreiben eines PHP-Skripts ... 149
  - 8.3.3 Variablen in PHP ... 150
  - 8.3.4 Arrays ... 150
  - 8.3.5 Arbeiten mit Arrays ... 154
  - 8.3.6 Bearbeiten von Zeichenketten ... 154
  - 8.3.7 Dateioperationen mit PHP ... 155

8.3.8 Zugriffsrechte auf Dateien ... 157
8.3.9 Arbeiten mit Formularen ... 158
**8.4 Das Datenbanksystem Maria DB ... 159**
8.4.1 Mit MySQL-Clients arbeiten ... 160
8.4.2 Zugriffsrechte gewähren und widerrufen ... 162
8.4.3 Bearbeiten einer MySQL-Datenbank mit PHP ... 165
**8.5 Daten über ODBC-Schnittstellen austauschen ... 166**
**8.6 Aufgaben Kapitel 8 ... 169**
**8.7 Digitale Inhalte zu Kapitel 8 ... 170**

**9 Datenbankzugriff mit Java ... 171**
**9.1 Datenbankzugriff mit Java ... 171**
9.1.1 Datenbankanbindung mit JDBC ... 171
9.1.2 JDBC-Treiber laden und eine Verbindung aufbauen ... 171
9.1.3 Zugriff auf eine SQLite-Datenbank ... 172
9.1.4 Nicht-Select-Befehle absetzen ... 175
**9.1.5** Metadaten ermitteln ... 176
**9.2 Weitere Datenbanken ansprechen ... 178**
9.2.1 Einen Treiber hinzufügen ... 178
9.2.2 Weitere Datenbanktreiber ... 179
**9.3 Aufgaben zu Kapitel 9 ... 179**
**9.4 Digitale Inhalte zu Kapitel 9: ... 181**

**10 Datenbankzugriff mit .NET und C# ... 183**
**10.1 Datenbankzugriff mit .NET und C# ... 183**
10.1.1 Datenbankanbindung unter dem .NET-Framework ... 183
10.1.2 Provider nutzen und eine Verbindung aufbauen ... 184
10.1.3 Beispiel eines Zugriffs auf eine ACCESS-Datenbank ... 184
10.1.4 Nicht-Select-Befehle absetzen ... 187
10.1.5 DataAdapter und DataSet ... 189
**10.2 Den Datenbankassistenten von Visual C# nutzen ... 191**
10.2.1 Eine Datenbank einbinden ... 191
10.2.2 Windows-Forms-Steuerelemente automatisch anbinden ... 193
10.2.3 WPF-Steuerelemente automatisch anbinden ... 195
**10.3 Aufgaben zu Kapitel 10 ... 198**
Kundentabelle: ... 199
Bestellungen-Tabelle: ... 199
Aufgabenstellung: ... 199
**10.4 Digitale Inhalte zu Kapitel 10 ... 200**

**Index ... 201**

# 1 Datenbank-Grundlagen

## 1.1 Einsatz von Datenbanken

Eine **Datenbank** ist eine Sammlung gespeicherter Daten, die untereinander in einer logischen Beziehung stehen und von einem **Datenbankverwaltungssystem** (**DBMS** von Database Management System) verwaltet werden. Die Daten werden z. B. von Anwendungsprogrammen und Benutzern eines Unternehmens verwendet.

**Hinweis**

Datenbanken sind logisch zusammengehörende Datenbestände.

### 1.1.1 Beispiele für den Einsatz von Datenbanken

Datenbanken spielen beim Einsatz von Computern häufig eine zentrale Rolle. Die Speicherung von großen Datenmengen ist überall erforderlich, wo Arbeitsabläufe computerunterstützt abgewickelt werden.

**Beispiele**

- Banken und Versicherungen arbeiten mit Datenbanksystemen. In der Datenbank sind alle Informationen zu Konten, Buchungen und Kunden strukturiert abgelegt. Datenschutz und Datensicherheit haben höchste Priorität.
- Unternehmen jeglicher Größe und Branche arbeiten zur Ressourcenplanung mit ERP-Systemen (von Enterprise Resource Planning), die Daten z. B. Kundendaten, Mitarbeiterdaten oder Artikeldaten, liegen gespeichert in Datenbanksystemen vor.
- Die automatisierte Lagerverwaltung macht den Einsatz von Datenbanken notwendig. Eine Lagerdatenbank enthält geordnete Informationen zu zahlreichen Lieferanten, Artikeln und deren Bestände.
- Informationssysteme im Internet (z. B. Wikipedia) verwalten ihre Artikel mithilfe von Datenbanken.
- Unternehmen speichern in Data Warehouses (Daten-Warenlager) Daten für die Datenanalyse zur betriebswirtschaftlichen Entscheidungshilfe. Ebenso speichern z. B. Marktforschungsinstitute eigene Daten und Fremddaten zur weiteren Verarbeitung.

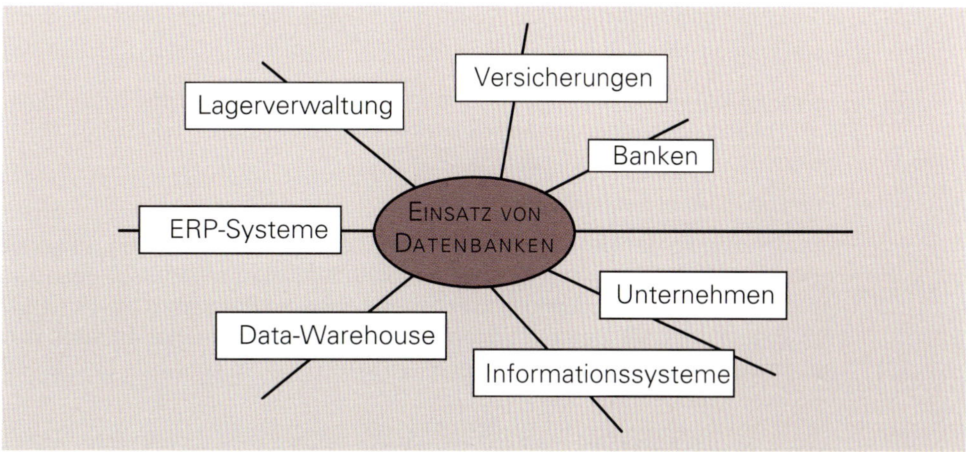

Die Anwendungsprogramme, z. B. Software für Lagerhaltung oder Software zur Personalverwaltung, greifen über das DBMS auf die gemeinsamen Daten parallel zu.

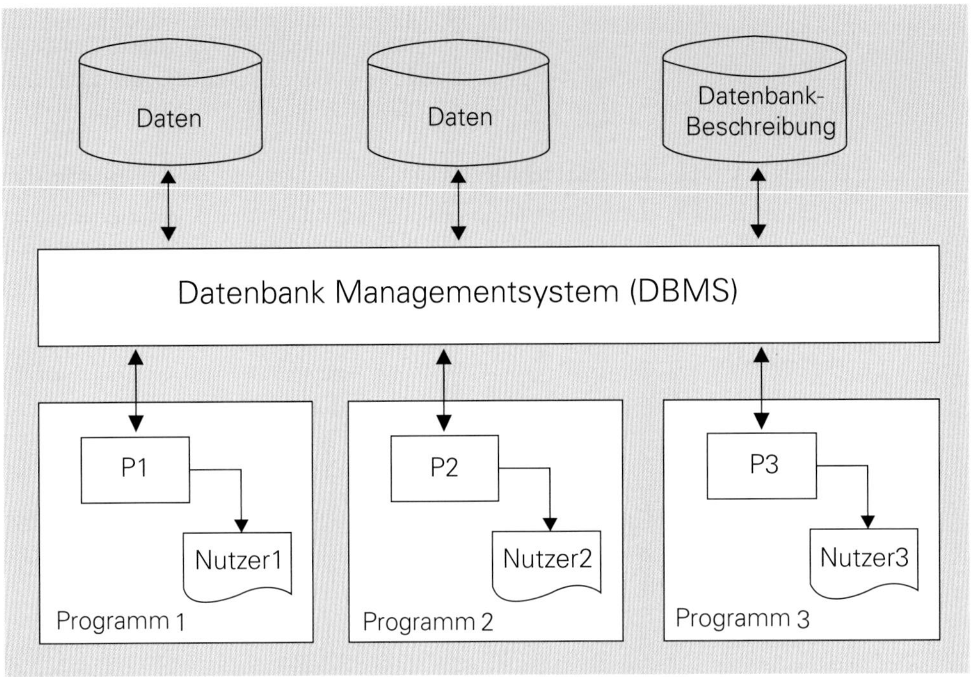


### 1.1.2 Probleme bei der Datenspeicherung mit Datenbanken

Bei der Speicherung von Daten mithilfe von Datenbanken können zahlreiche Probleme auftreten:

- Redundanzen

  Daten werden mehrfach gespeichert, dadurch werden Änderungen aufwendig und der Datenbestand ist fehleranfällig. Dieselben Daten müssen mehrmals an verschiedenen Stellen geändert werden. Wenn z. B. Änderungen von mehrfach gespeicherten Daten nur an einer Stelle vorgenommen werden, sind die Datenbestände fehlerhaft.

- Inkonsistenzen

  Werden Daten von mehreren Benutzern bzw. Programmen zeitgleich bearbeitet und geändert, kann es zu einem inkonsistenten Zustand der Daten kommen. Der Datenzugriff ist nicht synchronisiert. Wird z. B. ein Girokonto von zwei Benutzern zeitgleich bearbeitet, sehen beide den aktuellen Kontostand von 2000 Euro. Hebt nun Benutzer A 1000 Euro ab und speichert diesen Vorgang, zeitgleich zahlt Benutzer B 500 Euro ein und speichert, dann sind im Datenbestand sowohl 1000 Euro als auch 2500 Euro inkonsistent und falsch.

- Datenschutz

  Lesezugriffe und Schreibzugriffe auf den gesamten Datenbestand sind möglich. Datenschutz kann – abhängig vom verwendeten Betriebssystem – durch Zugriffsrechte oder Verschlüsselung realisiert werden.

- Fehlende Datenunabhängigkeit

  Die Verwaltung der Daten ist meist nur mit einer entsprechenden Anwendungssoftware möglich. Ist eine Änderung der Struktur der Daten erforderlich, muss sowohl die Anwendungssoftware geändert werden, als auch ein Programm zur Umstrukturierung der Dateien erstellt werden. Sollen die gleichen Dateien einer anderen Anwendung ausgewertet werden, muss für diese neue Anwendung ebenfalls eine eigene Datenverwaltung erstellt werden.

Damit der Anwender die Daten übersichtlich und einfach verwalten kann, benötigt er ein Datenbankverwaltungssystem DBMS. Ein **Datenbanksystem (DBS)** besteht somit aus der Kombination von Datenbank (DB) und einem Datenbankverwaltungssystem.

Typische DBMS sind z. B. Microsoft Access, LibreOffice Base, MariaDB/MySQL, Paradox, Oracle und MS SQL-Server.

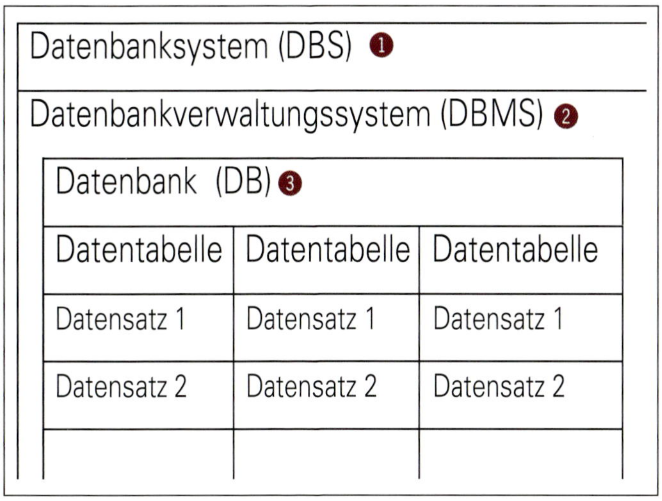


❶ **DBS** = Datenbanksystem: Datenbanken + DBMS
❷ **DBMS** = Datenbank-Management-System: Software zur Verwaltung von Datenbanken
❸ **DB** = Datenbank: strukturierter, vom DBMS verwalteter Datenbestand

**Hinweis:**

Ein DBS speichert und organisiert die Daten redundanzfrei, mit der nötigen Datensicherheit und einem gewährleisteten Datenschutz. Das DBS ist unabhängig von den Anwendungen, die auf die Daten zugreifen.

Anwendungsprogramme greifen nicht direkt auf die Daten zu, sondern stellen ihre Anforderungen an das Datenbankmanagementsystem. Die Datenbank ist eine Sammlung logisch zusammengehöriger Daten zu einem Sachgebiet, z. B. Kundendaten und Auftragsdaten. Das DBMS stellt die Schnittstelle zwischen der Datenbank und deren Benutzern, z. B. den Anwendungsprogrammen, her. Es gewährt den Zugriff auf die Daten und sorgt dabei für eine zentrale Steuerung und Kontrolle. Das DBMS verwaltet die Benutzer, deren Zugriffe auf die Datenbank und die Zugriffsrechte der Benutzer. Außerdem wird durch das DBMS ein Schutz gegen Hard- und Softwarefehler gewährleistet, sodass beispielsweise bei Programm- oder Systemabstürzen die Daten nicht verloren gehen bzw. wiederhergestellt werden können. Änderungen an der Struktur der Datenbank bedeuten nicht, dass auch die Anwendungsprogramme geändert werden müssen.

### 1.1.3 Aufgaben eines DBMS

E. F. Codd (brit. Mathematiker) fasste 1982 die Anforderung an ein DBMS in 9 Punkten zusammen:

1. Datenintegration = einheitliche Verwaltung aller benötigten Daten.
2. Datenoperationen = der Datenbestand ermöglicht das Suchen, das Ändern und das Abspeichern von Daten.
3. Datenkatalog = ein Datenkatalog (Data Dictionary) enthält die Beschreibungen der Datenbank.
4. Benutzersichten = jede Anwendung benötigt unterschiedliche Sichten (Views) auf den Datenbestand.
5. Konsistenzüberwachung = die Überwachung der Datenintegrität sichert die Korrektheit der Daten in der DB.
6. Zugriffskontrolle = Zugriffe auf den Datenbestand können kontrolliert werden und gegebenenfalls auch verhindert werden.
7. Transaktionen = Änderungen an der DB können als Einheiten zusammengefasst werden.
8. Synchronisation = gemeinsam benutzte Daten müssen bei konkurrierenden Transaktionen synchronisiert werden.
9. Datensicherung = ermöglicht die Wiederherstellung des Datenbestandes nach Konflikten, z. B. Systemabsturz.

Der Unterschied zwischen einem Datenbanksystem und einer Ansammlung einzelner Dateien besteht darin, dass in einem Datenbanksystem die Daten vom Datenbankverwaltungssystem DBMS zentral verwaltet werden. Die Anwendungsprogramme greifen über das DBMS auf die gemeinsamen Daten parallel zu.

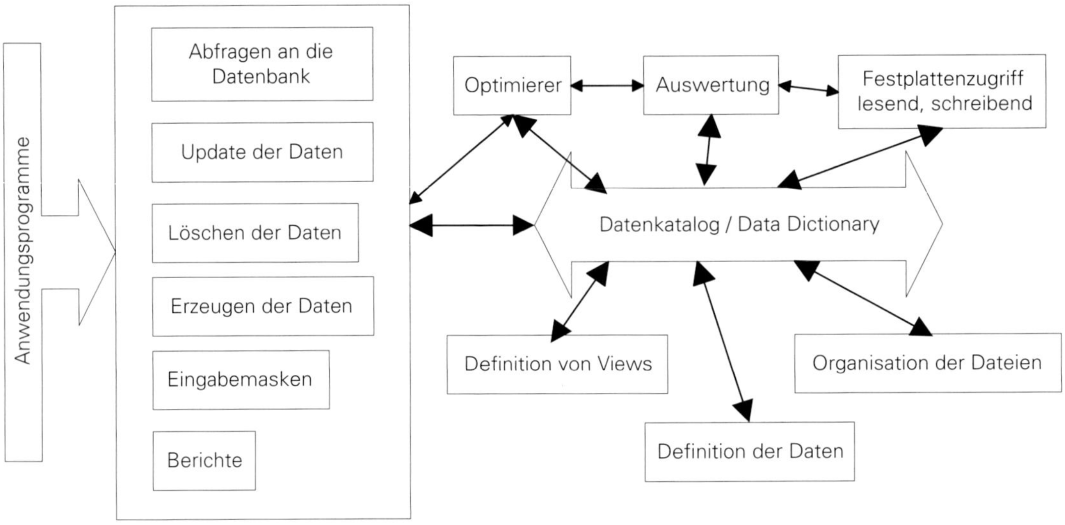


Architektur eines DBMS

Das **Data Dictionary** (Datenkatalog) beschreibt, wie auf der internen Ebene die Datenspeicherung realisiert wird. Es ist der zentrale Katalog aller für die Datenhaltung wichtigen Informationen. Im Einzelnen ergeben sich folgende Komponenten:

- Definition der Dateiorganisationen, Definition der Zugriffspfade auf die Dateien,
- Konzeptuelle Datendefinition, Definition von Benutzersichten, Optimierung der Datenbankzugriffe,
- Auswertung der Abfragen und Änderungen und Steuerung der Festplattenzugriffe.

Einzelne **Transaktionen** sind in sich abgeschlossene Zugriffe auf den Datenbestand. Beispielsweise werden bei einem Buchungsvorgang von Konto A 100 € abgehoben und auf Konto B eingezahlt. Transaktionen werden in einem **Logbuch** abgespeichert. Das Logbuch enthält Informationen zum Beginn und Ende einer Transaktion und über die bearbeiteten Datenbestände vor und nach der Transaktion. Anhand des Logbuches können Transaktionen nachvollzogen und evtl. rückgängig gemacht werden.

Eine Transaktions-Managementsoftware ermöglicht den gleichzeitigen Zugriff auf Daten. Parallel ablaufende Transaktionen werden synchronisiert, um die Integrität des Datenbestandes zu gewährleisten.

**Beispiel:**

Im Linienflugzeug von Stuttgart nach Berlin wird ein Sitzplatz gebucht. Kunde A in Ulm loggt sich in die Buchungs-Software zeitgleich wie Kunde B in Stuttgart ein und bekommt denselben freien Platz angezeigt. Wenn nun Kunde A den Sitzplatz bucht, entspricht das Anklicken des Buchungsbuttons einem schreibenden Zugriff auf den Datensatz. In diesem Moment ist der Datensatz für Kunde A exklusiv für eine Transaktion reserviert. Findet die Buchung und damit die Transaktion einen erfolgreichen Abschluss, kann Kunde B denselben Platz nicht mehr buchen. Kunde B sieht den Sitzplatz anschließend als belegt.

Es ergeben sich folgende Vorteile:

- Alle Programme arbeiten mit der gleichen Datenbasis, d. h., die Aktualität der Daten ist für alle dieselbe.
- Einmalige Speicherung der Daten für alle Anwendungen.
- Unabhängiger gleichzeitiger Zugriff auf gemeinsame Daten unter zentraler Verwaltung.

## 1.2 Systemarchitekturen

### 1.2.1 Desktop Datenbanken für einfache Anwendungen (Einbenutzerbetrieb)

Bei einer Desktop Datenbank läuft das Datenbankverwaltungssystem, z. B. Access oder Base, mit der jeweiligen Datenbank und der Datenbankanwendung auf dem PC des Anwenders.

❶ Datenbank
❷ Datenbankdatei

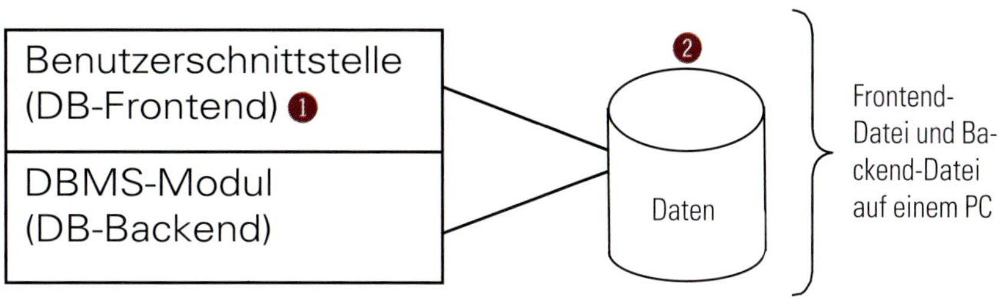


Desktop Datenbank für Einbenutzerbetrieb

### 1.2.2 Desktop Datenbanken für wenige Benutzer (Mehrbenutzerbetrieb)

Befinden sich die Datenbankinhalte (**Backend-Datei**) auf einem Netzlaufwerk im Intranet oder Internet, so können mehrere Benutzer parallel auf die Datenbankinhalte zugreifen.

Alle Daten müssen zur Verarbeitung, z. B. zum Suchen oder Sortieren, über das Netzwerk transportiert werden.

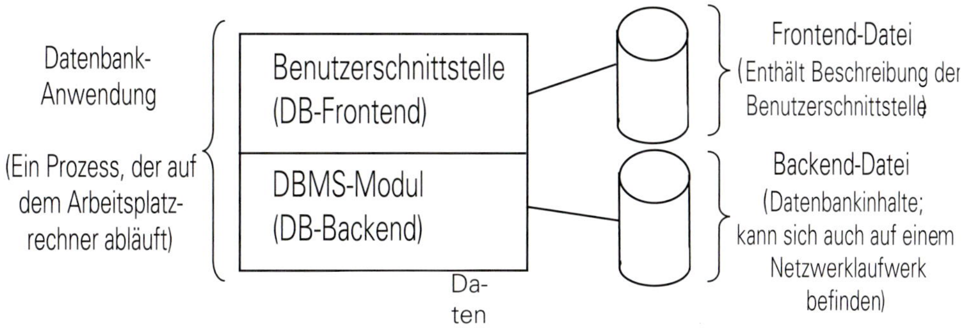


Desktop Datenbank für mehrere Benutzer

### 1.2.3 Client/Server-Datenbanken

Das Datenbankverwaltungssystem läuft auf einem Server-PC im Netzwerk und hat den exklusiven Zugriff auf die Datenbankdateien. Bei einem relationalen Datenbank-Server spricht man auch von einem **SQL-Server** (von **Structured Query Language** = strukturierte Abfragesprache). Client-Programme rufen Daten ab und speichern diese.

Nur die Abfrage (SQL-Anweisung, Query) und die Antwort müssen über das Netzwerk transportiert werden. Die Datenbankanwendung kann auf dem Client oder auf dem Server laufen oder sich auf beide verteilen.

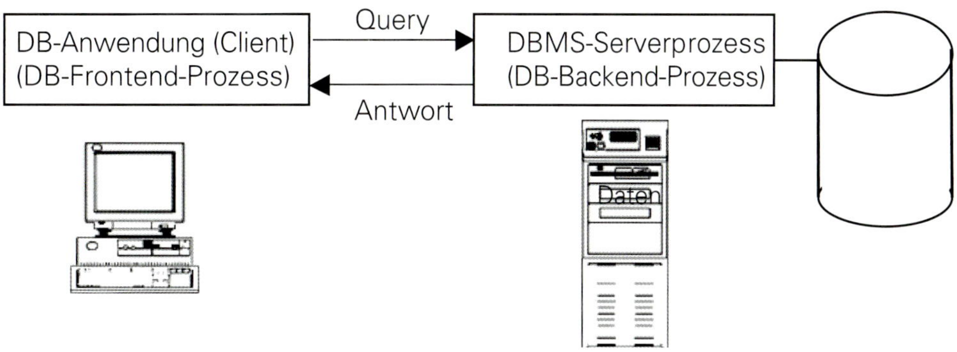


Client / Server Datenbank

## 1.3 Datenbankmodelle

Man unterscheidet meist 5 **Datenbankmodelle**. Dies sind die relationalen Datenbanken, die objektorientierten, die hierarchischen Datenbanken, die netzwerkartigen Datenbanken und NoSQL-Datenbanken. Die Unterschiede dieser 5 Modelle liegen in der Art des logischen Aufbaus der Datenbank.

### 1.3.1 Relationale Datenbanken

Eine **relationale Datenbank** besteht ausschließlich aus Tabellen. Ein Zugriff erfolgt immer über diese Tabellen. Da leicht neue Tabellen hinzugefügt oder gelöscht werden können, sind spätere Änderungen des logischen Datenbankaufbaus relativ leicht möglich. Zugriffe auf Tabellen sind einfach zu programmieren, was zu der großen Beliebtheit dieses Datenbankmodells führte.

Die Zusammenhänge zwischen den einzelnen Tabellen werden über Beziehungen hergestellt. Diese Beziehungen sind in den Tabellen mit abgespeichert. Der Aufbau von Datenbeständen über Tabellen und ihre Beziehungen zueinander sind mathematisch fundiert (Relationenalgebra).

Die relationalen Datenbanken besitzen aber auch Nachteile: Zugriffe erfolgen oft über mehrere Tabellen, was längere Laufzeiten und eine hohe Anzahl von Ein-/Ausgaben zur Folge haben kann.

### 1.3.2 Objektorientierte Datenbanken

Eine **objektorientierte Datenbank** besteht ausschließlich aus Objekten. Ein Objekt ist entweder ein realer Gegenstand, z. B. ein Flugzeug, eine Person oder ganz allgemein ein abstrakter Gegenstand, etwa eine Adresse, eine Rechnung, ein Vorgang oder eine Abteilung einer Firma.

Da viele Objekte auch in Tabellenform gespeichert werden können, werden objektorientierte Datenbanken häufig als eine Erweiterung relationaler Datenbanken angesehen. Dies trifft allerdings nur teilweise zu. Schließlich gehören zu einer objektorientierten Datenbank auch objektorientierte Ansätze wie Klassen, Datenkapselungen oder Vererbungen.

Objektorientierte und objektrelationale Datenbanken haben einen komplexeren Aufbau als relationale Datenbanken (fast beliebige Objekte statt einfacher Tabellen). Als Konsequenz müssen Datenbank-Designer und Anwendungsprogrammierer einen höheren Aufwand in Entwurf und Programmierung investieren. Auch die interne Verwaltung der Datenbank ist umfangreicher. Als Vorteil erhält man insbesondere bei technischen und multimedialen Anwendungen einen anschaulicheren Aufbau (komplexe Objekte müssen nicht zwangsweise auf Tabellen abgebildet werden). Dies kann erhebliche Laufzeitvorteile nach sich ziehen.

### 1.3.3 Hierarchische und netzwerkartige Datenbanken

Die ältesten Datenbanken sind **hierarchische Datenbanken**, eine Weiterentwicklung der konventionellen Dateiorganisation, wie sie beim PC intern genutzt wird. Der logische Aufbau dieser Datenbanken entspricht einer umgedrehten Baumstruktur. Der Zugriff erfolgt immer über die Wurzel in Richtung des gewünschten Knotens. Ein Objekt kann dabei stets nur zu einer Wurzel zugeordnet werden, was als Monohierarchie bezeichnet wird. Dies gewährleistet geringste Redundanz, da direkt über die Baumstruktur zugegriffen wird, und garantiert kürzeste Zugriffszeiten.

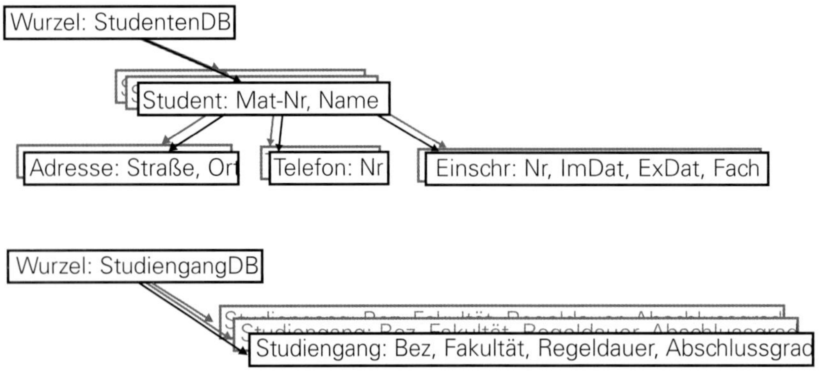


Beispiel für eine hierarchische Datenbank

Hierarchische Datenbanken verknüpfen die Daten über feste Beziehungen, wobei ein Datensatz auf den nächsten verweist.

Die Aufgabe von Datenbanksystemen, die Realwelt zu modellieren, ist mit dem hierarchischen Modell nur sehr begrenzt möglich. Die Beschränkung auf die Darstellung von Ober- und Unterbegriffsbeziehungen ist für eine realistische Abbildung von Alltagssituationen, in denen oft nur wenige rein hierarchische Beziehungen existieren, nicht geeignet.

Beispiel für ein hierarchisches Datenbanksystem ist IMS von IBM.

Bei **netzwerkartigen Datenbanken** besteht der logische Aufbau aus Daten, die nicht mehr rein hierarchisch, sondern über ein beliebig aufgebautes Netz miteinander in Verbindung stehen. Dies erhöht die Flexibilität erheblich, allerdings erhöht sich die Komplexität des Aufbaus.

Beide Modelle genügen den heutigen Anforderungen nicht mehr.

Die wichtigsten Vertreter netzwerkartiger Datenbanken sind IDMS (Computer Associates) und UDS (Siemens-Nixdorf).

### 1.3.4 NoSQL-Datenbanken

NoSQL-Datenbanken (von: *Not only SQL* = nicht nur SQL) bezeichnet Datenbanken, die einen nicht-relationalen Ansatz verfolgen. NoSQL Datenbanken verwenden keine Tabellen und versuchen Verbindungen zwischen den Daten (Joins) weitestgehend zu vermeiden.

Typische NoSQL Datenbanken sind: Cassandra von Apache, MongoDB oder Redis.

NoSQL-Datenbanken wurden zuerst für einfache Open-Source-Datenbanken verwendet, die keine SQL-Zugriffsmöglichkeit bereitstellen. Nicht relationale, verteilte Datenspeichersysteme werden häufig unter dem Begriff NoSQL aufgeführt. Die Nachteile des relationalen Datenbankmodelles, z.B. Leistungsprobleme bei Indizierung großer Datenbestände oder Leistungsprobleme bei hohen Datenanforderungen/Datenänderungen können mit NoSQL-Systemen reduziert werden.

Die leistungsoptimierten NoSQL-Architekturen bieten meist nur geringe Konsistenzforderungen der Daten. Auch Transaktionen sind häufig nur auf wenige Datensätze eingeschränkt

Typische NoSQL-Datenbanksysteme unterstützen verteilte Datenbanken mit redundanter Datenhaltung auf vielen Servern. Die Systeme können so einfach erweitert werden und Ausfälle einzelner Server überstehen.

**Vorteile und Nachteile von Datenbankmodellen**

| Modell | Vorteile | Nachteile |
|---|---|---|
| Relationale Datenbanken | leichte Änderbarkeit des Datenbankaufbaus,<br>mathematisch fundiert,<br>leicht programmierbar,<br>einfache Verwaltung. | häufig viele Ein-/Ausgaben notwendig,<br>erfordert bei großen Datenbeständen eine hohe Rechnerleistung. |
| Objektorientierte Datenbanken | universeller, objektorientierter Aufbau,<br>noch relativ einfach programmierbar,<br>einfach zu verwalten. | relativ viele Ein-/Ausgaben notwendig,<br>komplexer Aufbau,<br>erfordert eine relativ hohe Rechnerleistung. |
| Hierarchische und netzwerkartige Datenbanken | kurze Zugriffszeiten,<br>geringe Redundanz. | Strukturänderung kaum möglich,<br>komplexe Programmierung. |
| NoSQL-Datenbanken | Leistungsoptimiert für große Datenbestände und zahlreiche,<br>zeitgleiche Zugriffe lesend und schreibend. | geringe oder keine Datenkonsistenz,<br>hoher Aufwand für kontrollierte Transaktionen. |

## 1.4 Architektur eines Datenbankmanagementsystems DBMS

Wichtige Merkmale des bisher beschriebenen Datenbankansatzes sind:

- Isolierung von Programmen und Daten (Programm/Daten- und Programm/Operationen-Unabhängigkeit),
- Unterstützung mehrerer Benutzersichten (Views) und
- Verwendung eines Katalogs zum Speichern der Datenbankbeschreibung (Schema).

### 1.4.1 Die Drei-Ebenen-Architektur (Drei-Schichten-Architektur)

Die Drei-Ebenen-Architektur trennt die Benutzeranwendungen und die Details der Speicherung (physische Eigenschaften) voneinander.

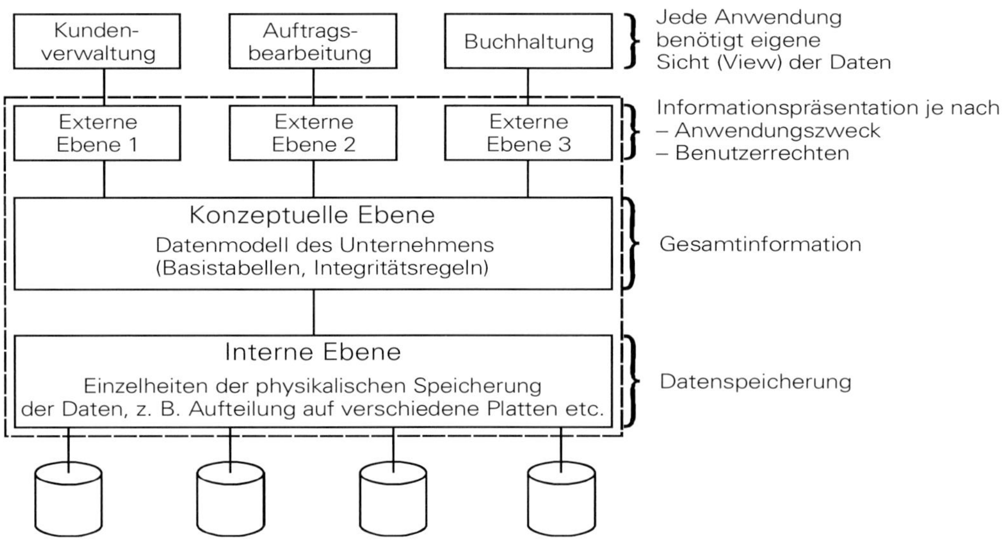


Folgende drei Ebenen sind definiert:

**1. Interne Ebene**

Die interne Ebene beschreibt die physikalischen Speicherstrukturen der Datenbank. Das interne Schema verwendet ein physisches Datenmodell und beschreibt die Details des Datenzugriffs bei der Datenspeicherung, Zugriffspfade für die Datenbank und die Dateiorganisation.

**2. Konzeptuelle Ebene**

Die konzeptuelle Ebene beschreibt die Struktur der gesamten Datenbank für alle Nutzer der Datenbank. Das konzeptuelle Schema verbirgt die Details der physischen Speicherstrukturen und konzentriert sich auf die Beschreibung von Entitäten, Datentypen, Beziehungen, Benutzeroperationen und Einschränkungen. Auf dieser Ebene wird ein von den Speicherstrukturen unabhängiges, logisches Datenmodell benutzt.

**3. Externe Ebene oder View-Ebene**

Die externe Ebene beinhaltet die externen Benutzersichten (Views). Jede View beschreibt den Teil der Datenbank, an dem eine bestimmte Benutzergruppe interessiert ist und verbirgt die übrigen Daten der Datenbank vor dieser Benutzergruppe. Auf dieser Ebene kann ebenfalls ein von den Speicherstrukturen abstrahierendes (logisches) Datenmodell benutzt werden.

Die Ebenen-Architektur, die praktisch allen modernen Datenbanksystemen zugrunde liegt, trägt wesentlich zur Unabhängigkeit zwischen den Anwendungsprogrammen und der internen Datenstruktur bei.

Änderungen, welche die physikalische Speicherung der Daten betreffen, werden durch das DBMS für die Schichten oberhalb des Internen Schemas weitgehend unsichtbar gemacht. Änderungen am konzeptuellen Schema (die in der Praxis möglichst selten vorgenommen werden sollten), können durch die Informationspräsentation mithilfe der externen Schemata vielfach ebenfalls für die Anwendungsprogramme transparent erfolgen.

**Hinweis:**

Die Basistabellen werden im Allgemeinen nur vom Datenbankadministrator bearbeitet.

Die externen Ebenen sorgen vor allem dafür, dass die einzelnen Anwendungen nur die Informationen bekommen, die sie haben müssen und haben dürfen.

**Hinweis:**

Anwender bzw. Anwendungsprogramme sehen die DB-Inhalte immer nur aus dem Blickwinkel ihrer externen Ebene: „externe Sichtweise" (external view).

## 1.5 Phasen des Datenbankentwurfs

Zur Realisierung einer Datenbank-Anwendung können verschiedene Phasen definiert werden. Die Phasen des Datenbankentwurfs werden auch in anderen Softwareentwicklungen durchlaufen.

1. Sammeln und Analysieren der Anforderungen an die neue Datenbank.
2. Systemunabhängiger Entwurf der Datenbank nach Anwendungsfunktionen.
3. Bei verteilten Datenbanken systemunabhängiger Entwurf des verteilten Systems.
4. Auswahl eines Datenbankmodells und Abbildung des konzeptuellen Entwurfs auf das Datenbankmodell.
5. Datendefinition, d. h. Codierung und Programmierung mithilfe eines DBMS, Definition der Benutzersichten.
6. Definition der Zugriffstrukturen im physischen Entwurf.
7. Installation der Datenbank-Anwendung, Anpassung, Testphase.

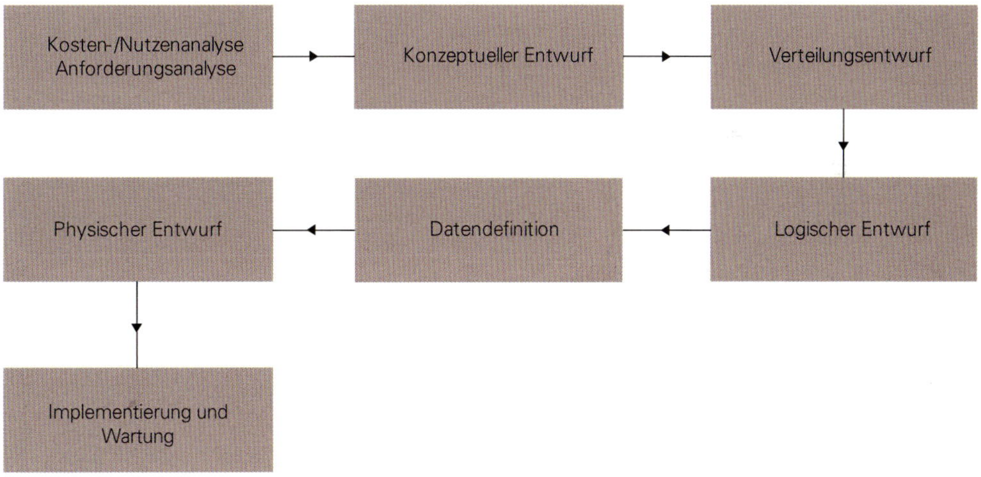


## 1.6 Aufgaben zu Kapitel 1

1. Was versteht man unter einem Datenbankmanagementsystem?
2. Was ist ein Datenbanksystem?
3. Nennen Sie Beispiele für den Einsatz von Datenbanken.
4. Welche Probleme treten beim Einsatz von Datenbanken auf?
5. Beschreiben Sie Inkonsistenzen bei Datenbanken am Beispiel Geldabhebung am Bankomat.
6. Welche Aufgaben hat ein DBMS?
7. Welche Aufgaben werden in der externen Ebene eines DBMS erfüllt?
8. Beschreiben Sie eine Desktop-Datenbank für den Einbenutzerbetrieb.
9. Beschreiben Sie eine Desktop-Datenbank für mehrere Benutzer.

10. Beschreiben Sie eine Client/Server-Datenbank.
11. Nennen Sie verschiedene Datenbankmodelle.
12. Beschreiben Sie das relationale Modell.
13. Welchen Vorteil bieten hierarchische Datenbanken?
14. Beschreiben Sie die Drei-Ebenen-Architektur.
15. Geben Sie zu jeder Ebene der drei Schichten deren Aufgabe an.
16. Welchen Vorteil haben objektorientierte Datenbanken?
17. Welcher Unterschied besteht zwischen einem Datenbanksystem und der Datenspeicherung im PC?
18. Welche Aufgaben werden durch das Data Dictionary (Datenkatalog) gelöst?

## 1.7 Digitale Inhalte zu Kapitel 1

Hinweis: Um die Aufgaben online zu bearbeiten, bitte den QR-Code scannen oder den Link eingeben.

**Aufgabe 1**

https://vel.plus/yQsL

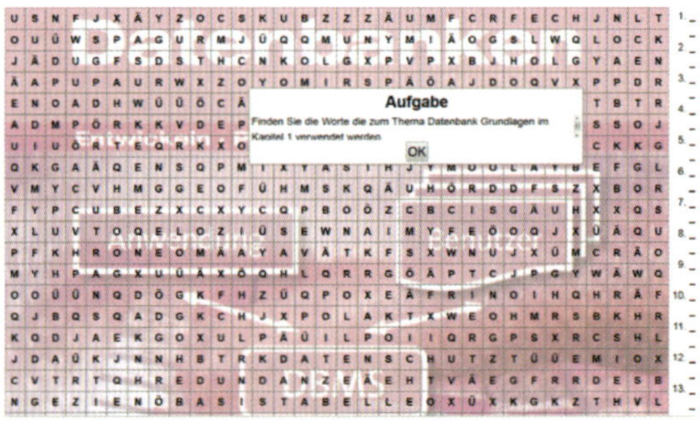


**Aufgabe 2**

https://vel.plus/a0ym

**Aufgabe 3**

Kahoot-App Suchbegriff 36087
oder Kahoot.it

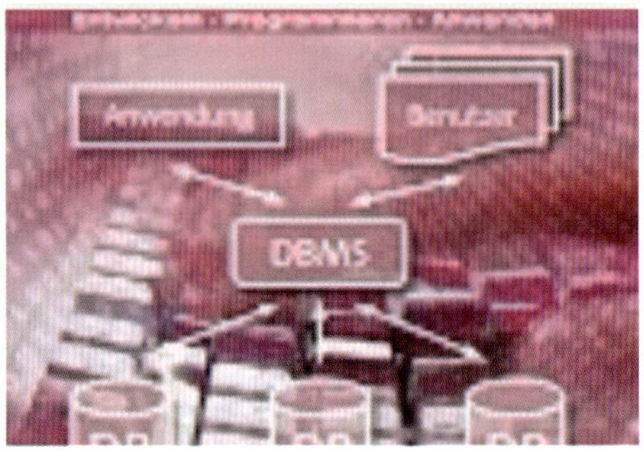


**Datenbanken 36087 Kapitel 1**
**Datenbank Grundlagen**

# 2 Relationale Datenbanksysteme

## 2.1 Relationale Datenbanksysteme

Die Daten einer relationalen Datenbank, z. B. Kundendaten oder Produktdaten, werden in Form von Tabellen verwaltet, die zueinander in Bezug stehen können.

### 2.1.1 Tabellen und Relationen

**Tabellen**, die zueinander in Beziehung stehen, werden auch als **Relationen** bezeichnet. Jede Zeile einer Tabelle enthält einen **Datensatz**.

**Hinweis:**

Relationale Datenbanksysteme verwalten Daten in Tabellen, die miteinander in Beziehung stehen.

| KNr | Name ❷ | Vorname |
|---|---|---|
| K001 | Walter | Hans ❺ |
| K002 | Christ | Reiner |
| K003 ❶ | Dehler | Elmar ❸ |
| K004 | Schiemann | Bernd |
| K005 ❹ | Trossmann | Hubert |

❶ Zelle
❷ Spalte
❸ Zeile = Datensatz
❹ Primärschlüssel
❺ Zeile

Die Spalten der Tabellen enthalten vergleichbare Daten der einzelnen Datensätze, z. B. den Namen eines Kunden. Die Werte in einer Spalte sind jeweils in einem festzulegenden **Felddatentyp** (Datentyp) abgespeichert. Datenbanksysteme verfügen über verschiedene Datentypen.

**Datentypen von Datenbanksystemen**

| Datentyp | Beschreibung | Beispiel |
|---|---|---|
| Integer | Ganzzahl | 5 |
| Numeric (x.y) | Dezimalzahl mit x Stellen und y Nachkommastellen | 53.27 |
| Decimal (x.y) | Dezimalzahl mit mindestens x Stellen und y Nachkommastellen | 53.2768 |
| Float | Gleitkommazahl | 8.3E13 |
| Character | Zeichenkette | CH80653 |
| Date | Datum | 31.05.1966 |
| Time | Uhrzeit | 17:55 |

### 2.1.2 Schlüssel und Beziehungen

Die einzelnen Zeilen einer Tabelle enthalten **Datensätze**. Die Datensätze beschreiben beispielsweise eine Person, einen Gegenstand oder ein Ereignis. Datensätze nennt man auch **Entitäten** (von entity = Wesen) oder Objekte.

**Hinweis:**

Entität, Objekt, Datensatz entsprechen einer Zeile in einer Datenbanktabelle.

Objekte könnten mit weiteren Objekten innerhalb der Tabelle verwechselt werden, wenn sie denselben Namen haben. In der Tabelle `Kunden` sind dies zwei Kunden, für die das zutrifft. Um Verwechslungen auszuschließen, ist es notwendig, für jeden Datensatz eine Kennung durch eindeutige Felder festzulegen. Diese Felder werden als **Primärschlüssel** (**Primary Key**) bezeichnet. Sie ermöglichen die eindeutige Identifikation des jeweiligen Datensatzes. In der Tabelle `Kunden` ist dies meist die Kundennummer.

Man unterscheidet zwischen eindeutigen, zusammengesetzten und künstlichen Primärschlüsseln.

Ein eindeutiger Primärschlüssel ist ein Attribut des Datensatzes, das für jeden Eintrag in der Tabelle einen einmaligen Wert annimmt. Als eindeutiges Primärschlüsselattribut kann z. B. die Sozialversicherungsnummer in einer Mitarbeitertabelle oder der eindeutige DNA-Code eines Patienten verwendet werden.

Ein zusammengesetzter Primärschlüssel besteht aus einer Kombination mehrerer Attribute. Die Kombination mehrerer Attribute muss eindeutig identifizierend sein, d. h. die Kombination darf nur einmalig auftreten. Ein zusammengesetzter Primärschlüssel kann z. B. die Kombination aus Vor- und Nachname und Geburtsdatum sein.

Ein künstlicher Primärschlüssel (auch Surrogate Key) wird als zusätzliche Spalte in einer Tabelle erzeugt und eingefügt. Gibt es in einer Tabelle keine eindeutig identifizierende Spalte bzw. Spaltenkombinationen, dann wird häufig ein künstlicher Schlüssel erzeugt. Das DBMS bietet hierfür eine fortlaufende Ganzzahlenfolge mit der Bezeichnung ID an. Der Datentyp ist häufig Autowert und neue Werte werden inkrementiert, d.h. um eins erhöht.

**Hinweis:**

Ein Primärschlüssel dient zur eindeutigen Kennzeichnung und Identifizierung eines Objektes in einer Tabelle.

#### 1:m-Beziehung

Kauft ein Kunde einen Artikel, ist es nicht sinnvoll sämtliche Daten des Kunden erneut in einer weiteren Tabelle `Kunde` einzugeben. Es wird nur noch die `Kundennummer` in der Tabelle `Auftrag` gespeichert.

Bei der grafischen Darstellung weist eine Beziehungslinie von z. B. einer Tabelle mit Kundendaten zu einer Tabelle mit Auftragsdaten.

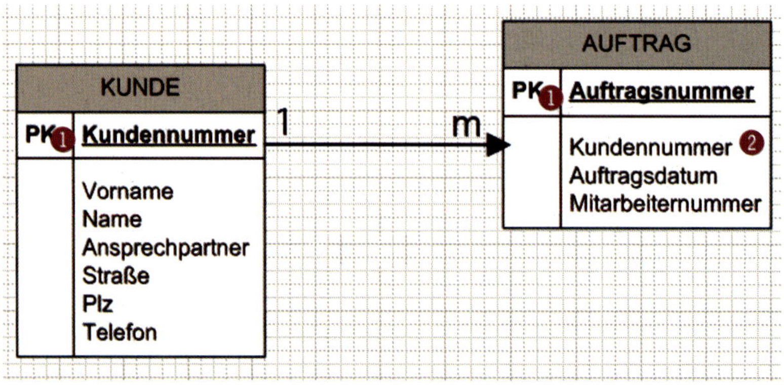


❶ Primärschlüssel PK
❷ Fremdschlüssel

Die Tabellen `Kunde` und `Auftrag` stehen über das Primärschlüsselfeld der Tabelle `Kunde` in Beziehung zueinander. Jeder Datensatz der Tabelle `Auftrag` enthält eine `Kundennummer`, die genau einem Kunden „1" aus der Tabelle `Kunde` zugeordnet ist. Umgekehrt kann jeder Kunde aus der Tabelle `Kunde` in mehreren „m" Zeilen der Tabelle `Auftrag` angesprochen werden. Die Tabellen `Kunde` und `Auftrag` besitzen somit eine 1:m-Beziehung. Die Datensätze, die in der Tabelle `Kunde` durch den Primärschlüssel `Kundennummer` eindeutig identifiziert werden, sind auch in der Tabelle `Auftrag` durch diese `Kundennummer` festgelegt. Das Feld `Kundennummer` verweist auf das entsprechende Feld der Tabelle `Kunde` und wird deshalb als **Bezugsschlüssel** oder **Fremdschlüssel** bezeichnet.

**Hinweis:**

Ein Fremdschlüssel ist ein Feld, welches auf ein Primärschlüsselfeld einer anderen Tabelle verweist.

### 1:1-Beziehung

Aus einer Personaltabelle können Daten, z. B. das Gehalt, ausgelagert werden, die nicht jedem Benutzer zur Einsicht offen sein sollen. So entsteht eine neue Tabelle `Mitarbeiterdiskret`. Da auch hier die Datensätze über den Primärschlüssel `Mitarbeiternummer` gefunden werden, steht einem Datensatz der ersten Tabelle genau ein Datensatz der zweiten Tabelle gegenüber. Eine solche Beziehung wird 1:1-Beziehung genannt.

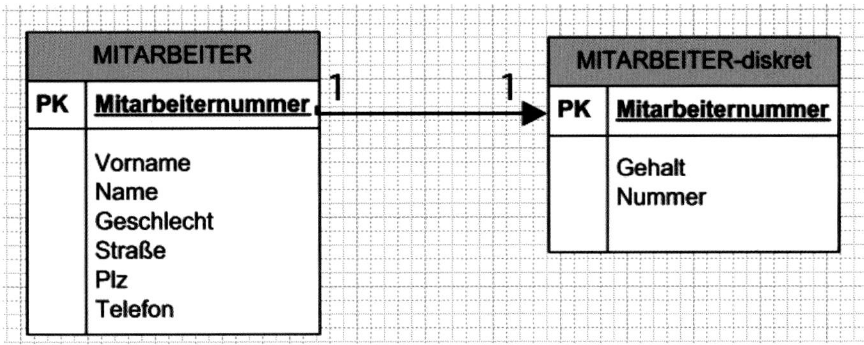


1:1-Beziehungen kommen in der Praxis selten vor.

### m:n-Beziehung

Betrachtet man die Tabellen `Auftrag` und `Artikel`, so kann ein Auftrag sicher viele „m", „n" oder „ ∞" Artikel enthalten, andererseits kann ein Artikel auch in beliebig vielen „n", „m" oder „∞" Aufträgen enthalten sein (∞ bedeutet unendlich).

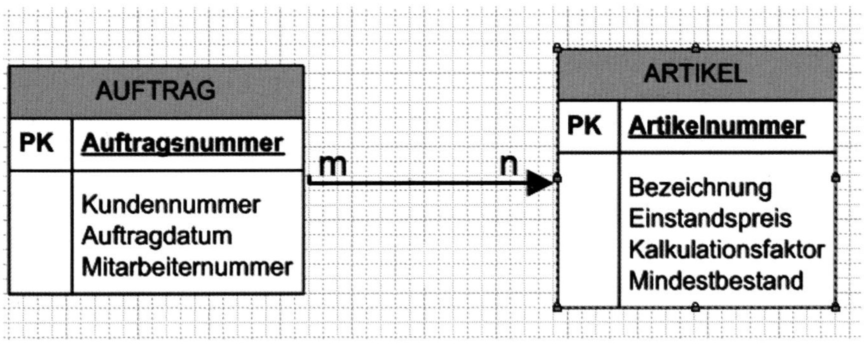


Durch die Tabelle `Auftragspositionen` werden zwei 1:n-Beziehungen hergestellt.

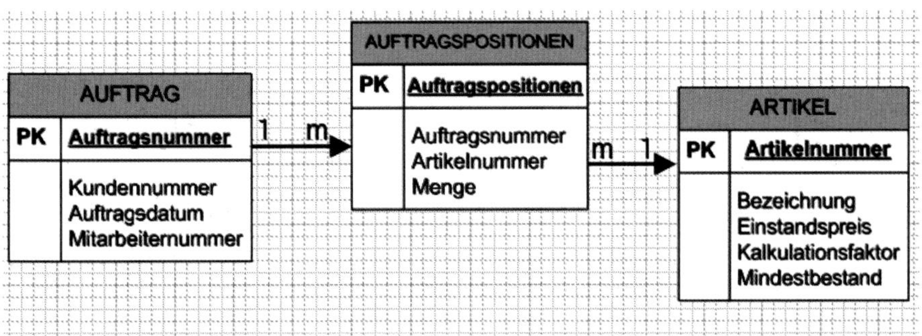

Ein Artikel, der in einem Datensatz `Auftragspositionen` genannt wird, kann eindeutig in der Tabelle `Artikel` identifiziert werden. Umgekehrt kann ein Artikel in mehreren Auftragspositionen angesprochen werden. Somit liegt zwischen den Tabellen `Artikel` und `Auftragspositionen` eine 1:m-Beziehung vor. Auch die Tabellen `Auftragspositionen` und `Auftrag` sind über eine 1:m-Beziehung verbunden. Ein Auftrag hat zwar beliebig viele Auftragspositionen, aber jede Auftragsposition ist genau einem Auftrag zuzuordnen.

Man nennt die beiden äußeren Tabellen Mastertabellen (ebenso: starke Entität oder strong entity) und die mittlere Tabelle Childtabelle (Verbindungstabelle, schwache Entität oder weak entity).

**Hinweis:**

Eine m:n-Beziehung muss in einer relationalen Datenbankumgebung in je eine 1:m- und eine m:1-Beziehung über eine geeignete Childtabelle aufgelöst werden. In der Childtabelle müssen die Primärschlüssel der Mastertabellen als Fremdschlüssel eingetragen werden.

Die Kardinalität beschreibt die Art der Beziehung der Datensätze zueinander. Man kann 16 mögliche Kardinalitäten unterscheiden.

| | | **muss** | | **kann** | |
|---|---|---|---|---|---|
| | | 1 | n | c | nc |
| **muss** | 1 | 1:1 | 1:n | 1:c | 1:nc |
| | m | m:1 | m:n | m:c | m:nc |
| **kann** | c | c:1 | c:n | c:c | c:nc |
| | mc | mc:1 | mc:n | mc:c | mc:nc |

m, n heißt ein oder mehrere (größer gleich 1), c heißt 1 oder 0

**Anmerkung**: Für die Erstellung des ERM ist die Verwendung der optionalen Beziehung (c) sowie die Verwendung von (min,max) Notationen ohne Belang, wird aber vom Autor für die Einführung hier dennoch als erwähnenswert erachtet. Es gibt zahlreiche Nomenklaturen zur Darstellung von Diagrammen, die aus Vereinfachungsgründen auf die optionale Beziehung gänzlich verzichten.

## 2.2 Entity Relationship Model/Entitäten-Beziehungs-Modell

Das **Entity Relationship Model (ERM)** ist ein standardisiertes Verfahren zur Datenmodellierung. Mithilfe des ERM werden die Strukturen der Daten dargestellt, um diese anschließend mithilfe von Software zu implementieren. Bei der ERM-Entwicklung kommunizieren Anwender (Kunde) und Entwickler (Datenbankdesigner), um die reale Situation möglichst exakt abzubilden.

Ausgangspunkt des ERM ist der Begriff der **Entität**. Eine Entität ist ein individuelles und identifizierbares Exemplar von Dingen, Personen oder Begriffen der realen Welt oder einer abstrakten Vorstellung.

| **Beispiele für Entitäten** | |
|---|---|
| **Bezeichnung** | **Beispiel** |
| Individuen | Mitarbeiter Hardy, Schüler Trossmann, Kunde Dehler |
| Reale Objekte | Maschine 2, Raum 7, Artikel 4711 |
| Ereignisse | Zahlung, Buchung, Start, Landung |
| Abstraktes | Unterrichtsstunde, Vorlesung, Dienstleistung |

Die Entität wird oft auch als Objekt bezeichnet.

Entitäten, z. B. Kunden, die eine gleiche Struktur aufweisen und gleich beschrieben werden, fasst man zu Gruppen (**Entitätstypen**) zusammen. Im relationalen Datenmodell wird jeder Entitätstyp durch eine Datenbanktabelle, z. B. Tabelle `Kunden`, abgebildet.

Das **ERM** dient der Visualisierung und Beschreibung von gespeicherten Daten und ihrer Beziehungen untereinander. Dies nennt man Modellierung. Das Ergebnis der Modellierung ist das **ER-Diagramm ERD**. Es wird durch Symbole dargestellt.

| **ERM-Symbole zur Visualisierung nach Chen** | |
|---|---|
| 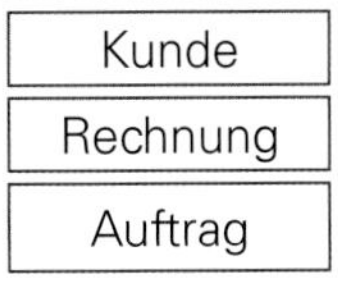  | Eine Zusammenfassung von Entitäten mit gleichen Eigenschaften unter eindeutigem gemeinsamem Oberbegriff wird im ER-Modell durch ein Rechteck dargestellt. In dem Rechteck steht der Name der Entität. |
|   | Die Wechselwirkungen und Abhängigkeiten zwischen Entitäten werden durch Beziehungen (relationships) dargestellt. Beziehungen werden meist durch Verben beschrieben.<br>Beispiel: 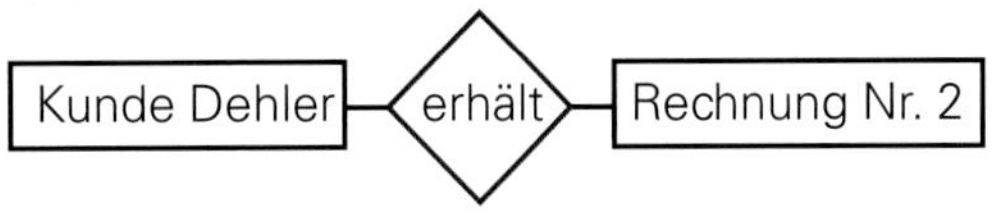  |
| | Beziehungen werden durch Verbindungslinien dargestellt. |

ER-Diagramme werden von oben nach unten beziehungsweise von links nach rechts gelesen.

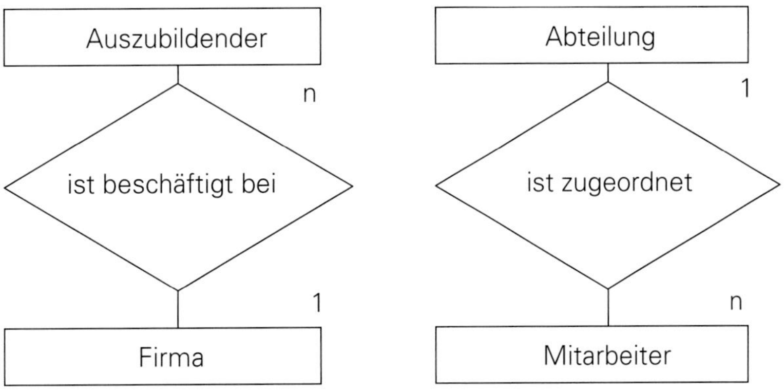


### Attribute

Objekte werden durch Attribute beschrieben. Ein Kunde hat z. B. die Attribute `kundennummer, name, vorname, adresse und wohnort.`

Man unterscheidet zwischen:

Schlüsselattributen oder identifizierenden Attributen, z. B. `kundennummer, firmennr, persnr` und

beschreibenden Attributen, z. B. `name, vorname, artikelbezeichnung, preis.`

Existieren keine geeigneten Schlüsselattribute innerhalb einer Tabelle, so wird ein künstliches Schlüsselattribut, z. B. eine fortlaufende Nummer die automatisch hochgezählt wird, eingeführt.

Primärschlüssel werden häufig zur Vereinfachung einfach unterstrichen, Fremdschlüssel werden gestrichelt.

**Hinweis:**

Attribute sind atomar, d. h. nicht in kleinere Einheiten zerlegbar.

### Beziehungen

Zwischen Entitäten bestehen **Beziehungen**. Ein Auszubildender (1) ist z. B. beschäftigt bei einer Firma. Umgekehrt beschäftigt aber eine Firma mehrere Auszubildende (n). Einer

Abteilung (1) sind mehrere Mitarbeiter (n) zugeordnet, umgekehrt gehört ein Mitarbeiter genau zu einer Abteilung. Im ERM wird diese 1:n-Beziehung neben die Entitäten geschrieben.

**m:n-Beziehung**

Eine m:n-Beziehung zwischen Objekten bedeutet, dass zu jedem Objekt von A mehrere Objekte von B in Beziehung stehen, und umgekehrt zu jedem Objekt von B mehrere Objekte von A in Beziehung stehen.

Ein Schüler muss z. B. mehrere Kurse belegen. Umgekehrt müssen immer mehrere Schüler in einem Kurs sein. Im ERM wird die Beziehung zwischen Schüler und Kurs dargestellt.

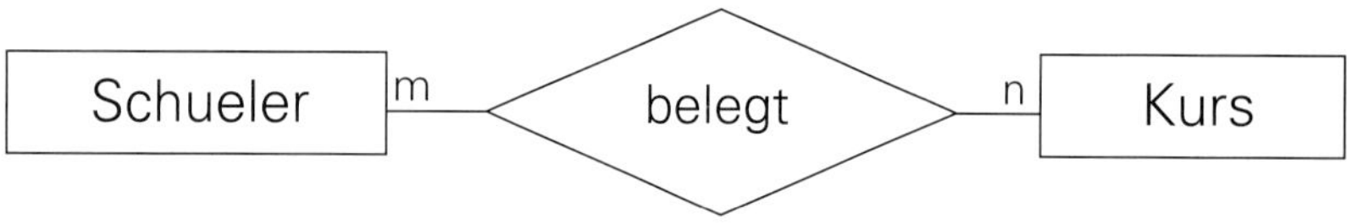


Für das ER-Modell oder das ER-Diagramm kann die m:n-Beziehung wie oben dargestellt, stehen bleiben.

In Tabellenform ist eine m:n-Beziehung nicht darstellbar. Sie muss deshalb in zwei 1:m-Beziehungen aufgelöst werden, d. h., die Beziehung wird in eine eigene Tabelle (Childtabelle oder Verbindungsentität) ausgelagert.

Die neue Childtabelle enthält hierbei zumindest die Primärschlüssel der beiden äußeren Tabellen (Mastertabellen), meist sind weitere Attribute sinnvoll. Der Name der Childtabelle ergibt sich aus der Realität, z. B. `Belegung`. Wenn man keinen sinnvollen Namen findet, wird meist die Kombination der äußeren Namen z. B. `SchuelerKurs` gewählt.

**Hinweis:**

Für die Auflösung einer m:n-Beziehung ist eine Verbindungsentität (Childtabelle) erforderlich.

Die Tabelle, welche die Childtabelle darstellt (hier: `Belegung`), nimmt den Primärschlüssel der beteiligten Tabellen (hier: `Schueler` und `Kurs`) als Fremdschlüssel auf.

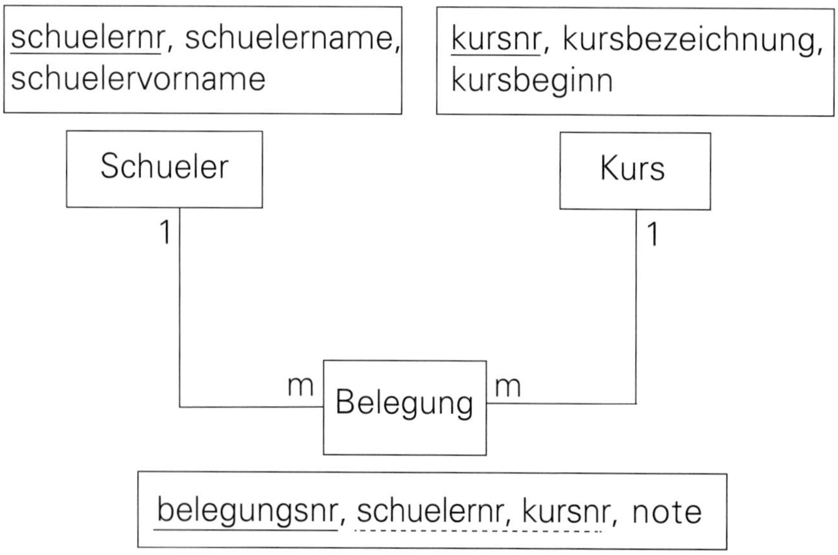


Meist wird ein neuer Primärschlüssel vergeben (hier: `belegungsnr`). Abweichend können die beiden Schlüssel zusammen manchmal den Primärschlüssel in der neuen Tabelle bilden. Weitere Attribute in dieser Tabelle sind möglich (hier: `note`).

Schritte zur Entity-Relationship-Modellierung nach Peter Chen:

1. Entitäten und Beziehungen identifizieren.
2. Identitätsschlüssel für Entitäten bestimmen.
3. Festlegen der Entitäts- und Beziehungstypen.
4. Festlegen der Beziehungskardinalitäten.
5. Attribute und ihre Wertebereiche (Domänen) ermitteln.
6. Entity-Relationship-Diagramme (ERD) für Entitäts- und Beziehungsmengen zeichnen.
7. Definieren von Primär- und Fremdschlüsseln.
8. Attribute und ihre Wertebereiche in Tabellen eintragen.

Attribute können im ERM direkt an die Entitäten geschrieben werden.

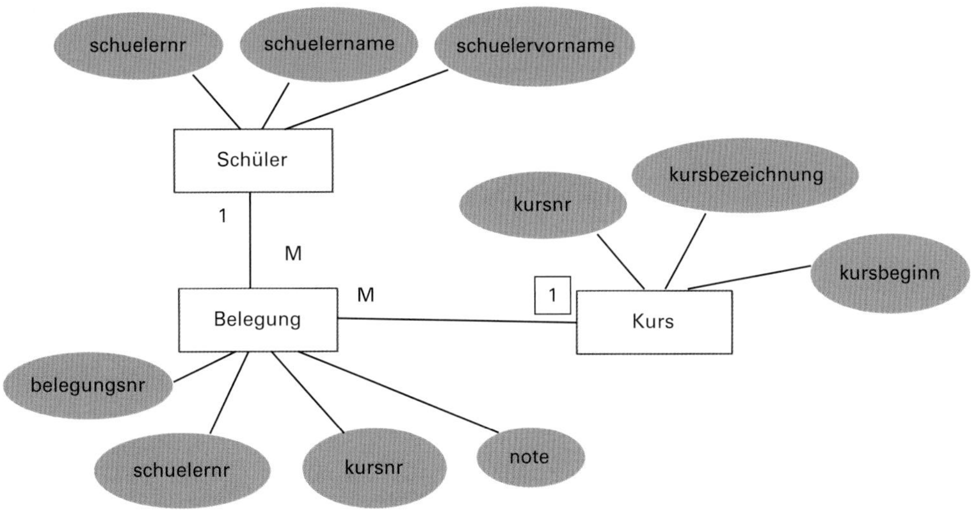


Attribute beschreiben Eigenschaften eines Entitätstyps näher, z.B. beschreibt der Schülervorname „Hubert" den Schüler „Hubert Trossmann". Man unterscheidet einfache Attribute, zusammengesetzte Attribute und abgeleitete / berechnete Attribute.

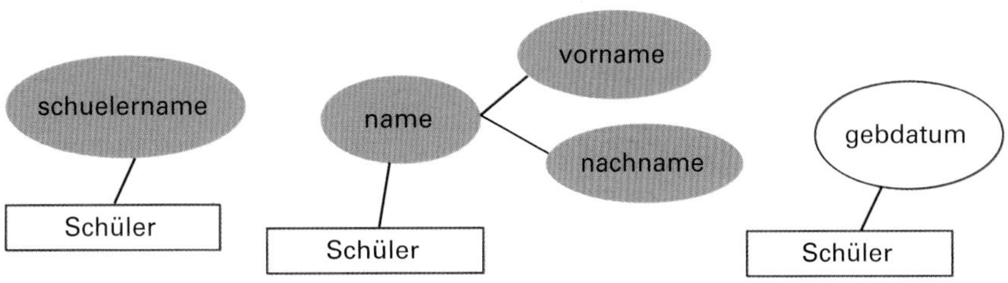


einfaches Attribut zusammengesetztes Attribut abgeleitetes / berechnetes Attribut (Alter kann aus gebdatum berechnet werden)

## 2.3 Beispiele mit Lösungen zum ERM:

### 2.3.1 Auftragsbearbeitung

**In einem Unternehmen soll die Auftragsbearbeitung mithilfe einer Datenbank erfolgen. Für jeden Auftrag ist jeweils ein Mitarbeiter oder eine Mitarbeiterin (= Personal) zuständig.**

a) Bestimmen Sie die Beziehungen zwischen diesen Tabellen.

b) Entwerfen Sie für die Entitäten `Kunde`, `Auftrag` und `Personal` Tabellen mit geeigneten Attributen.

c) Legen Sie geeignete Primärschlüsselfelder fest.

**Lösung:**

Überlegungen zum Design

| **Entität A** | | **Beziehung** | | **Entität B** |
|---|---|---|---|---|
| Kunde | 1 | erteilt | m | Auftrag |
| Auftrag | m | wird bearbeitet | 1 | Personal |

`Kunde: kundennummer, kundenname, kundenvorname, adresse, plz, kundentelefon`

`Auftrag: auftragsnummer, kundennummer, personalnummer, datum`

`Personal: personalnummer, personalname, personalvorname`

### 2.3.2 Lieferanten und Artikel

**Ein Unternehmen bezieht seine Artikel von mehreren Lieferanten, ein Lieferant liefert mehrere Artikel an das Unternehmen. Jede Lieferung beinhaltet genau einen Artikel.**

a) Entwerfen Sie für die Entitäten `Lieferant` und `Artikel` Tabellen mit geeigneten Attributen. Eine Tabelle `ArtLief` soll die m:n-Beziehung lösen.

b) Legen Sie geeignete Primärschlüsselfelder fest.

c) Bestimmen Sie die Beziehungen zwischen diesen Tabellen.

Überlegungen zum Design

| **Entität A** | | **Beziehung** | | **Entität B** |
|---|---|---|---|---|
| Lieferant | m | liefert | n | Artikel |
| Lieferant | 1 | bezieht sich auf | m | ArtLief |
| Artikel | 1 | kommt vor | m | ArtLief |

`Lieferant: lieferantnummer, lieferantname, lieferantvorname, adresse, plz, lieferanttelefon`

`ArtLief: artliefnummer, lieferantnummer, artikelnummer, datum, menge`

`Artikel: artikelnummer, artikelbezeichnung, preis, lagermenge, verpackungseinheit`

## 2.4 Aufgaben zu Kapitel 2

**1. In einem Schulungsunternehmen kann ein Teilnehmer mehrere Kurse belegen, gleichzeitig werden Kurse bei einer Mindestteilnehmerzahl von 5 abgehalten.**

a) Entwerfen Sie für die Entitäten `Teilnehmer` und `Kurs` Tabellen mit geeigneten Attributen. Eine Tabelle `Kursbelegung` soll die m:n-Beziehung auflösen.

Überlegungen zum Design

| Entität A | Beziehung | Entität B |
| --- | --- | --- |
| Teilnehmer | belegt | Kurs |
| | | |
| | | |
| | | |
| | | |
| | | |

**2. Die Gemeinschaftspraxis Medico beschäftigt mehrere Ärzte. Ein Patient kann somit von verschiedenen Ärzten behandelt werden.**

a) Entwerfen Sie für die Entitäten `Arzt` und `Patient` Tabellen mit geeigneten Attributen. Eine Tabelle `Behandlung` soll die auftretende m:n-Beziehung auflösen.

Überlegungen zum Design

| Entität A | Beziehung | Entität B |
| --- | --- | --- |
| Arzt | | Patient |
| | | |
| | | |
| | | |
| | | |
| | | |

### 3. EDV-Anlage

Sie sind in einem Betrieb angestellt, der eine große Anzahl PCs im Einsatz hat. Zur Unterstützung der Wartung und zur Dokumentation der EDV-Anlage sollen Sie ein begrenztes Datenbanksystem entwerfen. Wichtige Informationen über die PCs des Betriebes sollen damit abfragbar sein.

Die Datenbank soll in der Lage sein, folgende Informationen zu liefern:

- Man kann mithilfe der Datenbank herausfinden, wie die zuständigen Systembetreuer (Mehrzahl) für einen bestimmten PC heißen.
- Für jeden Systembetreuer muss abrufbar sein, wie dessen Telefonnummer lautet und wo dieser seinen Schreibtisch hat (Büronummer).
- Ein Systembetreuer kann mithilfe der Datenbank herausfinden, wo die PCs, für die er zuständig ist, stehen (Büronummer).
- Für jeden PC soll die Konfiguration festgehalten werden, sodass abgefragt werden kann, welches Betriebssystem installiert ist, welche Netzwerkkarte installiert ist und welche Festplattenkapazität der Rechner besitzt.
- Der Vorgesetzte kann herausfinden, wie viele Stunden ein bestimmter Systembetreuer an einem bestimmten PC gearbeitet hat.

a) Erstellen Sie für die gewünschte Datenbank ein ER-Modell, das alle üblichen Informationen enthält.

b) Lösen Sie auftretende m:n Beziehungen in einem neuen ER-Modell in 1:n Beziehungen auf.

c) Erstellen Sie eine genaue Beschreibung der Datenbanktabellen in Form der Relationenschreibweise. Kennzeichnen Sie in den Relationen alle Primär- und Fremdschlüssel in eindeutiger Weise.

### 4. Krankenhaus Abteilungsverwaltung

In einem Krankenhaus soll eine Datenbank zur Abteilungsverwaltung eingerichtet werden. Wichtige Informationen über Patienten, Ärzte und Schwestern sollen damit abfragbar sein.

Die Datenbank soll in der Lage sein, folgende Informationen zu liefern:

- Welche Ärzte behandeln welche Patienten?
- Welches Zimmer kann einem neuen Patienten zugeordnet werden?
- Wie viele freie Zimmer hat die Chirurgie heute?
- Welche Ärzte arbeiten in der HNO-Abteilung?
- Für welche Zimmer ist Oberschwester Hilde zuständig?

**Hinweise:**

Ein Zimmer ist genau zu einer Abteilung zugeordnet. Jeder Arzt und jedes Mitglied des Pflegepersonals ist genau zu einer Abteilung zugeordnet

Entitäten aus dem Text: Patient, Arzt, Pflegepersonal, Zimmer, Abteilung

### 5. Fluggesellschaft Worldfly

Eine Fluggesellschaft möchte eine Datenbank aufbauen. Es soll ersichtlich sein, welche Flugzeuge auf welchen Airports landen. Außerdem soll erfasst werden, welcher Flugzeughersteller an welchen Airports eine Niederlassung für Wartungen betreibt. Die Flugzeuge können nur bei den Niederlassungen der jeweiligen Hersteller gewartet werden. Worldfly hat Flugzeuge verschiedener Hersteller im Einsatz.

Die Datenbank soll in der Lage sein, folgende Informationen zu liefern:

- Wo kann ein bestimmtes Flugzeug gewartet werden?
- Welche Airports werden von einem bestimmten Flugzeug angeflogen?
- Wie hoch sind die Landegebühren auf den verschiedenen Airports für ein bestimmtes Flugzeug?

**6. Bibliothek**

Der gesamte Buchbestand einer Klosterbibliothek soll in einer Datenbank erfasst werden.

- Von einem Buch existieren z. T. mehrere Exemplare in der Bibliothek.
- Für jedes Buch sollen die Autoren, der Titel, der Verlag, das Erscheinungsjahr gespeichert werden.
- Es existieren relativ alte Bücher, die keine ISBN haben.
- Einige Bücher haben neben einem oder mehreren Autoren noch (genau) einen Herausgeber.

a) Stellen Sie die Beziehungen der Tabellen grafisch mit dem ER-Diagramm dar und geben Sie den jeweiligen Beziehungstyp zwischen den einzelnen Tabellen mit an.

b) Geben Sie die Tabellen mit sinnvollen Attributen an und kennzeichnen Sie dabei eindeutig die Primär- und die Fremdschlüssel.

**7. Arztpraxis**

In einer Arztpraxis mit 8 Ärzten werden die Termine mit Hilfe einer Datenbank organisiert. Zu jedem Termin werden eindeutig nur ein Arzt und ein Patient erfasst. In der Tabelle Arzt sind bereits der Name und die Telefonnummer abgespeichert. Vom Patienten werden Name, Vorname und das Geburtsdatum gespeichert. Die Datenbank soll das genaue Datum des Termins und die Anfangszeit und die Endzeit enthalten.

a) Stellen Sie die Beziehung zwischen Arzt und Patient grafisch mit dem ER-Diagramm dar.

b) Geben Sie die Beziehung an.

c) Lösen Sie die Beziehung mit der Verbindungsentität Termin in 1:n-Beziehungen auf.

**8. Schnellrestaurant BurgerLand**

Die Daten der einzelnen Filialen des Schnellrestaurants BurgerLand werden mit Hilfe einer Datenbank organisiert. Von jeder Filiale wird der Filialname gespeichert. Die Artikel sind mit Name, Verkaufspreis und Einkaufspreis abgespeichert. Zu jeder Filiale soll die Datenbank die verkaufte Menge und das jeweilige Datum enthalten

a) Stellen Sie die Beziehung zwischen Filiale und Artikel grafisch mit dem ER-Diagramm dar.

b) Geben Sie die Beziehung an.

c) Lösen Sie die Beziehung mit der Verbindungsentität Verkauf.

d) Kennzeichnen Sie Primärschlüssel und Sekundärschlüssel eindeutig.

**9. Teilelager**

In einem Montagebetrieb werden Baugruppen montiert. Im Bauteilelager sind die zu verbauenden Bauteile gelagert. Das Bauteilelager soll mit Hilfe einer Datenbank verwaltet werden.

Ein Bauteil hat eine Bezeichnung, ein Gewicht, einen minimalen Lagerbestand und eine Beschreibung.

Gleiche Bauteile werden am selben Lagerort gelagert. Der Lagerort ist durch eine eindeutige Nummer gekennzeichnet. Unterschiedliche Lagerorte haben jeweils ein unterschiedliches zulässiges Gesamtgewicht.

Jedes Bauteil kann von verschiedenen Lieferanten bezogen werden. Vom Lieferanten werden der Name, die Anschrift und die Telefonnummer abgespeichert.

Die Lieferanten senden in regelmäßigen Abständen Angebote mit den aktuellen Preisen und der aktuellen Lieferzeit für ein Bauteil.

Im Betrieb existiert bereits eine Tabelle mit sämtlichen Orten Deutschlands. Folgende Attribute sind gegeben: OrtsID, PLZ, Ortsname

a) Stellen Sie die Beziehung zwischen den Entitäten grafisch mit dem ER-Diagramm dar.

b) Geben Sie die Beziehungen an.

c) Lösen Sie auftretende M:N-Beziehungen sinnvoll auf.

**10. Fußballdatenbank**

In einer Fußballdatenbank sollen die Spieler und deren Einsatzzeiten verwaltet werden. Von einem Spieler werden der Name, der Vorname und das Geburtsdatum gespeichert. Folgende Fakten sollen gespeichert werden:

In welchem Spiel war welcher Spieler im Einsatz, wie lange (von,bis) dauerte der jeweilige Einsatz und auf welcher Position, bei welcher Mannschaft war der Spieler im Einsatz.

Von der Mannschaft sollen der Name der Mannschaft, der Name des Trainers und das Alter des Trainers gespeichert werden.

a) Stellen Sie die Beziehung zwischen den Entitäten grafisch mit dem ER-Diagramm dar.

b) Geben Sie die Beziehungen an.

c) Lösen Sie auftretende M:N-Beziehungen sinnvoll auf.

**11. Fahrrad-Verleih Faradiso**

Die Firma Faradiso verleiht Fahrräder an Kunden. Die Räder können direkt geliehen werden oder aber für einen Termin reserviert werden. Außerdem bietet die Firma Touren zu diversen Zielen an. Die Tourenziele werden von einem Reiseanbieter als Tabelle (Tour, Beschreibung, Tourlänge, Schwierigkeitsgrad, Startort, Zielort) übernommen. Faradiso kümmert sich lediglich um die Anmeldung und die Termine der Tour. Zur Unterstützung der Wartung und zur Dokumentation der Geschäftsabläufe sollen Sie ein Datenbanksystem entwerfen. Wichtige Informationen über Kunden und Fahrräder sollen damit abfragbar sein.

Die Datenbank soll in der Lage sein, folgende Informationen zu liefern:

- Man kann mithilfe der Datenbank herausfinden, welche Fahrräder von welchen Kunden zu welchen Terminen geliehen wurden.
- Man kann mithilfe der Datenbank herausfinden, welche Fahrräder von welchen Kunden reserviert sind.
- Anzahl der Kunden, die zu einem gewissen Tourtermin angemeldet sind.
- Für jedes Rad, den Hersteller, die Bezeichnung, die Art (z. B. Tourenrad, Mountainbike,...), die Rahmengröße, das Anschaffungsdatum, den Anschaffungspreis und den Termin der letzten Wartung.
- Zu jedem Rad der Preis, der beim Ausleihen je Tag gezahlt werden muss. Die Räder werden nach Preisgruppen klassifiziert.

a) Erstellen Sie für die gewünschte Datenbank ein ER-Modell, das alle üblichen Informationen enthält.

b) Lösen Sie auftretende m:n Beziehungen in einem neuen ER-Modell in 1:n Beziehungen auf.

c) Erstellen Sie eine genaue Beschreibung der Datenbanktabellen in Form der Relationenschreibweise. Kennzeichnen Sie in den Relationen alle Primär- und Fremdschlüssel in eindeutiger Weise.

## 2.3 Digitale Inhalte zu Kapitel 2

Hinweis: Um die Aufgaben online zu bearbeiten, bitte den QR-Code scannen oder den Link eingeben.

**Aufgabe 1**

https://vel.plus/0pVw

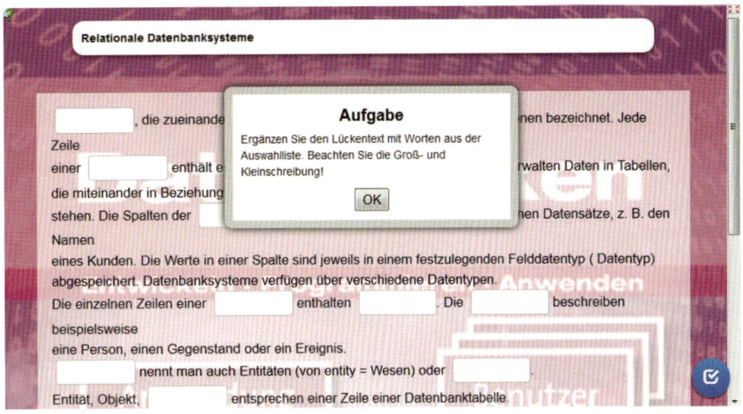


**Aufgabe 2**

https://vel.plus/A63e

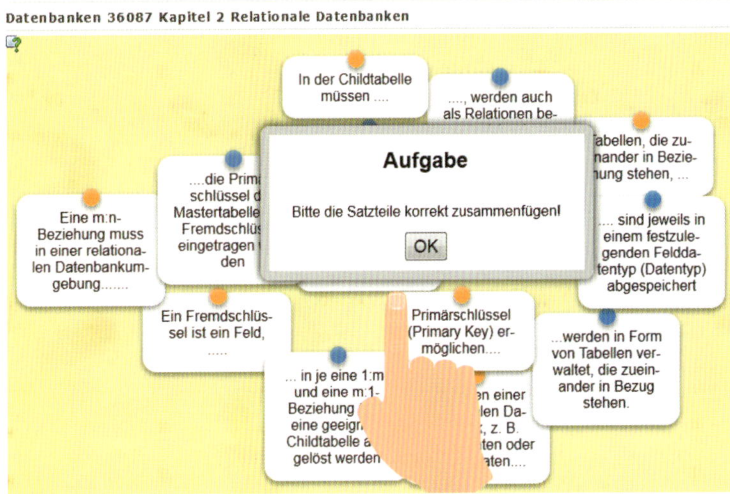


**Aufgabe 3**

Kahoot-App Suchbegriff 36087 oder Kahoot.it

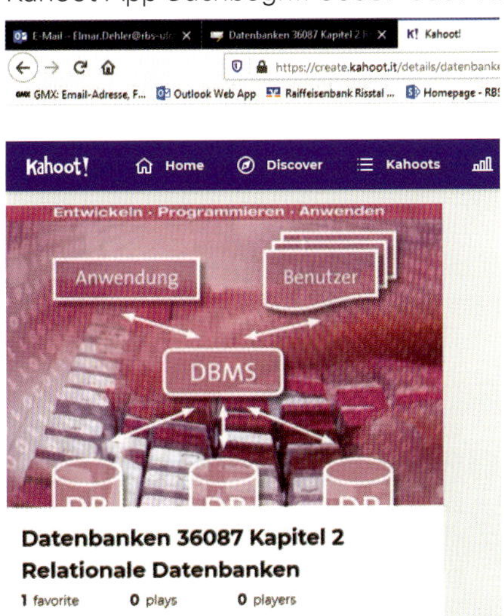


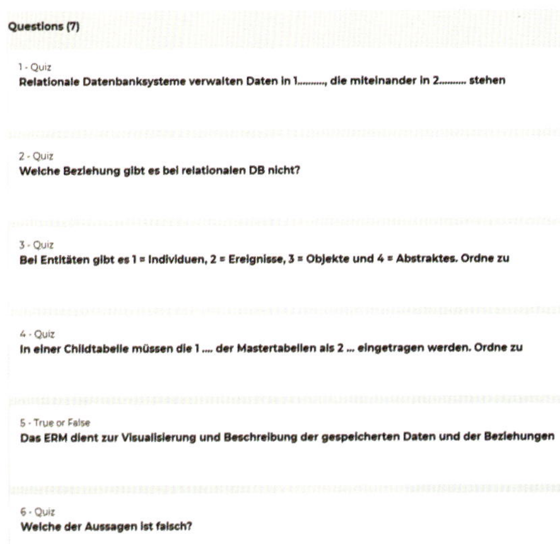

# 3 Entwicklung einer Datenbank und Normalisierung

## 3.1 Datenbankentwicklung

Die Entwicklung einer Datenbank wird in mehreren Schritten vollzogen.

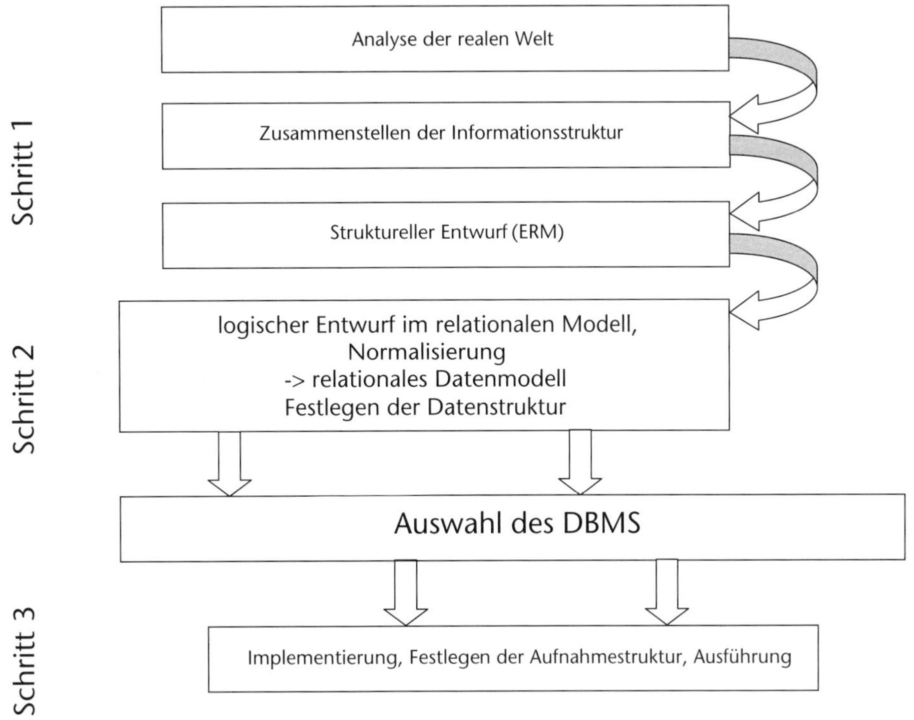


Arbeitsphasen zur Datenbankentwicklung

**Schritt 1: Festlegen der Informationsstruktur**

Zuerst erfolgt eine Analyse der realen Welt mit daraus resultierenden Informationsanforderungen. Welche Informationen erwartet der Anwender vom Datenbanksystem? Daraus wird ein ERM als grafische Darstellung der Zusammenhänge erstellt.

**Schritt 2: Festlegen der Datenstruktur**

Beantwortet wird die Frage, welche Beziehungen die Daten und Tabellen untereinander besitzen. Der Entwurf der Objekte (Entitäten) und deren Beziehungen zueinander erfolgt.

Das Ergebnis von Schritt 1 und Schritt 2 ist das relationale Datenmodell, das in der dritten Normalform vorliegen sollte (siehe folgendes Kapitel).

**Schritt 3: Festlegen der Aufnahmestruktur**

Nun werden die Tabellen und die einzelnen Datenfelder mit ihren Datentypen festgelegt. Nach der Auswahl eines geeigneten DBMS wird die zukünftige Datenbank mithilfe einer Software angelegt.

Die Informationsstruktur der Datenbank gemäß Schritt 1 kann durch das Bottom-up-Verfahren oder das Top-down-Verfahren ermittelt werden. In der Praxis werden meist beide Verfahren kombiniert.

### 3.1.1 Verfahren der Software-Entwicklung

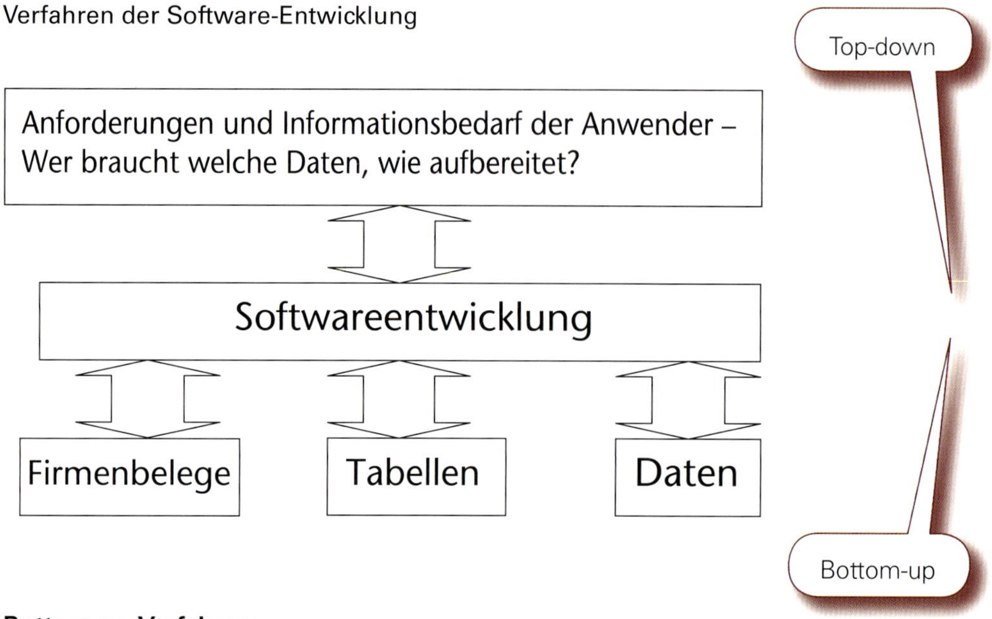


**Bottom-up-Verfahren:**

Beim Bottom-up-Verfahren (= von Grund aufwärts) müssen sämtliche im Unternehmen vorhandene Schriftstücke und Daten untersucht werden, um die Informationen abzuleiten, die das Datenbanksystem liefern soll. Diese Entwurfsmethode kann zu einer Vielzahl sehr unterschiedlicher Lösungen führen. Es besteht die Gefahr, dass sich die Lösungen verschiedener Aufgabenstellungen überschneiden und gleiche Daten mehrfach in verschiedenen Tabellen gespeichert werden (Redundanzen). Redundanzen müssen vermieden werden. Bei der Änderung eines Wertes, z. B. einer Adresse, muss die Bearbeitung eines einzigen Datensatzes die entsprechende Änderung in der Datenbank sicherstellen.

**Hinweis:**

Das Vorhandensein überflüssiger, nicht notwendiger Datensätze nennt man **Redundanz**. Redundanzen dürfen in relationalen Datenbanken nicht vorkommen.

**Top-down-Verfahren**

Hier bestimmt nicht die einzelne Anwendung das Datenmodell, sondern beim Top-down-Verfahren (= von der Spitze abwärts) werden zunächst die Informationsanforderungen aller späteren Datenbankanwender festgestellt. Aus diesen unterschiedlichen Anforderungen wird anschließend abgeleitet, welche Informationen z. B. über die Kunden in der Datenbank enthalten sein müssen. Somit gibt es für alle Datenbankanwendungen nur eine einzige Tabelle `Kunden`.

## 3.2 Normalisierung

Die durch die Informationsstruktur festgelegten Datenfelder können nicht ohne weitere Vorarbeit in eine Tabelle übernommen werden. Es muss gewährleistet sein, dass keine Mehrfachspeicherungen durchgeführt werden (Redundanzen). Der Vorgang, bei dem die Daten stufenweise in verschiedene Tabellen aufgegliedert werden, bezeichnet man als **Normalisierung**. Dabei werden unterschiedliche Normalformen beschrieben.

**Hinweis:**

Durch die Normalisierung werden Datenfelder schrittweise nach logischen Regeln auf verschiedene Tabellen verteilt.

Befindet sich eine Tabelle nicht in der dritten Normalform, können Fehler auftreten. Diese Fehler werden auch als Anomalien bezeichnet.

INFO: Anomalien in Datenbanken treten bei einer nicht existierenden oder fehlerhaften Normalisierung auf

Anomalien innerhalb einer Tabelle können beim Einfügen, Löschen oder Ändern von Datensätzen auftreten. Man unterscheidet drei Anomalien:

**Einfüge-Anomalie**

Wird ein neuer Schüler eingefügt, der keinen Primärschlüsselwert „schuelernr" eingetragen hat, dann kann dieser Schüler nicht an einem Kurs teilnehmen. In einigen DBMS ist es gar nicht möglich, einen solchen Datensatz zu speichern.

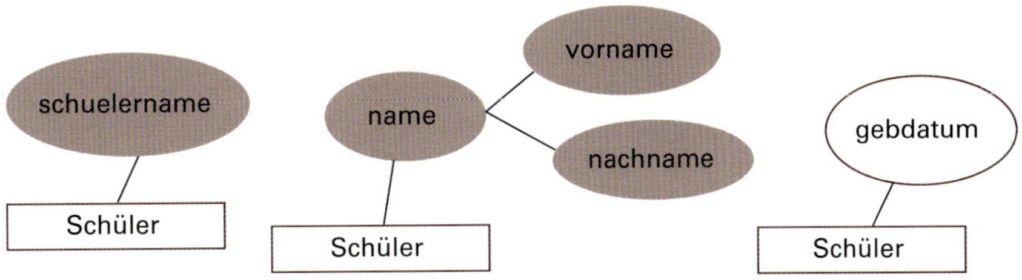


einfaches Attribut zusammengesetztes Attribut abgeleitetes / berechnetes Attribut (Alter kann aus gebdatum berechnet werden)

**Lösch-Anomalie**

Wird ein Schüler in der Tabelle Schüler gelöscht, werden auch seine Noten in der Tabelle Belegung gelöscht.

**Änderungs-Anomalie**

Wird die Kursnummer „kursnr" geändert, muss diese auch in allen verbundenen Datensätzen in der Tabelle Belegung mit Fremdschlüssel „kursnr" geändert werden.

### 3.2.1 Normalformen

**Erste Normalform**

Werden in einer Tabelle `Personal` im Feld `wohnort` sowohl die Postleitzahl als auch der Name des Ortes gespeichert, so ergeben sich mehrere Probleme. Zum einen sind größeren Orten, z. B. Ulm, mehrere Postleitzahlen zugeordnet, zum anderen ist es dadurch schwierig, nach den Ortsnamen zu sortieren und zu suchen.

Deshalb müssen zunächst zusammengesetzte Informationen in verschiedenen Feldern als einfache, nicht mehr aufteilbare Werte gespeichert werden. Man nennt diese Werte auch atomare Werte.

**Tabelle: Personal**

| pnr | name | vorname | wohnort |
|---|---|---|---|
| 1 | Palmer | Carlo | 89348 Jettingen |
| 2 | Müller | Herta | 86416 Krumbach |
| 3 | Mai | Hans | 89077 Ulm |
| 4 | Schulz | Anna | 88471 Laupheim |
| 5 | Winter | Susanne | 89312 Günzburg |

Felder enthalten 2 Informationen

**Tabelle: Personal**

| pnr | name | vorname | wohnort | plz |
|---|---|---|---|---|
| 1 | Palmer | Carlo | Jettingen | 89348 |
| 2 | Müller | Herta | Krumbach | 86416 |
| 3 | Mai | Hans | Ulm | 89077 |
| 4 | Schulz | Anna | Laupheim | 88471 |
| 5 | Winter | Susanne | Günzburg | 89312 |

Feldinhalte sind aufgeteilt

Tabelle `Personal` unnormalisiert und in der ersten Normalform

**Hinweis:**

Eine Tabelle befindet sich in der ersten Normalform, wenn alle Datenfelder nicht mehr aufteilbare Werte enthalten.

Kunden, Lagerteile, Bestellungen, andere Objekte und Vorgänge sind über die Angabe des Primärschlüsselfeldes eindeutig festlegbar. Sucht man nach einer Personalnummer, kann man alle abgespeicherten Mitarbeiterdaten, z. B. den entsprechenden Namen und die Adresse, erhalten. Die Attribute `name`, `vorname`, `wohnort` sind von der `pnr` funktional abhängig.

**Zweite Normalform**

Der Primärschlüssel einer Tabelle kann auch aus mehreren Feldern zusammengesetzt sein. So enthält die Tabelle `Auftragsposition` sowohl die Nummer des Auftrages als auch die Nummer des Artikels. Die Kombination dieser beiden Nummern kann hier als Primärschlüssel vereinbart werden. Weitere Angaben zum Artikel selbst sind nicht mehr nötig, da der Fremdschlüssel `artikelnr` in der Tabelle `Artikel` als Primärschlüssel einen eindeutigen Artikeldatensatz kennzeichnet.

**Tabelle: Auftragsposition**

| | Feldname | Felddatentyp |
|---|---|---|
| 🔑 | auftragsnummer | Text |
| 🔑 | artikelnr | Text |
| | auftragsmenge | Integer |
| | auftragspreis | Währung |

Zusammengesetzter Primärschlüssel : `auftrags-nummer` und `artikelnr`

Tabelle `Auftragsposition` mit zusammengesetztem Primärschlüssel, erkennbar am Schlüsselsymbol.

**Hinweis:**

Eine Tabelle befindet sich in der zweiten Normalform, wenn

- sie in der ersten Normalform ist und
- jedes Attribut nicht nur von einem Teil des Primärschlüssels, sondern vom gesamten Primärschlüssel identifiziert wird.

Diese Abhängigkeit vom gesamten Schlüssel bezeichnet man als voll funktionale Abhängigkeit.

Tabellen mit zusammengesetztem Primärschlüssel werden beim Entwickeln der 2. Normalform betrachtet.

**Hinweis:**

Die 2. Normalform ist bei Tabellen mit zusammengesetzten Primärschlüsseln wichtig.

Die Tabelle `Auftragsposition` soll in die zweite Normalform gebracht werden. Hierzu lagert man die Felder, die nicht vom gesamten Primärschlüssel abhängen, in eine weitere Tabelle aus.

Am Beispiel der Tabelle `Auftragsposition` hängt nur das Attribut Menge von beiden Schlüsselfeldern ab. Alle Daten zum Artikel selbst werden schon von einem Teil des Schlüssels, nämlich der `artikelnr`, festgelegt. Sie werden in die Tabelle `Artikel` ausgelagert.

**Tabelle: Auftragsposition**

| | Feldname |
|---|---|
| 🔑 | Auftragsnummer |
| 🔑 | Artikelnr |
| | artikelbezeichnung |
| | artikelpreis |
| | artikelmenge |

**Tabelle: Position**

| | Feldname |
|---|---|
| 🔑 | auftragsnummer |
| 🔑 | artikelnr |
| | artikelmenge |

Aufteilung der Tabelle `Auftragsposition` in 2 Tabellen z. B. `Position` und `Artikel`. Beide neue Tabellen sind in der 2. NF.

**Tabelle: Artikel**

| | Feldname |
|---|---|
| 🔑 | artikelnr |
| | artikelbezeichnung |
| | artikelpreis |

2. Normalform am Beispiel `Auftragsposition`.

### Dritte Normalform

Befindet sich eine Tabelle in der zweiten NF, dann erfolgt die Überprüfung auf die 3. Normalform.

**Hinweis:**

Eine Tabelle befindet sich in der dritten Normalform, wenn sie in der zweiten Normalform ist und wenn zwischen den Feldern, die nicht den Primärschlüssel bilden, keine Abhängigkeiten bestehen.

Man nennt dies auch transitive Abhängigkeit, kein Nichtschlüssel-Attribut ist von einem anderen Nichtschlüssel-Attribut funktional abhängig.

Diese Forderung bezieht sich auf Tabellen mit einfachem Primärschlüssel. Datenfelder, die von anderen Nichtschlüsselfeldern abhängen, werden in eine eigene Tabelle ausgegliedert.

Dies ist bei der Tabelle `Personal` durchführbar. Dort scheint die Postleitzahl abhängig vom Ort zu sein. Für kleinere Orte ist dies richtig, bei größeren Orten wie Hamburg oder Stuttgart gilt dies jedoch nicht. Dort hängt die Postleitzahl auch von der Straße oder dem Postfach des Kunden ab. Es gilt jedoch eine umgekehrte Abhängigkeit: Der Ort ist abhängig von der Postleitzahl, jeder Postleitzahl ist genau ein Ortsname zugeordnet. Sind mehrere Orte unter einem Ortsverband zusammengefasst ist dies der Name der Verbandsgemeinde. Somit kann das Feld `ort` aus dieser Tabelle ausgegliedert und in einer eigenen Tabelle `Ort` gespeichert werden.

**Tabelle: Ort**

| | Feldname | Felddatentyp |
|---|---|---|
| 🔑 | plz | Text |
| | ort | Text |

Tabelle `Ort` in der dritten Normalform. Jeder `plz` ist eindeutig ein `ort` zugeordnet.

Werden alle Tabellen nach den Regeln der Normalisierung erstellt und bearbeitet, sind Redundanzen sicher vermeidbar. Die Normalisierung stellt sicher, dass die Datenbank logisch richtig ist.

## Normalisierung und ER-Diagramme

**ER-Diagramme**

- Top-Down-Ansatz
- Schnell
- Anforderungen untersuchen
- Unternehmens-kenntnis

**Normalisierung**

- Bottom-Up-Ansatz
- Sehr langsam
- Prüft bestehende Daten
- Mathematische Grundlagen

- Top-Down erstellen – Bottom-Up prüfen

**Normalformen NF**

| | Bedeutung | Anmerkung |
|---|---|---|
| 1. NF | alle Werte atomar (nicht mehr teilbar) | keine Aufzählungen |
| 2. NF | jedes Nichtschlüsselmerkmal ist abhängig vom gesamten Primärschlüssel | 1. NF ist erfüllt, nur bei zusammengesetzten Primärschlüssel zu beachten |
| 3. NF | jedes Nichtschlüsselattribut ist direkt abhängig vom Primärschlüssel | 2. NF ist erfüllt, Tabellen sind redundanzfrei |

Die Aufgliederung der einzelnen Daten in viele Tabellen hat den Nachteil, dass Suchvorgänge durch das DBMS, die sich über mehrere Tabellen erstrecken, viel Zeit benötigen. Deshalb kann es notwendig sein, bestimmte Ausgliederungen, z. B. Postleitzahlen, wieder zurückzunehmen, um die Leistungsfähigkeit (= Performance) des Datenbanksystems zu erhöhen. Diesen Vorgang bezeichnet man als **Denormalisierung**.

### 3.2.2 Beispiel zur Normalisierung: Versandhandel

Ein Versandhandelsunternehmen verwaltet die Rechnungsdaten mit einer Tabellenkalkulations-Software, z. B. Excel. Das so erstellte Rechnungsformular enthält alle wichtigen Angaben. Diese Software wird durch eine Datenbank ersetzt. Es wird hier die Normalisierung bis zur 3. Normalform angewendet.

# FOODVERSAND

Postfach 1234, 88471 Laupheim, Tel +497392 33333, Fax +497392 33334

Ralf Bär
An der Heide 7
83262 X-Stadt

**Rechnung**

Kunden-Nr
110

Datum: 20.12.2015

Rechnungs-Nr
342

| Menge | Packung | Artikel-Nr | Bezeichnung | Lager | Preis | Gesamt-preis | |
|---|---|---|---|---|---|---|---|
| 2 | 0,75 ltr | G2 | Rotwein | 3 | 3,99 | 7,98 | € |
| 3 | 6 x 0,5 ltr | G1 | Bier | 2 | 6,59 | 19,77 | € |

**Summe** **27,75 €**
enthält MwSt 5,27 €

Rechnungsformular

### Unnormalisierte Tabelle

Zuerst werden alle Daten aus dem Rechnungsformular in eine unnormalisierte Tabelle übernommen.

| Rechnungs- | | Kunden | | | | | Artikel | | | | | | Menge |
|---|---|---|---|---|---|---|---|---|---|---|---|---|---|
| Nr | Datum | Nr | Name | Straße | PLZ | Ort | Nr | Packung | Bezeichnung | Lager | Preis | MWSt | |
| 342 | 20.12.2015 | 110 | Bär, Ralf | An der Heide 7 | 83262 | X-Stadt | G2,<br>G1 | 0,75 ltr,<br>6 x 0,5 ltr | Rotwein,<br>Bier | 3,<br>2 | 3,99<br>6,59 | 0,19<br>0,19 | 2,<br>3 |
| ... | ... | ... | ... | ... | ... | ... | ... | ... | ... | ... | ... | ... | ... |

### Erste Normalform

Um nun die unnormalisierte Tabelle in die 1. Normalform zu überführen, werden die Spalten mit nicht-atomaren Daten in eine neue Tabelle `Positionsdaten` ausgelagert. Das Ergebnis sind die Tabellen `Bestelldaten` und `Positionsdaten` in der 1. NF.

| Rechnungs-Nr | Rechnungs-Datum | Kunden-Nr | Kunden-Name | Kunden-Straße | Kunden-PLZ | Kunden-Ort |
|---|---|---|---|---|---|---|
| 342 | 20.12.2015 | 110 | Bär, Ralf | An der Heide 7 | 83262 | X-Stadt |
| ... | ... | ... | ... | ... | ... | ... |

Tabelle `Bestelldaten` und `Positionsdaten` in der 1. NF

| Rechnungs-Nr | Artikel-Nr | Artikel-Packung | Artikel-Bezeichnung | Artikel-Lager | Artikel-Preis | Artikel-MwSt | Menge |
|---|---|---|---|---|---|---|---|
| 342 | G2 | 0,75 l | Rotwein | 3 | 3,99 | 0,19 | 2 |
| 342 | G2 | 6 x 0,5 l | Bier | 2 | 6,59 | 0,19 | 3 |
| ... | ... | ... | ... | ... | ... | ... | ... |

In der Tabelle `Bestelldaten` bildet die Spalte `rechnungsnr` den Primärschlüssel. In der Tabelle `Positionsdaten` ist der Primärschlüssel in der Spalte `rechnungsnr` und `artikelnr` gemeinsam enthalten, dies wird zusammengesetzter Primärschlüssel genannt.

### Zweite Normalform

In der Tabelle `Positionsdaten` hängen die Artikelattribute von einem Teil des zusammengesetzten Schlüssels ab, nämlich von `artikelnr`. Somit befindet sich diese Tabelle nicht in der zweiten Normalform. Zur Normalisierung in die 2. NF werden die `artikelnr` sowie alle davon abhängigen Attribute zu einer eigenen Tabelle mit dem Schlüssel `artikelnr` zusammengefasst. Es werden so die Tabellen `Artikel` und `Position` gebildet.

| Artikel-Nr | Artikel-Packung | Artikel-Bezeichnung | Artikel-Lager | Artikel-Preis | Artikel-MwSt |
|---|---|---|---|---|---|
| G2 | 0,75 l | Rotwein | 3 | 3,99 | 0,19 |
| G3 | 6 x 0,5 l | Bier | 72 | 6,59 | 0,19 |
| ... | ... | ... | ... | ... | ... |

| Rechnungs-Nr | Artikel-Nr | Menge |
|---|---|---|
| 342 | G2 | 2 |
| 342 | G3 | 3 |
| ... | .. | .. |

Tabellen `Artikel` und `Position` in der 2. NF

**Hinweis:**

Die 2. NF ist nur für Tabellen mit zusammengesetztem Primärschlüssel wichtig.

### Dritte Normalform

Die Tabelle `Bestelldaten` ist nicht in der 3. Normalform, da eine Reihe von Attributen von der `kundennr` abhängen. Eine Zusammenfassung der von `kundennr` abhängigen Attribute mit `kundennr` als Schlüssel in eine Tabelle `Kunden` löst dieses Problem. In der 3. NF bleiben in der Tabelle `Bestelldaten` die Attribute `rechnungsnr`, `rechnungsdatum` und `kundennr` übrig.

| Kunden-Nr | Kunden-Name | Kunden-Straße | Kunden-PLZ | Kunden-Ort |
|---|---|---|---|---|
| 110 | Bär, Ralf | An der Heide 7 | 83262 | X-Stadt |
| ... | ... | ... | ... | ... |

Tabelle `Kunden` in der 3. NF, alle Nichtschlüssel-Attribute hängen vom Schlüsselattribut `kundennr` ab.

Als Ergebnis des Normalisierungsprozesses ergeben sich im Beispiel Versandhandel 5 Tabellen, die sich alle in der 3. NF befinden. Die Nicht-Schlüsselattribute sind in jeder Tabelle voll funktional abhängig vom gesamten Primärschlüssel. Die jeweiligen funktionalen Abhängigkeiten sind durch Pfeile dargestellt. Die Attribute sind kleingeschrieben. Es gibt auch noch höhere Normalformen. Diese finden praktisch aber kaum Anwendung.

**Hinweis:**

Bei den Tabellen in der 3. NF sind alle Abhängigkeiten auf Abhängigkeiten von Schlüsseln bzw. auf Verknüpfungen über Fremdschlüssel reduziert.

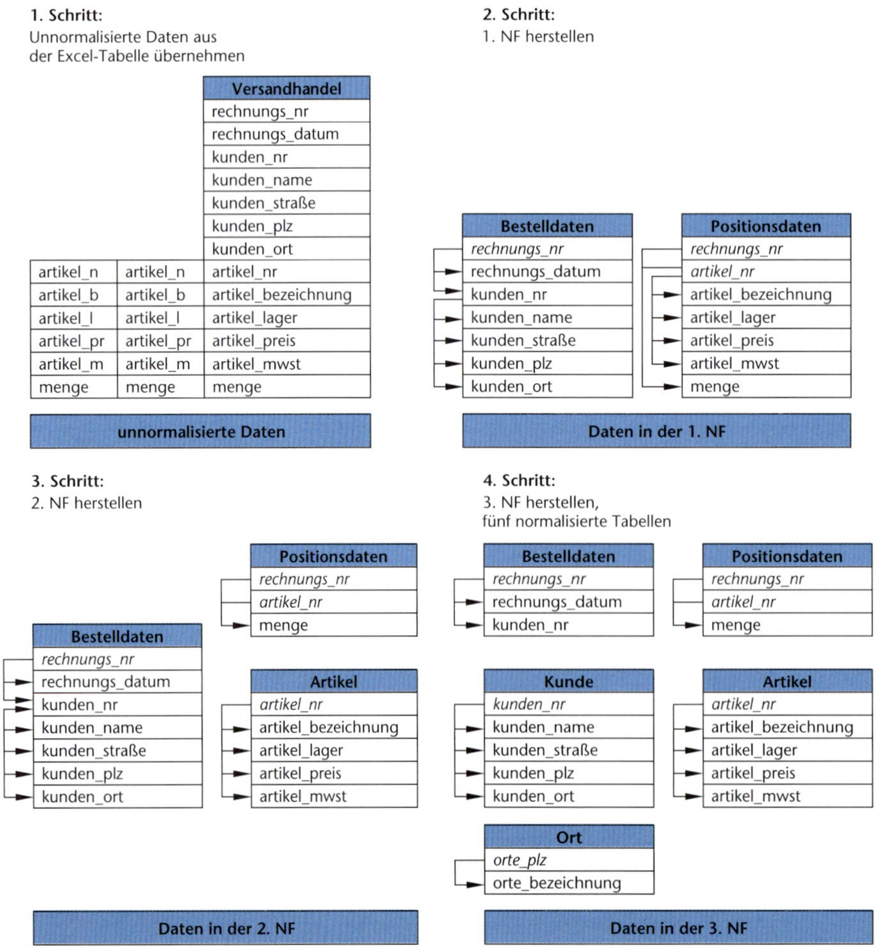


Schematischer Normalisierungsprozess

Normalisierung

Relation in beliebiger Form: keine Normalformen

1. NF: alle Werte atomar, keine Wiederholungsgruppen

2. NF: Nichtschlüsselattribute voll vom gesamten Schlüssel abhängig

3. NF: Nur Abhängigkeiten vom Primärschlüsel

Höhere Normalformen: meist nicht umgesetzt

### 3.2.3 Weitere Normalformen

Die vierte und fünfte Normalform sind wohl deswegen nicht so populär, weil die Situationen unwahrscheinlicher sind, in denen eine Verletzung der Normalformenbedingungen zu erwarten ist. Dies vor allen Dingen deshalb, weil man bereits intuitiv solche Verletzungen vermeidet. Insbesondere wenn man den Weg wählt, zunächst ein ER-Modell aufzustellen, das dann in einen relationalen Entwurf umgesetzt wird, reicht die Prüfung auf dritte Normalform. Verletzungen der zweiten oder dritten Normalform sind zwar nicht zu erwarten, aber immerhin denkbar und sollten durch Nachprüfen ausgeschlossen werden. In allen praktisch relevanten Fällen kann davon ausgegangen werden, dass dann auch die Bedingungen der vierten und fünften Normalform nicht verletzt werden.

### 3.2.4 Integritätsbedingungen

Die Forderung nach **Integrität** einer Datenbank zielt darauf, dass das gespeicherte Datenabbild tatsächlich auch der Wirklichkeit entsprechen muss. Fehlerhafte Eingaben, unterlassene Pflege (Updates) stellen schnell den Nutzen einer Datenbank infrage.

- Datentypen und Wertebereiche sind auf der Ebene einzelner Attribute ein wichtiges Instrument, um Datenfehler zu entdecken und auszuschließen.
- Eine weitere Klasse möglicher Fehler wird durch strukturelle Eigenschaften der Datenbank in Verbindung mit der Überprüfung von Schlüsseleigenschaft und von Fremdschlüsseln (Referenzielle Integrität) vermieden.

**Referenzielle Integrität**

Referenzielle Integrität ist ein Regelsystem, mit dessen Hilfe ein Datenbankmanagementsystem, z. B. MS Access, sicherstellt, dass Beziehungen zwischen Datensätzen in Detailtabellen gültig sind und dass verknüpfte Daten nicht versehentlich gelöscht oder geändert werden. Referenzielle Integrität kann festgelegt werden, wenn alle der folgenden Bedingungen erfüllt sind:

- Das übereinstimmende Feld aus der Mastertabelle ist ein Primärschlüssel oder hat einen eindeutigen Index.
- Beide Tabellen gehören zu derselben Datenbank. Um referenzielle Integrität festzulegen, wird die Datenbank, in der die Tabellen gespeichert sind, geöffnet. Referenzielle Integrität kann nicht für verknüpfte Tabellen aus Datenbanken anderer Formate durchgesetzt werden.

Beim Durchsetzen referenzieller Integrität gelten die folgenden Regeln:

- Man kann in das Fremdschlüsselfeld der Detailtabelle keinen Wert eingeben, der nicht im Primärschlüsselfeld der Mastertabelle enthalten ist. Man kann jedoch in das Fremdschlüsselfeld einen Nullwert eingeben und damit angeben, dass die Datensätze nicht miteinander verknüpft sind. So ist es z. B. nicht möglich, eine Bestellung zu haben, die einem nichtvorhandenen Kunden zugeordnet ist. Man kann jedoch eine Bestellung haben, die niemandem zugeordnet ist, indem das Feld `Kunden-Nr` einen Nullwert enthält.
- Ein Datensatz aus der Mastertabelle kann nicht gelöscht werden, wenn übereinstimmende Datensätze in einer Detailtabelle enthalten sind. Beispielsweise kann man einen Datensatz eines Mitarbeiters aus der Tabelle `Personal` nicht löschen, wenn diesem Mitarbeiter in der Tabelle `Bestelldaten` ein Datensatz zugeordnet ist.
- Ein Primärschlüsselwert in der Mastertabelle kann nicht geändert werden, wenn es zu diesem Datensatz Detaildatensätze gibt. Beispielsweise kann man die Personalnummer eines Mitarbeiters in der Tabelle `Personal` nicht ändern, wenn diesem Mitarbeiter in der Tabelle Bestellungen Datensätze zugeordnet sind.

## 3.3 Aufgaben zu Kapitel 3

**1.** Betrachten Sie die Tabelle 1:

a) Welche Normalformen sind verletzt?

b) Erzeugen Sie ein gleichwertiges System in normalisierter Form.

Tabelle 1

| ISBN-Nr | Autoren | Titel | Jahr | Seiten |
|---|---|---|---|---|
| 0-201-14192-2 | Date, Ch. | The Relational Model for Database Management: Version 2 | 1990 | 538 |
| 3-89319-117-8 | Finkenzeller, H.<br>Kracke, U.<br>Unterstein, M | Systematischer Einsatz vonSQL-Oracle | 1989 | 494 |
| 1-55860-245-3 | Melton, J.<br>Simon, A. | Understanding the new SQL | 1993 | 536 |

**2.** Betrachten Sie die Tabelle 2:

a) Welche Normalformen sind hier verletzt?

b) Erzeugen Sie ebenfalls ein gleichwertiges System in normalisierter Form.

Tabelle 2

| Matrikel | Student | Kurs-Nr | Kurs-Titel | Note |
|---|---|---|---|---|
| 30321 | Meyer, J. | 706S6 | Datenbanksysteme | 1,0 |
| 30321 | Meyer, J. | 715S4 | Software-Engineering | 1,7 |
| 30346 | Ahrens, H. | 715S4 | Software-Engineering | 3,0 |
| 30346 | Ahrens, H. | 706S6 | Datenbanksysteme | 2,0 |
| 30346 | Ahrens, H. | 713S5 | relationale u. unfuktionale Programmierung | 1,7 |
| 30378 | Knudsen, K. | 706S6 | Datenbanksysteme | 2,0 |

**3. Inventurdaten Hardware**

Die folgende Darstellung zeigt Hardware Inventardaten (z. B. einer Schule). Die Daten sollen in einem relationalen DBS in normalisierter Form gespeichert werden. (Die Portangaben haben folgende Bedeutung: M1 = IDE Port 1 Master, S1 IDE Port1 Slave, ...)

| Rechner | | Verantwortlicher | | | HD-Laufwerke | | | IDE Port |
|---|---|---|---|---|---|---|---|---|
| Invent Nr | Stand ort | Pers Nr | Name | Telefon | Hersteller | Produkt Nr | Kapazität | |
| L1001 | B246 | F100 | M. Mayer | 8975 | Western Digital | 102BA | 1TB | M1 |
| | | | | | Western Digital | 102BA | 1TB | S1 |
| | | | | | Fujitsu | MPF3204 AT | 2TB | M2 |
| | | | | | Fujitsu | MPF3204 AT | 2TB | S2 |
| L1003 | B251 | F101 | F. Binder | 5635 | IBM | DTLA-305020 | 2TB | M1 |
| | | | | | IBM | DTLA-307045 | 4TB | M2 |
| | | | | | Western Digital | 102BA | 1TB | S1 |

Für die dargestellte Datensammlung sollen die normalisierten Tabellen für eine relationale Datenbank entworfen werden. Gehen sie dabei schrittweise vor:

**1. Schritt**: Stellen Sie die 1. NF her, indem Sie die Datensammlung in 2 Relationen aufteilen. Geben Sie als Ergebnis die Relationen mit ihren Attributen an und kennzeichnen Sie den Primärschlüssel und die Fremdschlüssel.

**2. Schritt**: Stellen Sie, sofern notwendig, für die Relationen aus Schritt 1 die 2. NF her. Geben Sie als Ergebnis wieder die Relationen mit ihren Attributen an und kennzeichnen Sie den Primärschlüssel und die Fremdschlüssel.

**3. Schritt**: Stellen Sie, sofern notwendig, für die Relationen aus Schritt 2 die 3. NF her und geben Sie als Gesamtergebnis alle Relationen mit ihren Attributen an, die jetzt der Ausgangsdatensammlung in normalisierter Form entsprechen.

**Fragen:**

Welche Redundanzen konnten durch die Normalisierung beseitigt werden?

Für die Tabellen (nach Schritt 1), die zwar der 1. NF, nicht aber der 2. NF entsprechen, ergeben sich beim Einfügen, Ändern und Löschen Probleme. Geben Sie anhand dieser Tabellen für jede Form ein Beispiel an.

## 4. Gepäckliste einer Fluggesellschaft

Gegeben ist die Gepäckliste einer Fluggesellschaft. Führen Sie eine schrittweise Normalisierung bis zur 3. NF durch.

| | | | |
|---|---|---|---|
| **Flugnummer:** | *WA876* | **Flugzeugtyp** | *B 747* |
| **von:** | *München* | **Flugkapitän** | *Ebeling* |
| **nach:** | *Honululu* | | |
| **am:** | *1.4.2015* | | |

| | | **Passagier** | | | | | **Gepäck** | |
|---|---|---|---|---|---|---|---|---|
| Personalausweisnummer | Name | Vorname | Straße | PLZ | Ort | Gepäcknummer | Art | Gewicht (kg) |
| 89021238 | Brezenhuber | Ralph | Bäckerstr. 9 | 81669 | München | 1 | Koffer | 20,5 |
| | | | | | | 2 | Surfboard | 6,5 |
| | | | | | | 3 | Rucksack | 7 |
| 74921209 | Hippthaler | Hans | Bräustr. 6 | 85049 | Ingolstadt | 4 | Mountainbike | 35 |
| | | | | | | 5 | Koffer | 12 |
| 96554367 | Maja | Matthias | Brainstr. 12 | 85049 | Ingolstadt | 6 | Angelrute | 1,2 |

Unnormalisierte Datensammlung

| FNr | von | nach | am | FT | FK | PNr | N | VN | Str | PLZ | Ort | GNr | A | G |
|---|---|---|---|---|---|---|---|---|---|---|---|---|---|---|
| WA876 | MUC | HON | 1.4.15 | B747 | Ebeling | 89... | Brezenh. | Ralph | Bäckerst. 9 | 81669 | München | 1 | Koffer | 20,5 |
| | | | | | | | | | | | | 2 | Surfboard | 6,5 |
| | | | | | | | | | | | | 3 | Rucksack | 7 |
| | | | | | | 74... | Hippth. | Hans | Bräustr. 6 | 85049 | Ingolstadt | 4 | Mountainbike | 35 |
| | | | | | | | | | | | | 5 | Koffer | 12 |
| | | | | | | 96... | Maja | Math. | Brainstr. 12 | 85049 | Ingolstadt | 6 | Angelrute | 1,2 |

**5. Gegeben ist eine unnormalisierteTabelle.** Führen Sie eine schrittweise Normalisierung bis zur 3. NF durch.

| PersNr | Name | Vorname | AbtNr | Abteilung | ProjektNr | Beschreibung |
|---|---|---|---|---|---|---|
| 1 | Lorenz | Sophia | 1 | Personal | 2 | Verkaufspromotion |
| 2 | Hohl | Tatjana | 2 | Einkauf | 3 | Konkurrenzanalyse |
| 3 | Wilschrein | Theo | 1 | Personal | 1,2,3 | Kundenumfrage,<br>Verkaufspromotion,<br>Konkurrenzanalyse |
| 4 | Richter | Hans | 3 | Verkauf | 2 | Verkaufspromotion |
| 5 | Wiesenland | Werner | 2 | Einkauf | 1 | Kundenumfrage |

**6. Gegeben ist folgende unnormalisierte Relation, die Daten über Mitarbeiter und deren** Abteilungszughörigkeit enthält. Weiterhin sind die Beteiligung(en) der einzelnen Mitarbeiter an unternehmensweiten Projekten vermerkt sowie welche Abteilung die Verantwortung für die Projekte übernommen hat.

a) Führen Sie eine schrittweise Normalisierung bis zur 3. Normalform durch.

Hinweis: Beschränken Sie sich bei der Darstellung der abgeleiteten Relationen auf die jeweiligen Attributnamen.

b) Fügen Sie sinnvolle Primärschlüssel ein.

c) Erläutern Sie anhand der Regeln zur Bildung der Normalformen Ihre Teilschritte

| NACHNAME | VORNAME | GEBURTSTAG | EIN-STELLUNGS-DATUM | ABTEILUNGS-NAME | ABTEILUNGS-LEITER | PROJEKT-NAME | PROJEKT-START | PROJEKTVER-ANTWORTLICHE ABTEILUNG |
|---|---|---|---|---|---|---|---|---|
| Soll | Siggi | 04.05.65 | 01.06.90 | Controlling | Plan | Konzernweite BSC<br>Aufbau MIS | 01.00<br>04.01 | Controlling<br>Informatik |
| Return | Rudi | 21.12.60 | 01.06.87 | Informatik | Maus | Aufbau MIS | 04.01 | Informatik |
| Plan | Peter | 09.03.61 | 01.03.84 | Controlling | Plan | Vorber. Börsengang | 12.99 | Controlling |
| Exakt | Erika | 22.07.69 | 01.09.98 | Controlling | Plan | Konzernweite BSC<br>Vorber. Börsengang | 01.00<br>12.99 | Controlling<br>Controlling |
| Korrekt | Kurt | 30.01.55 | 01.01.72 | Finanzen | Korrekt | Vorber. Börsengang | 12.99 | Controlling |
| Maus | Michael | 09.10.50 | 01.01.90 | Informatik | Maus | Vorber. Börsengang | 12.99 | Controlling |
| Excel | Emil | 16.04.68 | 01.09.97 | Controlling | Plan | Vorber. Börsengang<br>Aufbau MIS<br>Konzernweite BSC | 12.99<br>04.01<br>01.00 | Controlling<br>Informatik<br>Controlling |
| Giro | Gerd | 03.09.73 | 01.09.99 | Finanzen | Korrekt | Vorber. Börsengang | 12.99 | Controlling |

**7. Gegeben ist die unnormalisierte Relation Lernangebot, die Daten über Schüler, Klassen, Klassenlehrer und Lernzeiten enthält.**

Führen Sie eine schrittweise Normalisierung bis zur 3. Normalform durch.

Relation: Lernangebot

| SchülerNr | Name | Vorname | Klasse | Klassenlehrer | LernangebotsNr | Beschreibung | Zeit in h |
|---|---|---|---|---|---|---|---|
| 1 | Jürgens | Ina | 11a | Lempel | 2 | Tanz | 12 |
| 2 | Schmidt | Tom | 12a | Breier | 3 | Chor | 22 |
| 3 | Jäger | Franz | 11a | Lempel | 1, 2, 3 | Elektronik, Tanz, Chor | 15, 12, 2 |
| 4 | Olsen | Ina | 11b | Sommer | 2 | Tanz | 5 |
| 5 | Jürgens | Paula | 12a | Breier | 1 | Elektronik | 23 |

## 3.4 Digitale Inhalte zu Kapitel 3

Hinweis: Um die Aufgaben online zu bearbeiten, bitte den QR-Code scannen oder den Link eingeben.

**Aufgabe 1**

https://vel.plus/VPl2

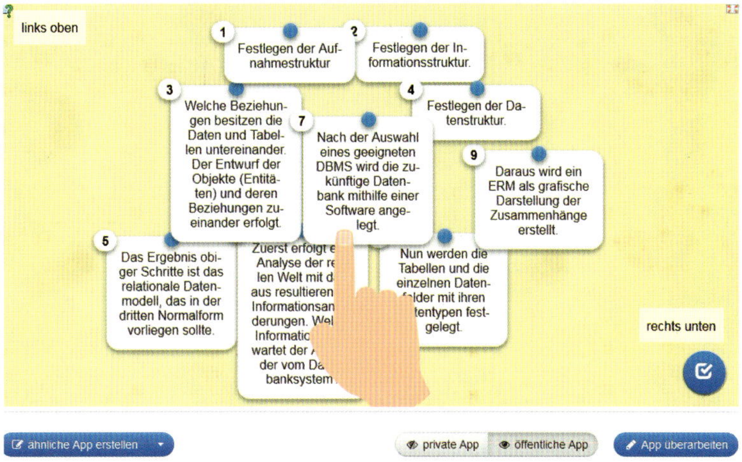


**Aufgabe 2**

https://vel.plus/G5QG

**Aufgabe 3**

Kahoot-App Suchbegriff 36087 oder Kahoot.it

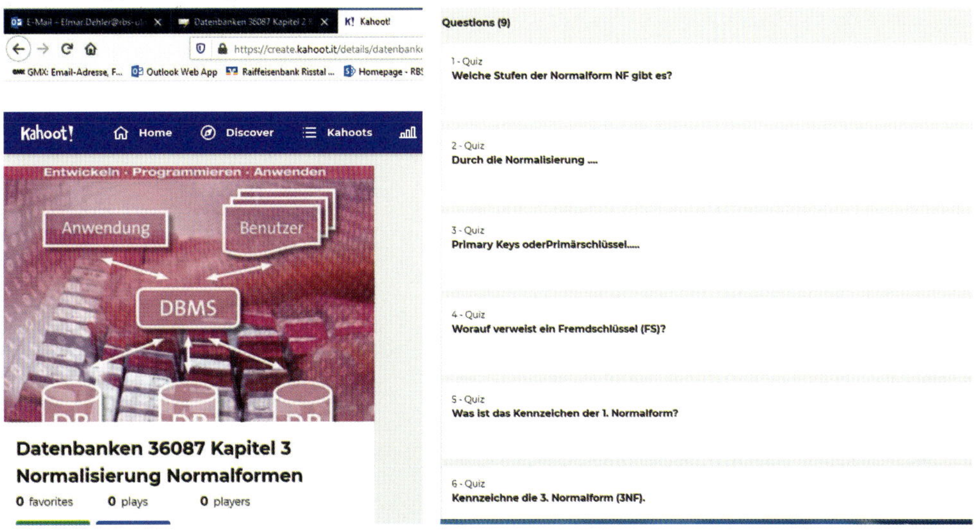

# 4 Software zur Datenbankmodellierung

Software zur Datenbankmodellierung unterstützt den Datenbank-Designer im Entwicklungsprozess. Mit geeigneten Software-Paketen wird der gesamte Entwicklungsprozess EDV-gestützt durchgeführt. Typische Programme zum Datenbank-Design sind z. B. DB-Designer oder Microsoft VISIO.

## 4.1 DB-Designer

Das MySQL-Workbench Programmpaket kann über das Internet bezogen werden. Mit der Software werden Datenbankendesign und Datenbankenmodellierung, SQL Programmierung und die Administration von MySQL-Datenbanken durchgeführt.

### 4.1.1 Download und Installation

Auf der MySQL-Homepage stehen die Systemvoraussetzungen und die vollständige Dokumentation bereit.

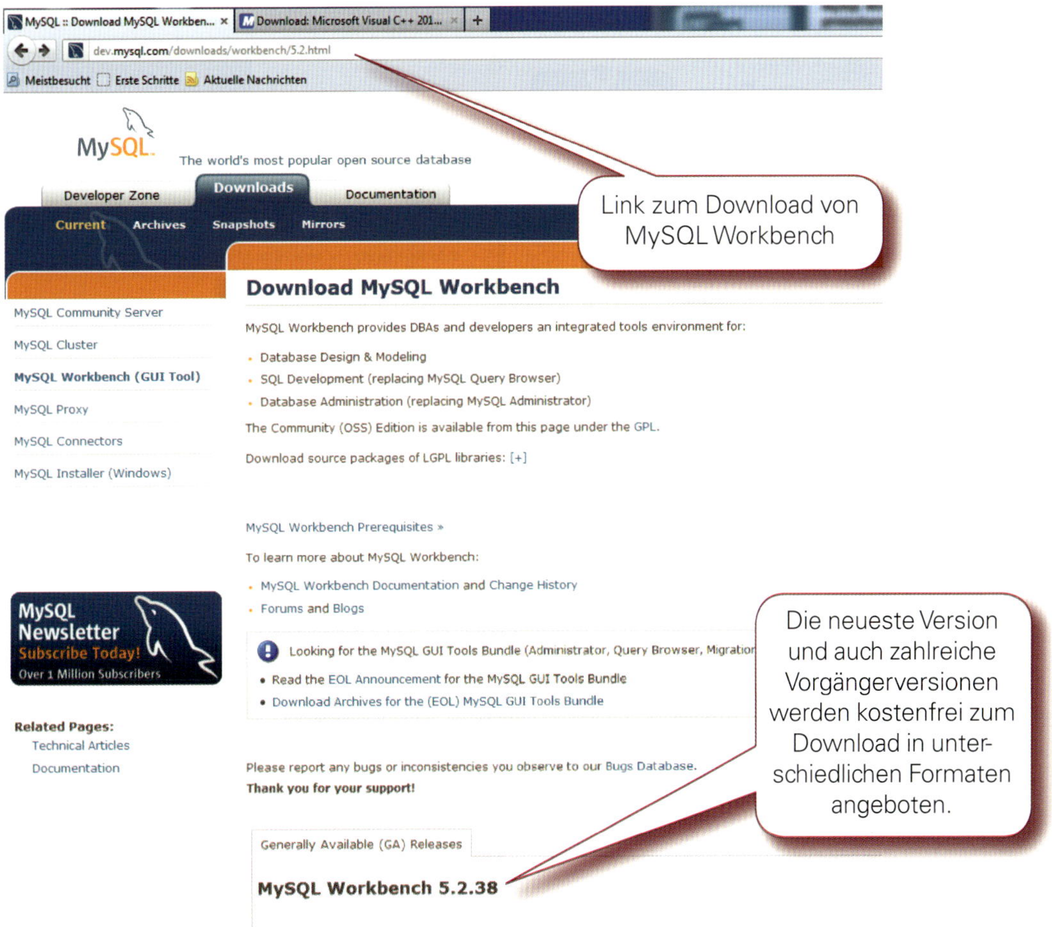


Nach dem Download, z. B. des msi-Paketes (msi von Microsoft Software Installer), steht dieses zur Installation bereit.

Nach Doppelklick auf den Installer startet die Installation.

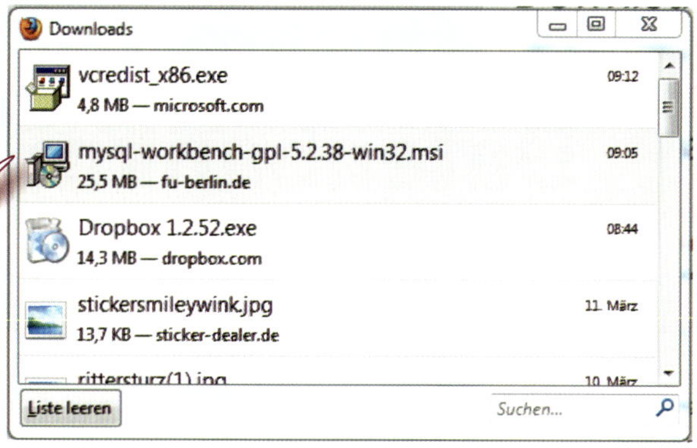


**Welcome Screen – Willkommen-Bildschirm**

Der Installationsprozess wird durch einen Setup-Assistenten (Setup Wizard) begleitet. Durch Anklicken von `Next >` beginnt der automatisierte Installationsvorgang.

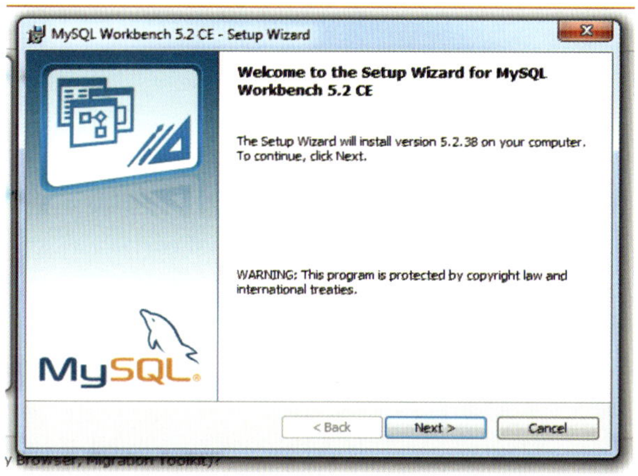


**Destination Folder – Zielordner**

Zuerst wird der Installationspfad festgelegt. Soll der Standardpfad geändert werden, kann man einen beliebigen Speicherort durch Anklicken von `Change ...` wählen.

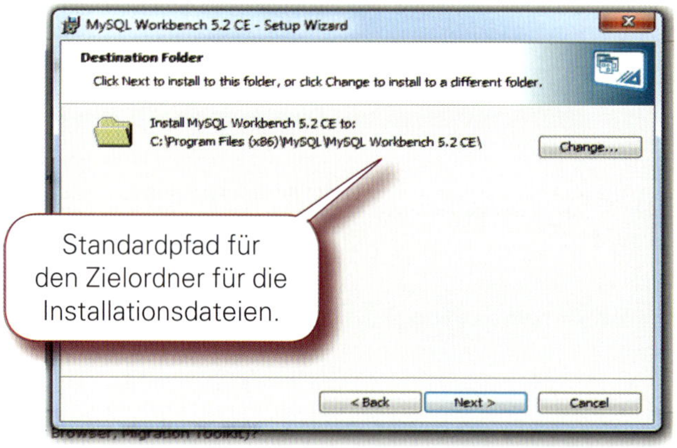


**Setup Type – Art des Setups**

Danach wird die Art des Setups festgelegt, hier stehen `Complete`, für die Vollinstallation und `Custom` für nur teilweise Installation von Programmteilen zur Auswahl.

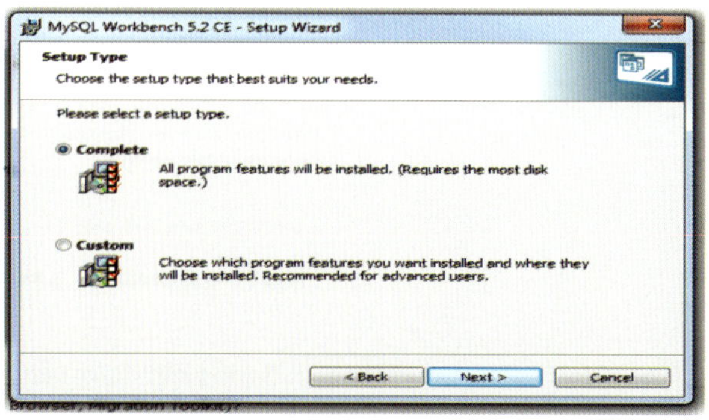

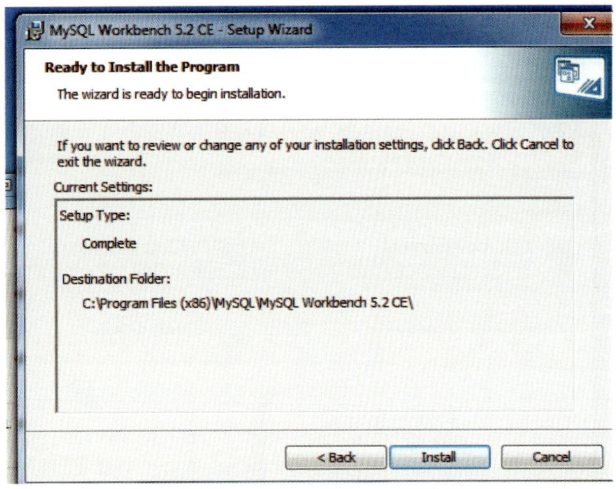


**Ready to Install the Program – Fertig zur Installation des Programms**

Durch Auswahl der Schaltfläche `Install` startet das Kopieren der Dateien in den Standardordner oder den frei gewählten Speicherort.

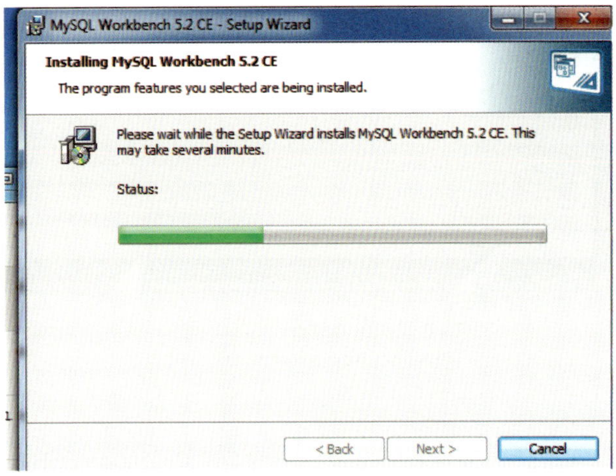


Eine Statusmeldung gibt über den Fortschritt der Installation Auskunft.

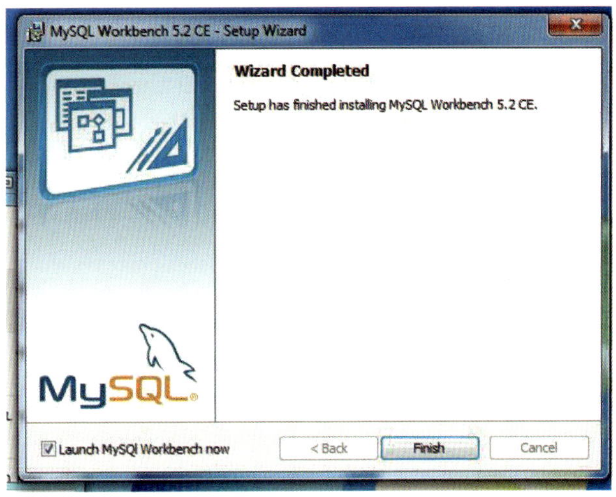


**Wizard Completed - Installation komplett**

Als Abschluss der Installation meldet der Wizard, dass die Installation komplett durchgeführt wurde. Standardmäßig ist Launch MySQL Workbench now abgehakt. Durch Anklicken der Schaltfläche `Finish` startet standardmäßig MySQL Workbench mit dem Start-Bildschirm.

Das komplette Programmpaket besteht aus den oben beschrieben Teilen: `SQL Development`, `Data Modeling` und `Server Administration`.

### 4.1.2 Tabellen erstellen

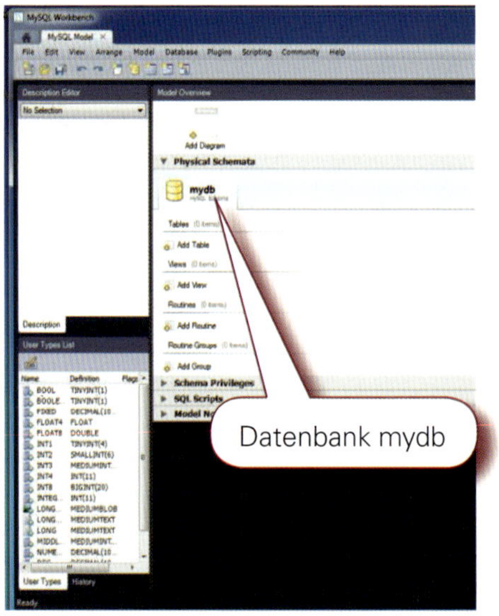


Zur Datenmodellierung wird der Menüpunkt **`Create New EER Model`** (erzeuge ein neues erweitertes Entity-Relationship Model) angeklickt.

Standardmäßig ist hier die Datenbank `mydb` schon angelegt.

Durch Anklicken des +-Zeichens kann eine neue Datenbank erstellt werden. Zum Erstellen einer neuen Tabelle in der Datenbank mydb, z. B. Kunden, wird AddTable doppelt angeklickt.

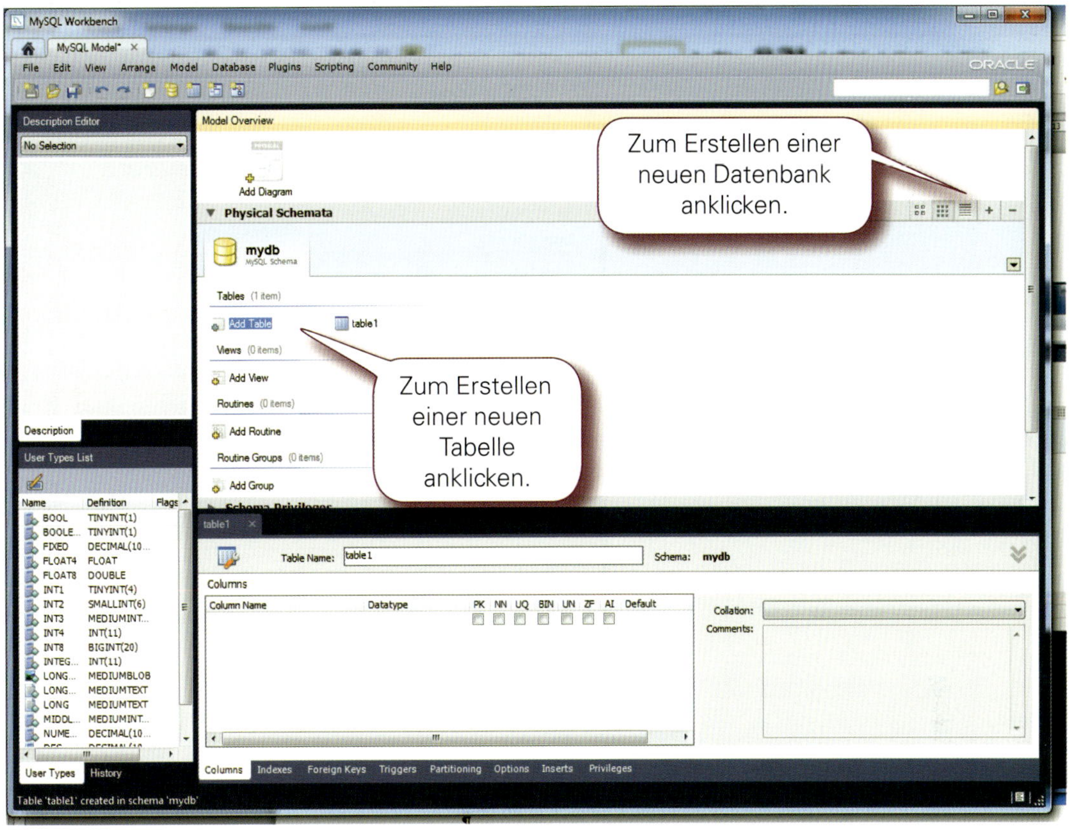


Nach dem Doppelklick erscheint die neue Tabelle als `table1`, dieser Name kann individuell angepasst werden, z.B. in `Kunden`. Unter `Columns` werden die Spalten der Tabelle mit Spaltennamen (`Column Name`) und Datentyp (`Datatype`) festgelegt. Es stehen als Auswahlboxen `PK Primary Key, NN Not Null, UQ Unique, BIN, UN, ZF und AI` zur Verfügung.

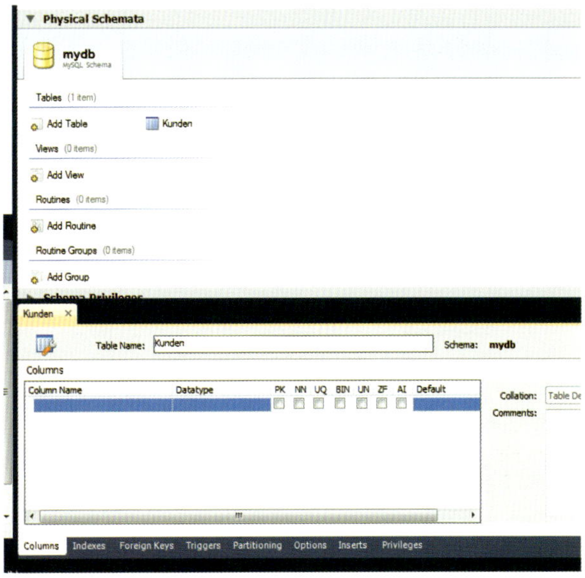


Die Spalte mit dem Primärschlüssel (`idKunden`) wird vom System automatisch angelegt. Das Primärschlüsselfeld hat Auswahlhäkchen bei `PK (Primary Key)` und `NN (Not Null)`.

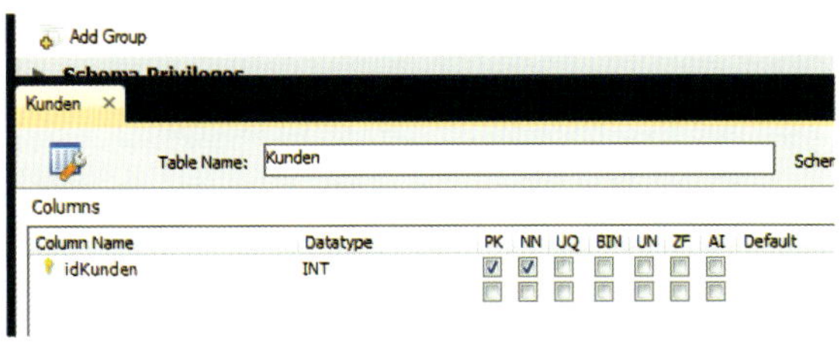


Der Spaltenname, der standardmäßig `idKunden` heißt, kann z. B. in `Kundennummer` geändert werden.

Es können weitere Felder z. B. `Kundenname`, `Kundenvorname` und `Plz` mit entsprechenden Datentypen angegeben werden.

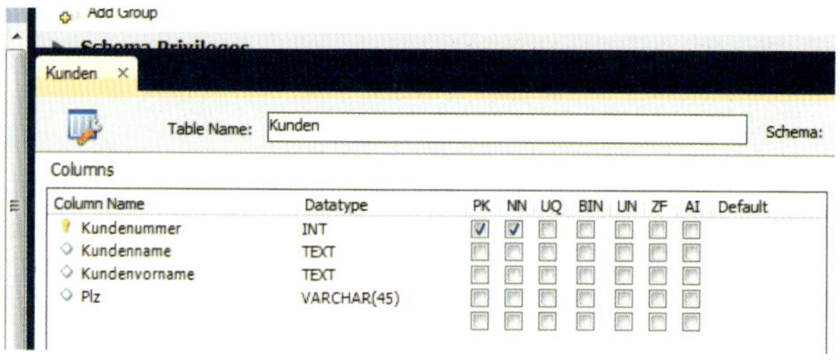


Wie beschrieben, kann eine zweite Tabelle, z. B. `Orte`, erstellt werden und es können die Attribute `Ortplz` und `Ortname` eingegeben werden.

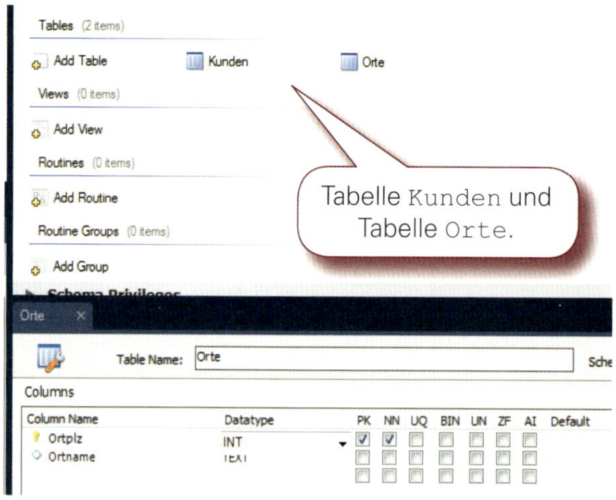


### 4.1.3 Tabellen relational verknüpfen

Die beiden Tabellen `Kunden` und `Orte` stehen in einer 1:m-Beziehung, eine `Ortplz` weist auf mehrere (M) `Kunden`, aber ein `Kunde` hat genau eine `Ortplz` (1) eingetragen.

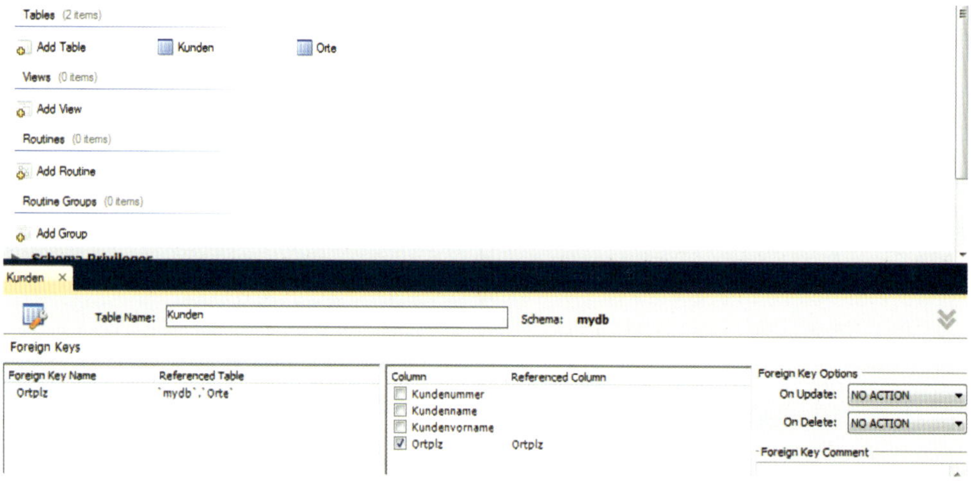


Beziehungen zwischen Tabellen können sowohl von Hand als auch automatisiert mithilfe der Software erstellt werden. Im Registerblatt `Foreign Keys` können Fremdschlüssel von Hand angegeben werden.

Unter `Foreign Keys` trägt man als `Foreign Key Name` die Bezeichnung des Fremdschlüssels hier `Ortplz` und die dazugehörige Tabelle (Referenced Table) hier `Orte` ein. Im rechten Bereich wird die entsprechende Spalte `Column` abgehakt. Unter `Foreign Key Options` kann das Verhalten der referenzierten Werte bei Änderung (`On Update`) und beim Löschen (`On Delete`) festgelegt werden. Als Optionen stehen `NO ACTION` = keine Reaktion, `CASCADE` = Weiterleiten, `RESTRICT` = Verbot und `SET NULL` = auf Null-Wert setzen zur Auswahl.

### 4.1.4 Datensätze eingeben

Die Eingabe von Datensätzen erfolgt nach dem Anklicken der Registerkarte `Inserts`.

Nach Eingabe von z. B. zwei Datensätzen erfolgt die Speicherung durch Anklicken des grünen Häkchens mit der Funktion `Apply changes to data`.

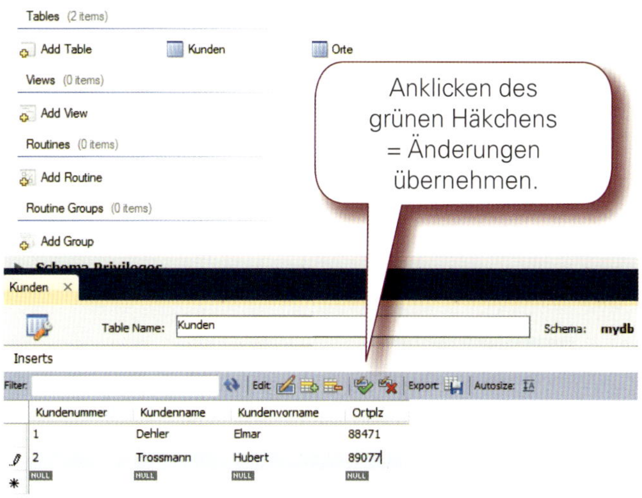


Ebenso können in der Tabelle `Orte` Datensätze eingegeben werden.

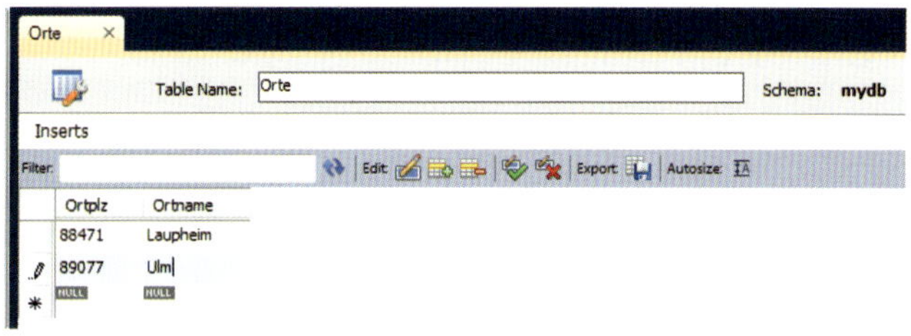


### 4.1.5 ER-Diagramm erstellen

Unter `Add Diagram` wird das ER-Diagramm der erstellten Datenbank mit den beiden Tabellen `Kunden` und `Orte` erstellt.

Ein Doppelklick auf `Add Diagram` erstellt ein neues EER-Diagramm als Icon und öffnet gleichzeitig ein neues Registerblatt mit der Bezeichnung `EER Diagram`.

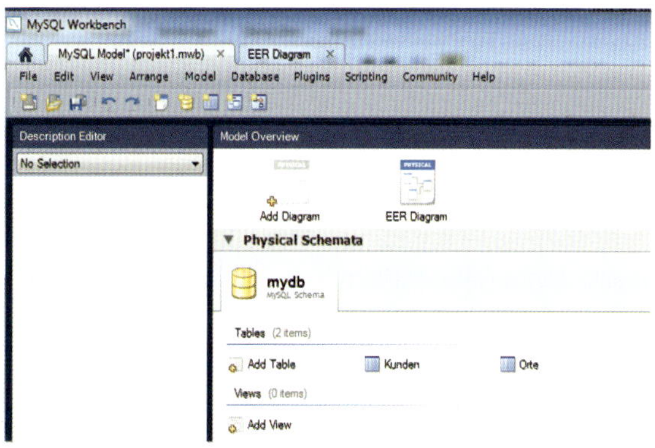

Das Bild zeigt das Entwurfsfenster für das EER-Diagramm.

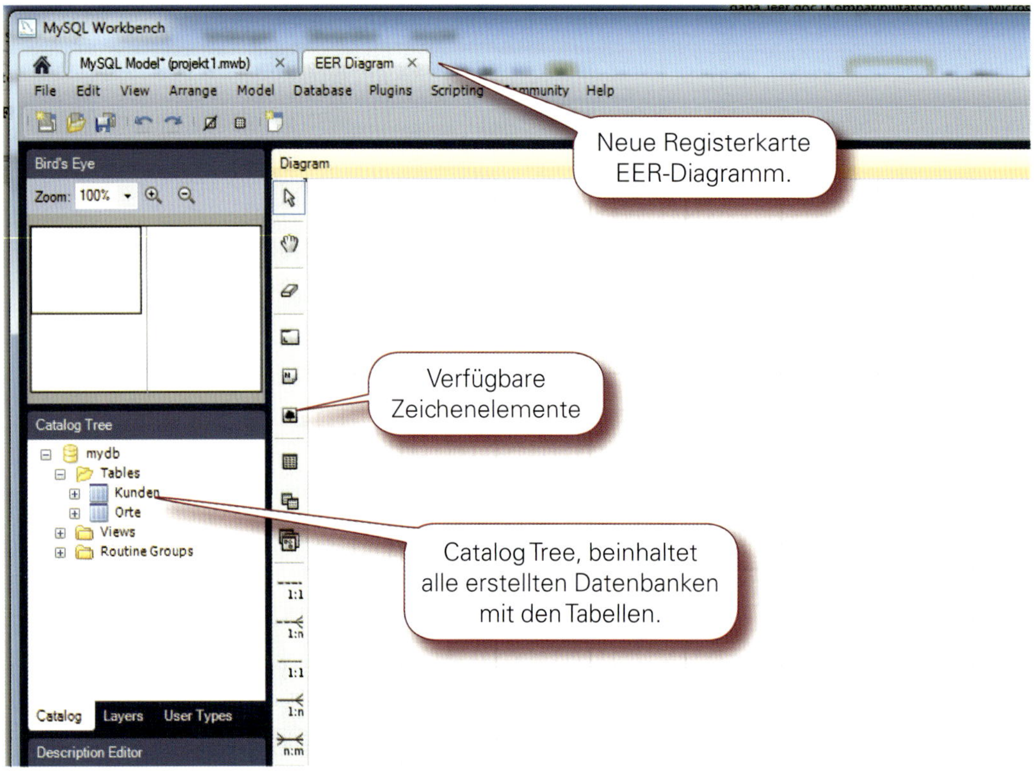


Mittels der Methode Drag-and-Drop werden die bereits erstellten Tabellen `Kunden` und `Orte` auf das Arbeitsblatt gezogen.

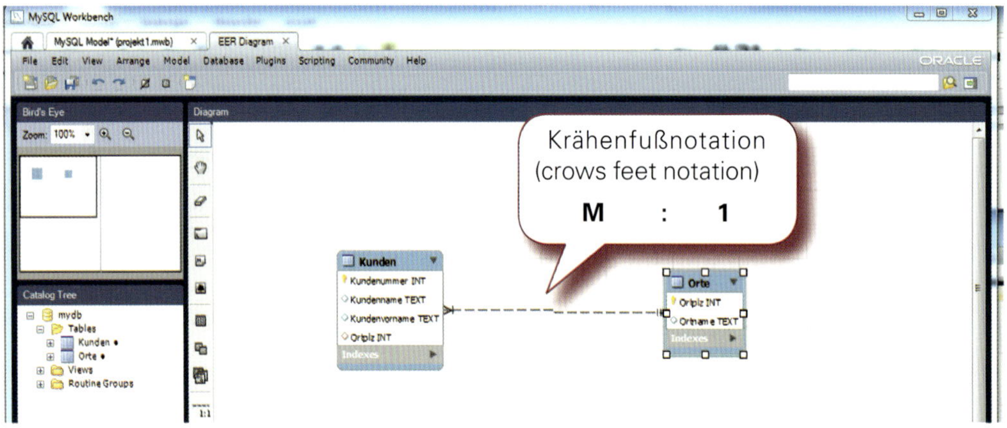


Die grafische Darstellung (hier in der Krähenfußnotation) stellt die 1:m-Beziehung zwischen den beiden Tabellen richtig dar, der Krähenfuß kennzeichnet die M-Beziehung.

Wird mit dem Mauszeiger die Beziehungslinie im Diagramm zwischen den Tabellen berührt, färbt sich diese ein und zeigt die an der Beziehung beteiligten Schlüsselattribute `Kunden.Ortplz` als Fremdschlüssel und `Orte.Ortplz` als Primärschlüssel an. Im linken Bereich (Bird's Eye) sieht man zur leichteren Navigation die Lage der beiden Tabellen in Bezug zum Gesamtblatt.

Wird mit dem Mauszeiger die Beziehungslinie im Diagramm zwischen den Tabellen berührt und klickt man die rechte Maustaste an, erscheint das im Bild dargestellte Kontextmenü.

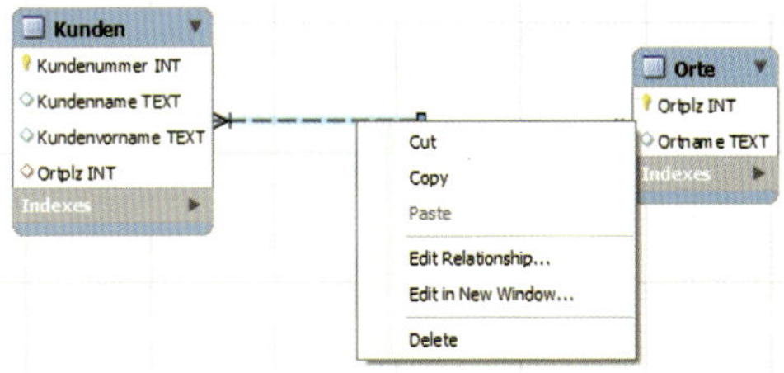


Unter dem Menüpunkt `Edit Relationship...` kann im Fenster die Beziehung (Caption) bearbeitet werden.

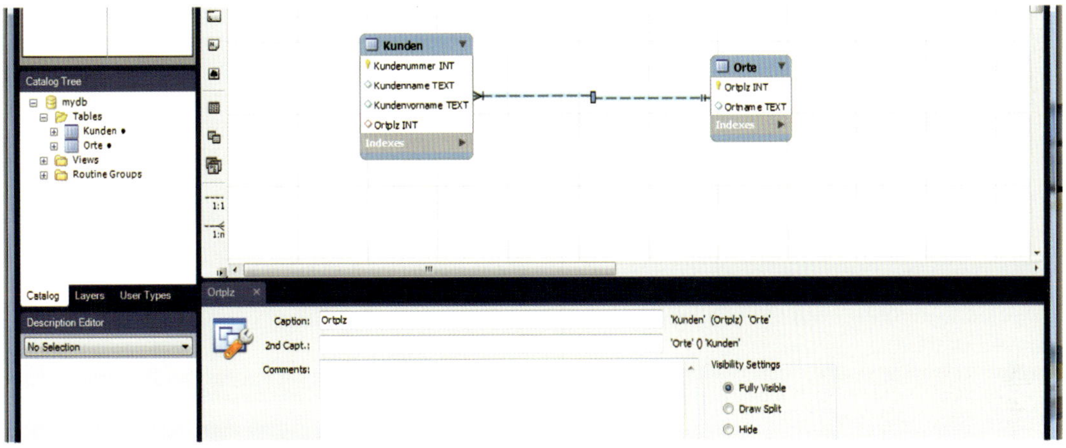


Im EER-Diagramm können wie im vorher gezeigten mydb-Fenster Tabellen eingefügt und Beziehungen erstellt werden. Im linken Bereich des Diagramm-Fensters stehen grafische Symbole zur Verfügung. Mit Drag-and-Drop wird das Tabellensymbol zum Erstellen einer neuen Tabelle auf das Arbeitsblatt gezogen und abgelegt.

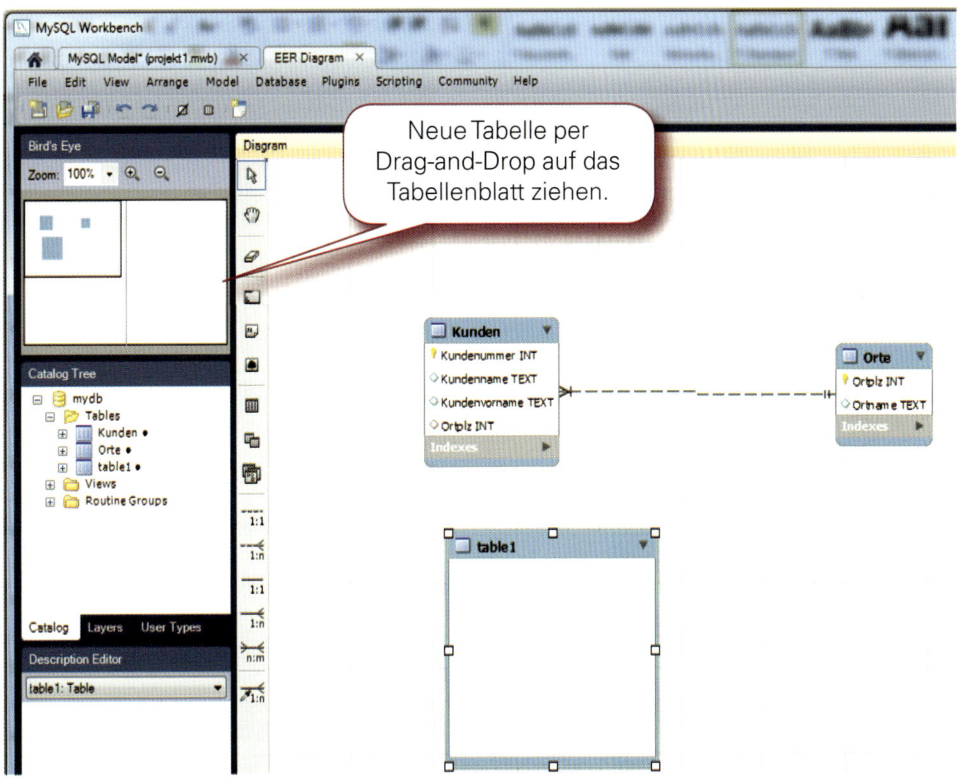

Die nun erscheinende Tabelle `table1` wird durch Doppelklick im Bearbeitungsmodus geöffnet. Die Spalten der Tabelle (Attribute) und deren Datentypen können wie oben beschrieben eingegeben werden.

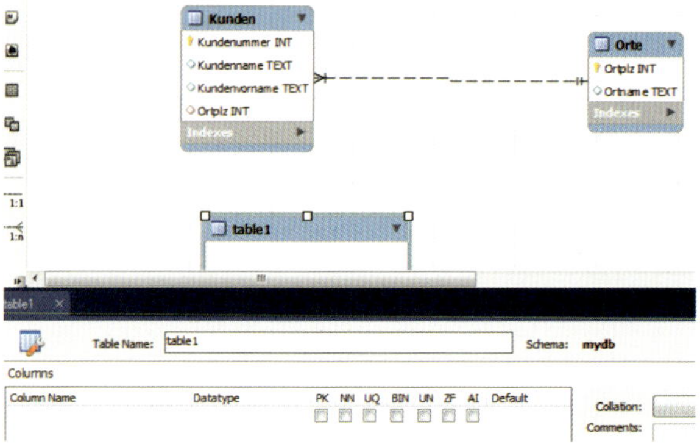


Im Folgenden wird die neue Tabelle `table1` als Tabelle `Mitarbeiter` mit denselben Attributen wie die Tabelle `Kunden` erstellt.

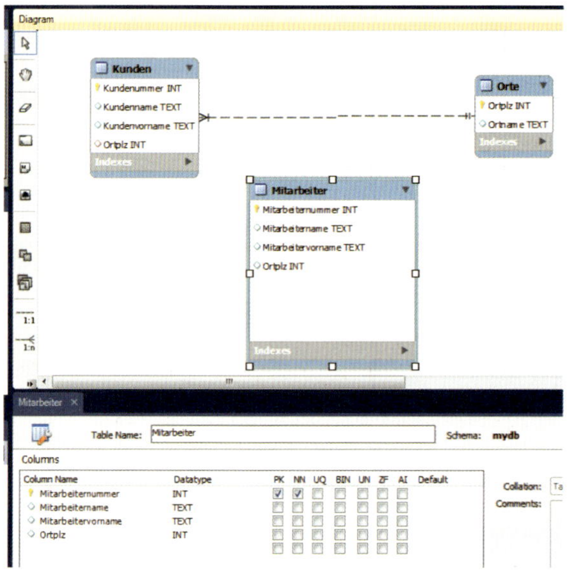


Um die neue Tabelle `Mitarbeiter` mit der Tabelle `Orte` relational zu verbinden, wählt man in der Werkzeugleiste am linken Rand des Diagram-Fensters das Symbol mit der 1:n-Verbindung aus. In der Tabelle `Mitarbeiter` wird die `Ortplz` und in der Tabelle `Orte` die `Ortplz` angeklickt. Das Ergebnis zeigt das Bild. Zu beachten ist, dass das System ein neues Fremdschlüsselattribut (hier: `Orte_Ortplz`) selbstständig erzeugt.

**Hinweis:**

Bei der Erstellung mit dem EER-Diagramm muss der Fremdschlüssel nicht mit den Attributen erstellt werden, er wird beim relationalen Verbinden erzeugt.

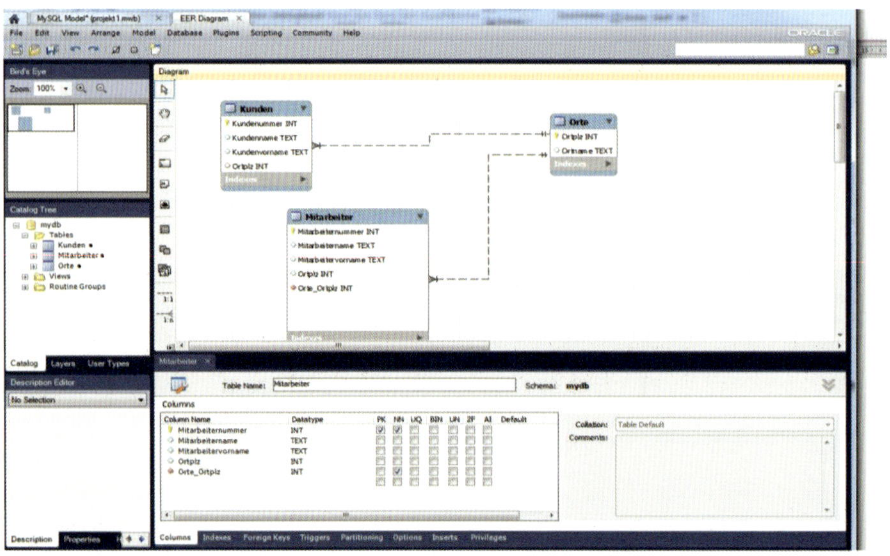


Der Vollständigkeit halber wird die obere `Ortplz` noch gelöscht.

Auch optisch wird der neue Fremdschlüssel durch eine andere Färbung hervorgehoben, dies soll auch bei der Tabelle `Kunden` so erstellt werden. Durch Doppelklick auf das Symbol der Tabelle `Kunden` wird im unteren Bereich die Bearbeitung gestartet. Durch mehrmaliges Anklicken der Raute vor dem Spaltenname (`Column Name`) verändert sich die Raute. Farbe Weiß d. h. kein Schlüsselattribut, Farbe Rot, d. h. Fremdschlüssel (Häkchen bei `NN Not Null`) oder Schlüsselsymbol, d. h. Primärschlüssel.

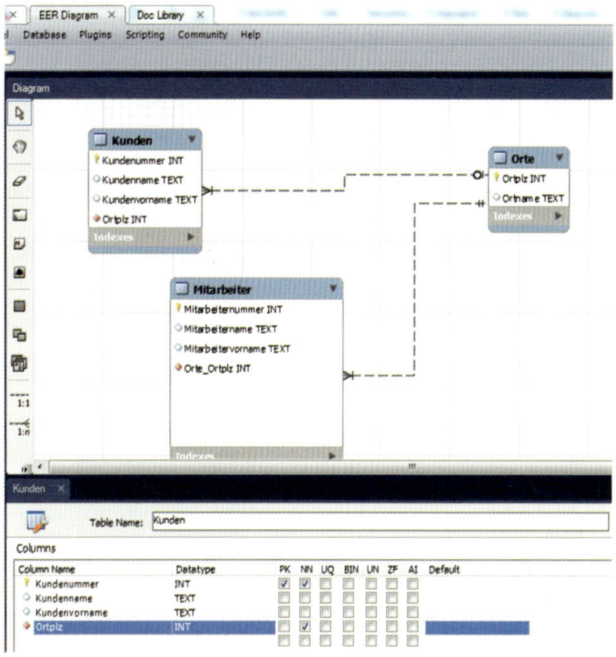


### 4.1.6 Forward Engineering

Forward Engineering bietet Methoden und Werkzeuge der Systementwicklung bzw. des Software Engineering, um z. B. aus einem Datenbankdesign eine implementierungsfähige Datenbank zu erstellen. Dies beinhaltet die Implementierung in ein DBMS oder Erzeugung des SQL-Quellcodes.

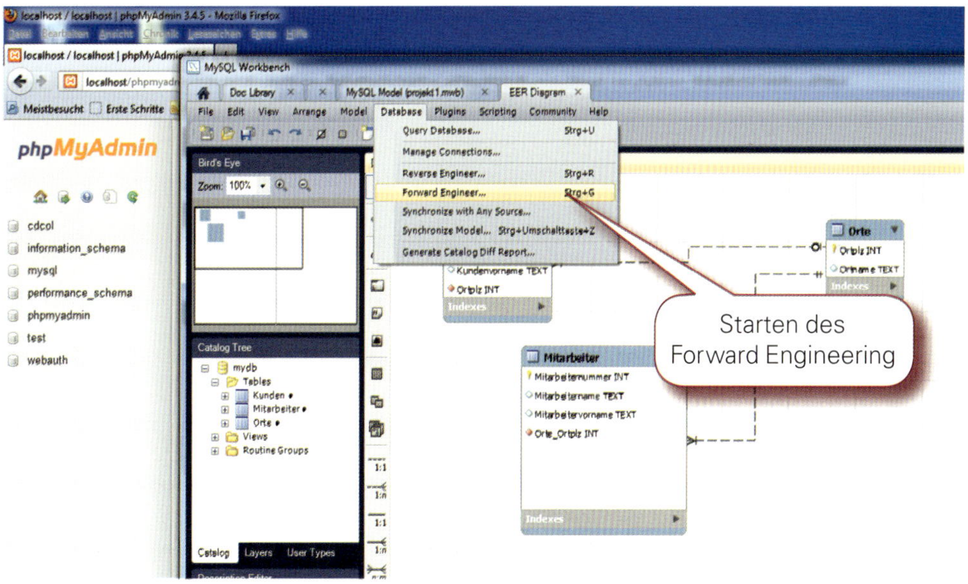


Unter dem Menü `Database` befindet sich das Untermenü `Forward Engineer...`.

Nach Anklicken von `Forward Engineer`, oder gleichzeitigem Betätigen von STRG und G startet der Assistent.

**Options / Set Options for Database to be Created**

Im ersten Fenster werden die Optionen für die zu erstellende Datenbank ausgewählt.

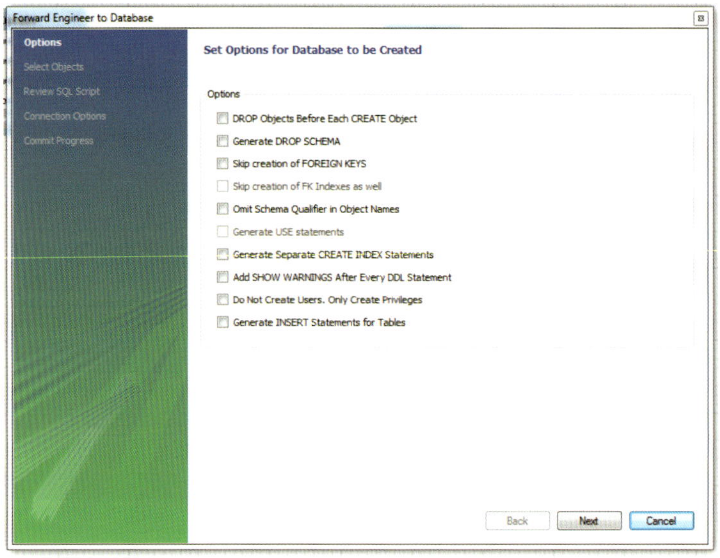


**Select Objects / Select Objects to Forward Engineer**

Danach werden die Objekte, die durch das Forward Engineering exportiert werden, ausgewählt.

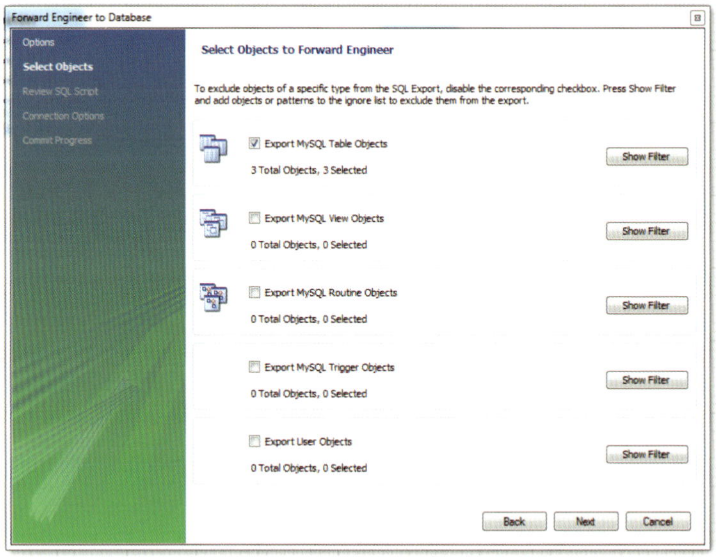


**Review SQL Script / Review the SQL Script to be executed**

Das erzeugte SQL-Skript kann im nächsten Schritt noch begutachtet werden. Durch Anklicken der Buttons `Save to File...` wird eine SQL-Datei erzeugt, bzw. `Copy to Clipboard...` wird die SQL-Datei auf den Desktop kopiert.

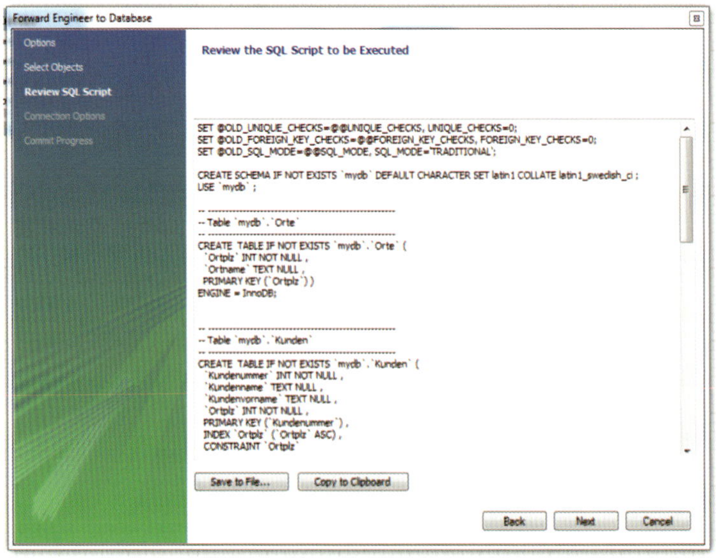

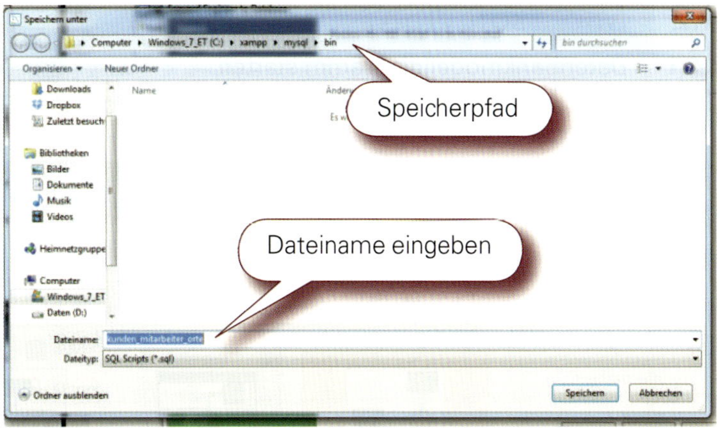


Im Fenster `Speichern unter` wird der Dateiname, z. B. `kunden_mitarbeiter_orte` und der Speicherpfad eingegeben.

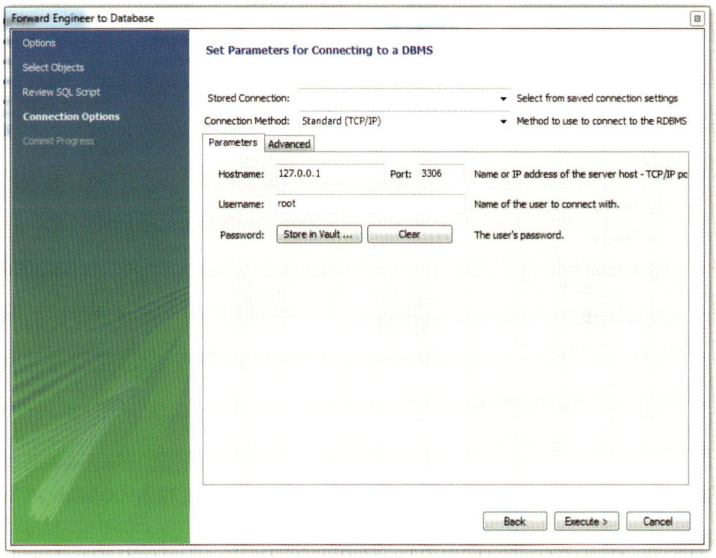


### Connection Options / Set Parameters for Connecting to a DBMS

Unter `Connection Options` werden die Parameter eines angeschlossenen SQL-Servers eingegeben, z. B. `Hostname` und `Portnummer`. Durch Anklicken des Buttons `Execute` startet der festgelegte Prozess, d.h. Verbindung mit dem DBMS und Ausführung des SQL-Skriptes.

Wichtig: Der Webserver und MySQL müssen bereits gestartet sein.

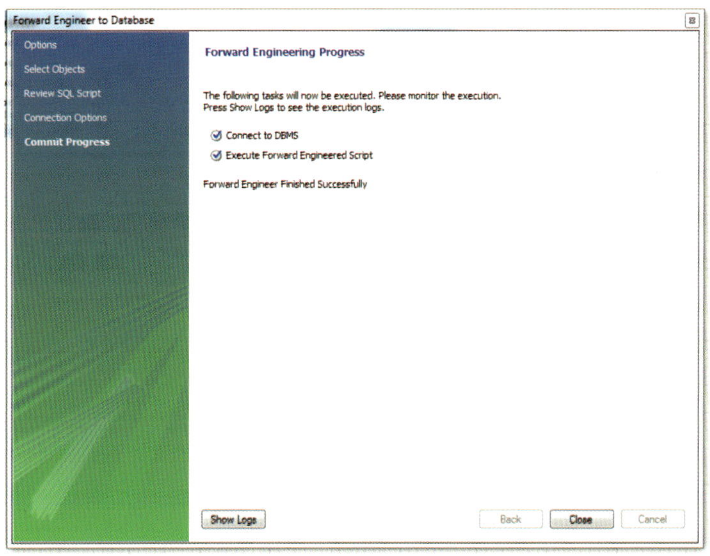


### Commit Progress / Forward Engineering Progress

Der erfolgreiche Forward Engineering Prozess wird auf dem Bildschirm unter dem Titel `Forward Engineering Progress` dokumentiert.

In Kategorien kann unter `Definition` der Name für die Tabelle (`Physischer Name`), z. B. `Kunden`, eingegeben werden. Unter `Kategorien/Spalten` können die Attribute, z. B. `kundennummer`, eingegeben werden und deren Datentyp, z. B. `Integer`, aus dem Pulldown-Menü ausgewählt werden.

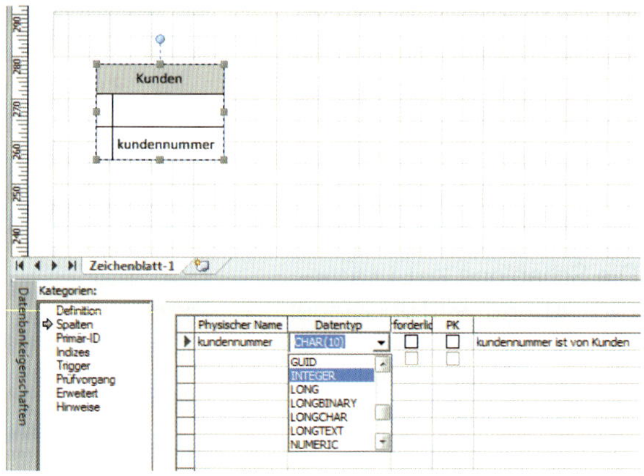


Da die `kundennummer` als Primärschlüssel dient, wird durch Aktivieren der Kontrollkästchen `Erforderlich` für Spalten Nullwerte verhindert (entspricht `NN Not Null`). Durch Aktivieren des Kontrollkästchens `PK` (`Primary Key` = Primärschlüssel) für Spalten, werden die einzelnen Zeilen in der Datenbanktabelle eindeutig identifiziert (entspricht `UQ Unique`). Das Ergebnis wird durch das Kürzel `PK` und Unterstreichung des Namens gekennzeichnet.

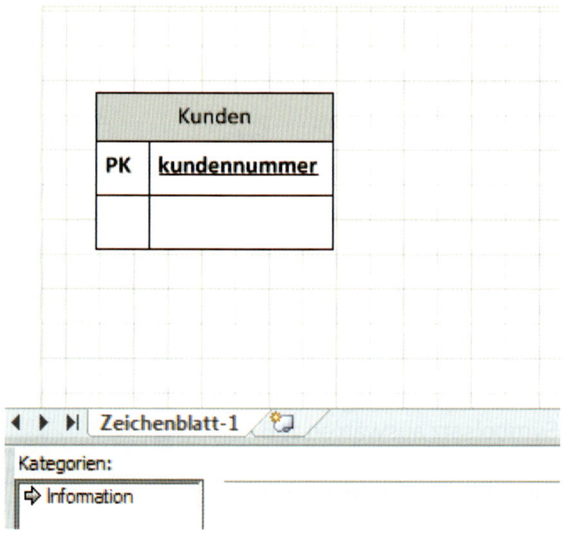


### 4.2.3 Spalten erstellen

Unter `Datenbankeigenschaften/Spalten` können weitere Attribute und deren Datentyp eingegeben werden. Durch Aktivieren des Kontrollkästchens `Erforderlich` wird verhindert, dass Nullwerte eingegeben werden, z. B. beim Geburtsdatum.

Wie oben beschrieben wird die Tabelle `Kunden` mit weiteren Attributen und die Tabelle `Orte` erstellt.

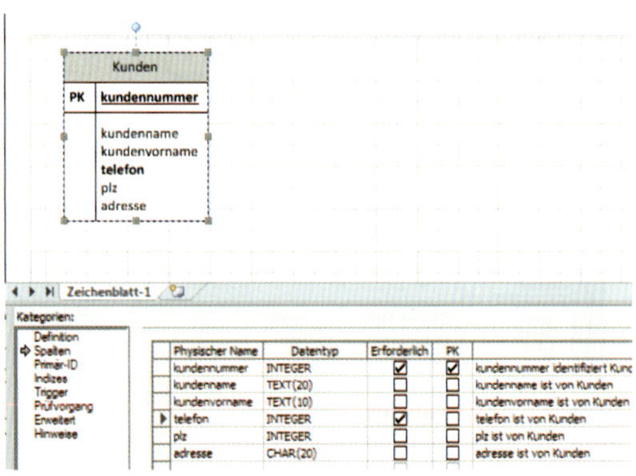


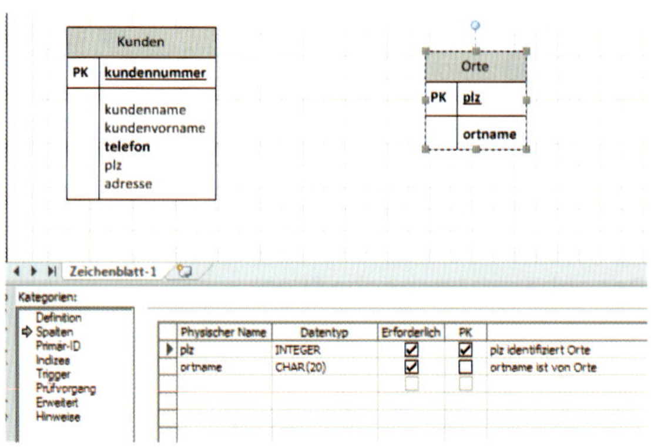

Mit `Datei/Speichern unter` wird die Visio-Zeichnung unter einem neuen Dateinamen, z. B. `Kunden.vsd` abgespeichert.

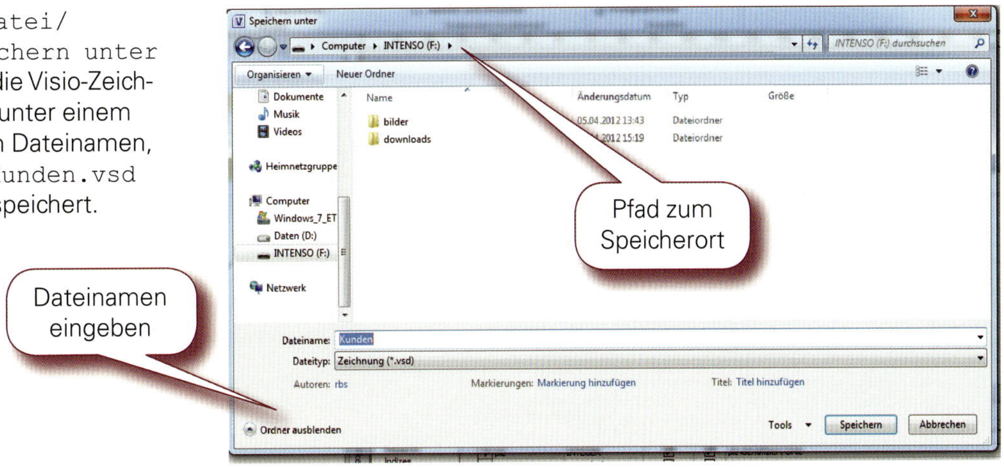


### 4.2.4 Beziehungen erstellen

Beziehungen verwenden Primär- und Fremdschlüssel, damit die Datenbanken eine Zeile in einer Tabelle (z. B. `Orte.plz`) mit einer Zeile in einer verwandten Tabelle (z. B. `Kunden.plz`) relational verknüpfen kann. Diese Beziehungen können im Diagramm angezeigt werden. Darüber hinaus kann man die Kardinalität einer Beziehung (z. B. `1:n`) festlegen und mithilfe der Krähenfuß-Notation, der relationalen Notation oder der IDEF1X-Notation anzeigen.

**Hinweis:**

M:N-Beziehungen (Viele zu viele) können in der Vorlage Datenbankmodelldiagramm nicht mit der Krähenfuß-Notation, der relationalen Notation oder der IDEF1X-Notation angezeigt werden.

Aus der Schablone `Entitätsbeziehung` wird ein `Beziehungssymbol` auf das Arbeitsblatt gezogen und auf einer freien Stelle abgelegt.

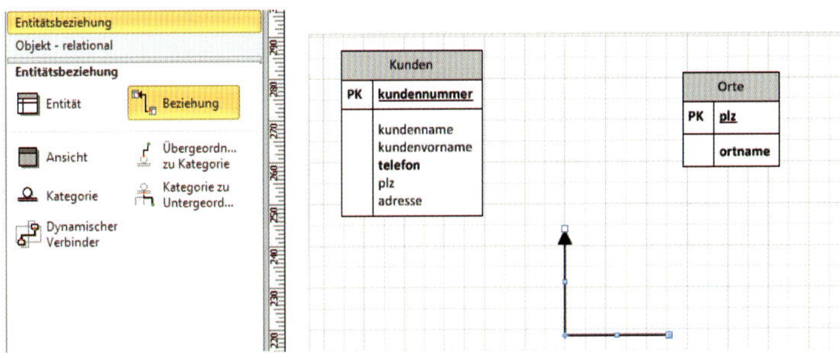


Das Ende mit dem Pfeil wird mit der Child-Tabelle (untergeordneten Tabelle), z. B. `Kunden`, und das andere Ende wird mit der Master-Tabelle (übergeordneten Tabelle), z. B. `Orte`, verbunden.

Wenn die untergeordnete Tabelle nicht bereits eine Spalte mit demselben Namen wie der Primärschlüssel enthält, fügt Visio der untergeordneten Tabelle einen Fremdschlüssel hinzu.

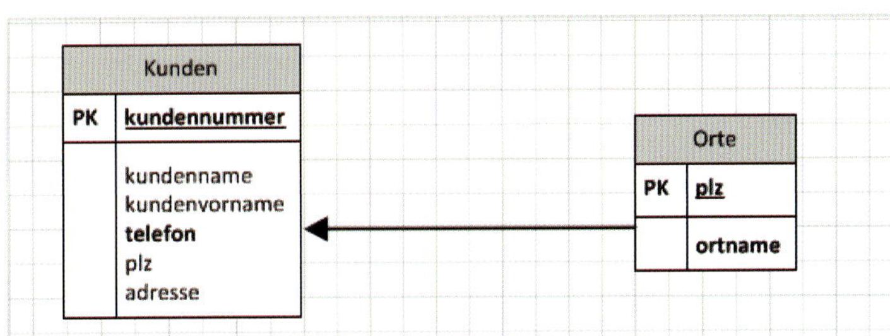


**Hinweis**

Wenn die Beziehungslinien nicht mehr angezeigt werden, klickt man auf der Registerkarte Datenbank in der Gruppe `Verwalten` auf `Anzeigeoptionen`. Auf der Registerkarte Beziehung wird unter Anzeigen das Kontrollkästchen `Beziehungen` abgehakt.

**Festlegen der Kardinalität der Beziehung:**

Durch Doppelklick auf die Beziehungslinie öffnet sich das Fenster `Datenbankeigenschaften`. Im Fenster Datenbankeigenschaften wählt man unter `Kategorien: Sonstiges`. Unter `Kardinalität` wird z. B. `Eins oder mehr` ausgewählt.

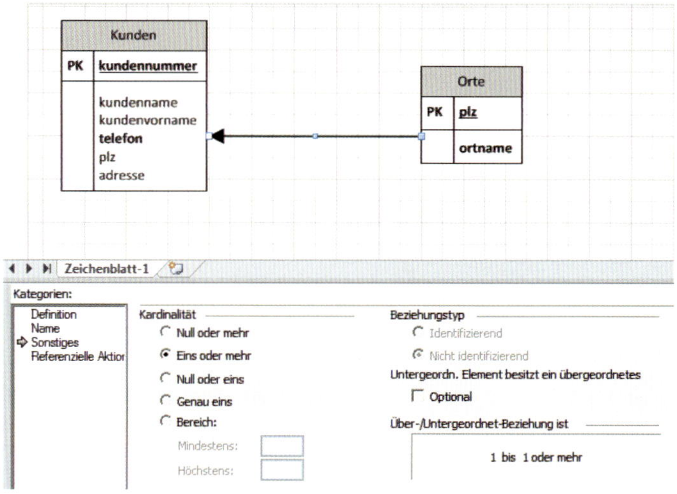


**Hinweis**

Bei 1:n-Beziehungen eignet sich entweder `Null oder mehr` oder `Eins oder mehr` am besten. Bei 1:1-Beziehungen eignet sich `Null oder eins` oder `Genau eins` am besten.

Mit `Referenzielle Aktion` legt man fest, wie ein übergeordnetes Element beim Löschen und Aktualisieren behandelt wird, z. B. `NULL setzen` (SET NULL) oder `Keine Aktion` (NO ACTION).

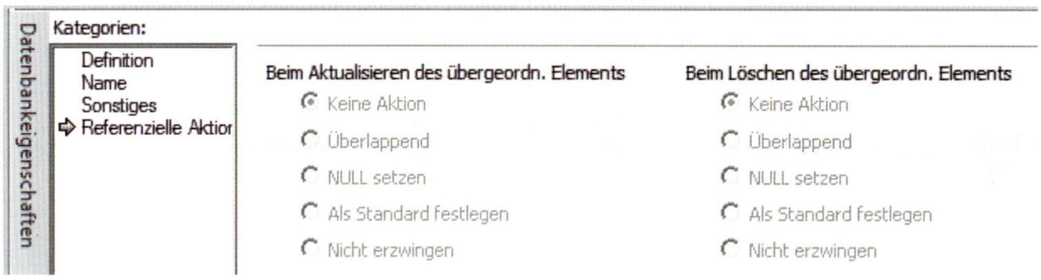


## 4.2.5 Reverse Engineering

Eine bereits vorhandene Datenbank kann mithilfe des Assistenten für Reverse Engineering in Visio importiert werden und als Entity Relationship Modell dargestellt werden.

In der Registerkarte `Datenbank` wird das Icon für `Reverse Engineering` angeklickt.

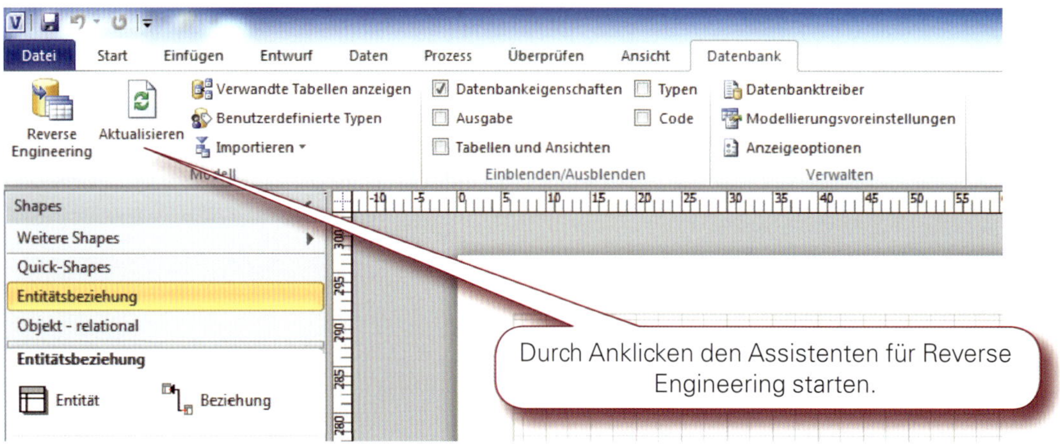

Unter `Datenquellen` wird die entsprechende Quelle ausgewählt und der Datenbanktreiber für das Datenbank-Managementsystem (DBMS) festgelegt. Wenn der Visio-Datenbanktreiber noch nicht mit einer bestimmten ODBC-Datenquelle verknüpft wurde, kann man dies unter `Einrichten` durchführen.

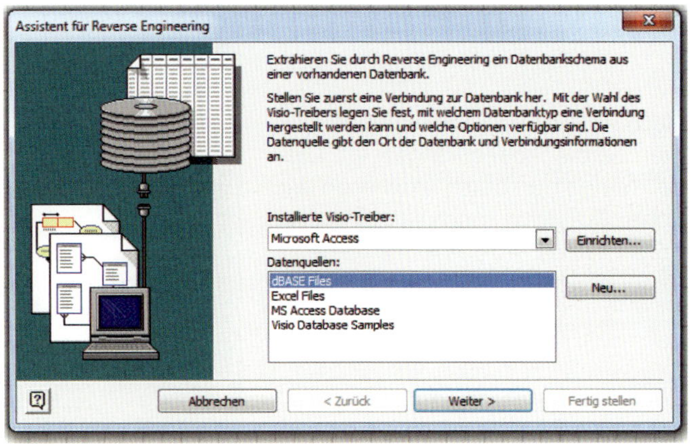


Soll das Reverse Engineering für ein Excel-Tabellenblatt ausgeführt werden, so ist der ODBC-Treiber Universal auszuwählen.

Durch Festlegung des passenden Visio-Treibers wird sichergestellt, dass der Assistent die systemeigenen Datentypen einwandfrei zuordnet und dass der gesamte, durch den Assistenten extrahierte Code im Fenster Code ordnungsgemäß angezeigt wird.

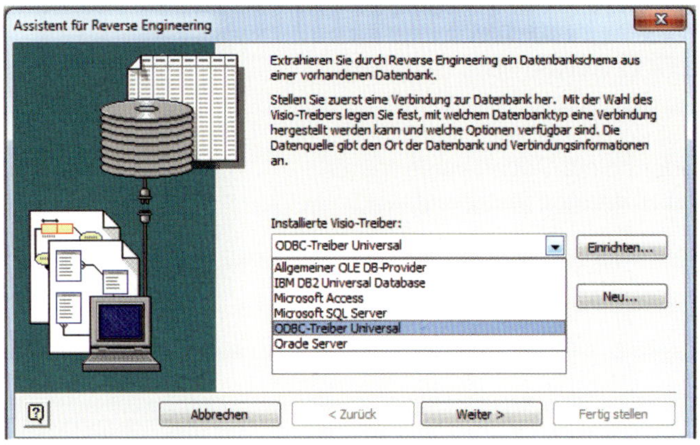


Im nächsten Fenster wählt man die Datenquelle der Datenbank aus (z. B. Faradiso.accdb), die in Visio importiert werden soll. Wenn für die vorhandene Datenbank noch keine Datenquelle erstellt wurde, kann man dies mit Anklicken von `Neu` durchführen.

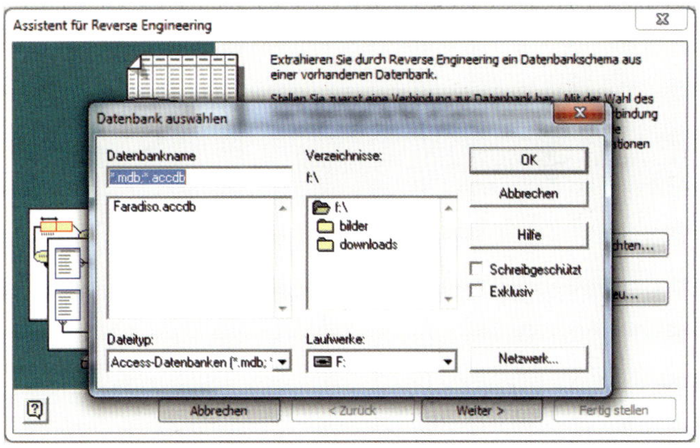


Der Assistent fragt nun nach den Objekttypen, die durch das Reverse Engineering ausgewählt werden sollen.

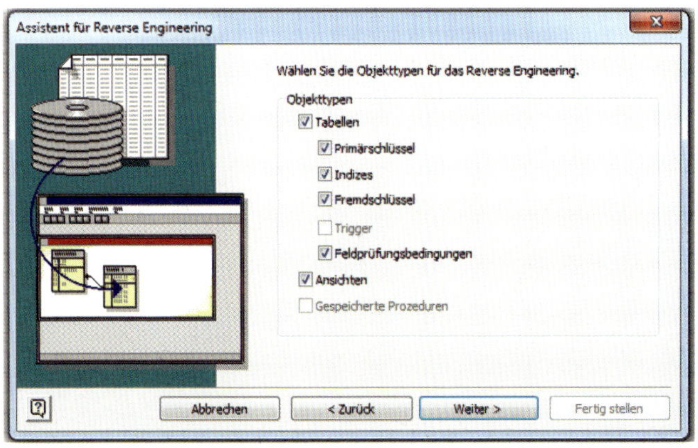

Nach Auswahl der Objekttypen werden die Tabellen angezeigt. Diese können nun durch Aktivieren der Kontrollkästchen noch einzeln oder durch `Alles auswählen` komplett gewählt werden

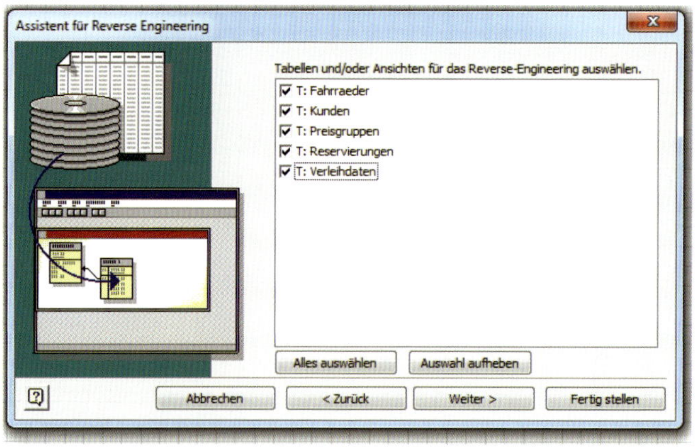


Nach Anklicken von `Fertig stellen` wird noch festgelegt, ob die automatische Darstellung auf dem Zeichenblatt erfolgen soll, oder ob die Option diese später hinzuzufügen festgelegt wird.

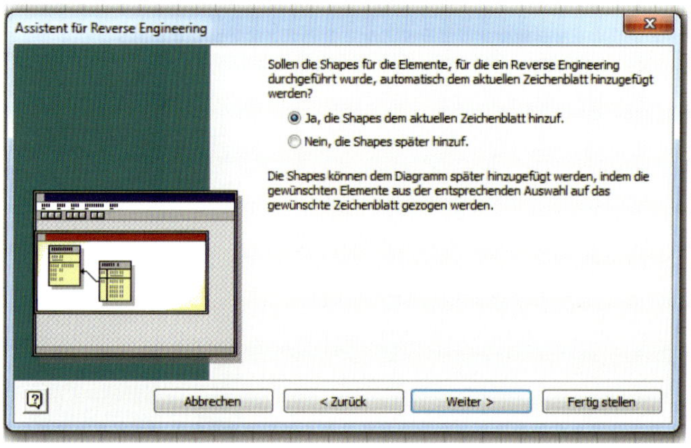


Eine Zusammenfassung der gewählten Einstellungen zeigt das Abschlussfenster des Assistenten.

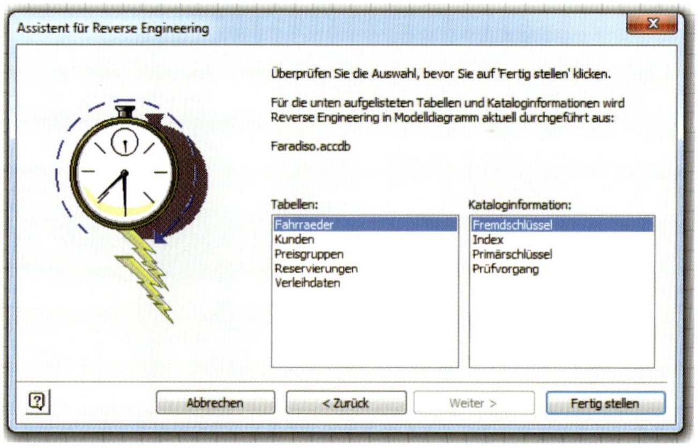


Der Assistent importiert die ausgewählten Informationen und zeigt im Ausgabefenster unten Hinweise zum Import an. Es können schrittweise alle Tabellen und deren Beziehungen überprüft werden.

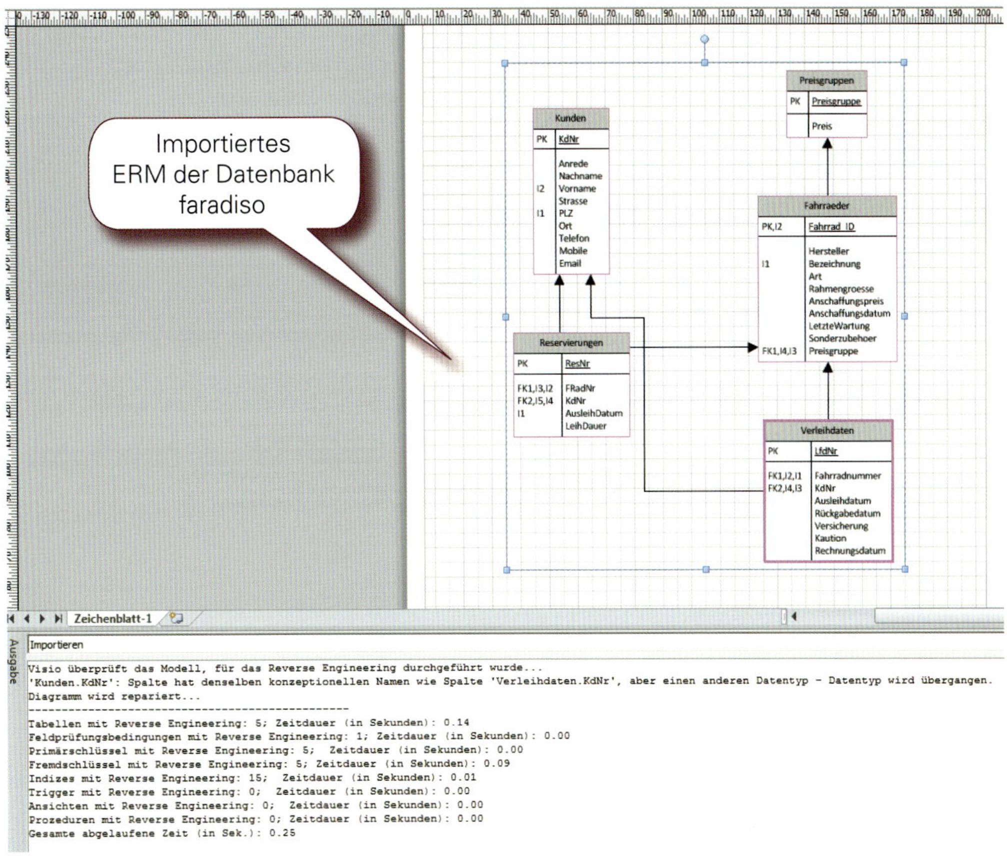


### 4.2.6 Erstellen von Indizes

Durch das Festlegen von Indizes wird die Leistung oder Geschwindigkeit der Datenbank beim Ausführen einer Abfrage verbessert. Ein Index wird als Zugriffspfad definiert, das DBMS speichert hierbei meist eine nach dem Index sortierte Tabelle, um Anfragen nach dem indizierten Wert, z. B. PLZ, beschleunigt durchführen zu können. Schlüsselwerte sind immer indiziert. Im Folgenden werden auf die Tabelle Kunden der Datenbank faradiso Indizes erstellt.

Bereits erstellte Indizes erkennt man an den Buchstaben I1 und I2 im ER-Diagramm. Im vorliegenden Beispiel sind also bereits die `PLZ` und der `Vorname` indiziert. Durch Anklicken der Tabelle `Kunden` auf dem Arbeitsblatt und Anwahl von `Indizes` im Bereich `Kategorien`, werden die vergebenen Indizes angezeigt und können auch bearbeitet werden.

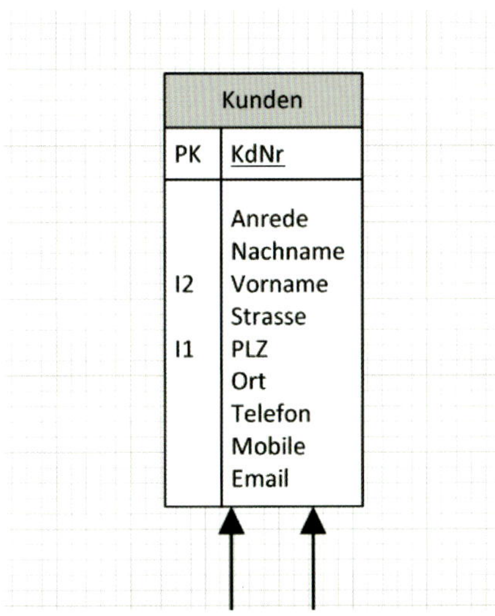


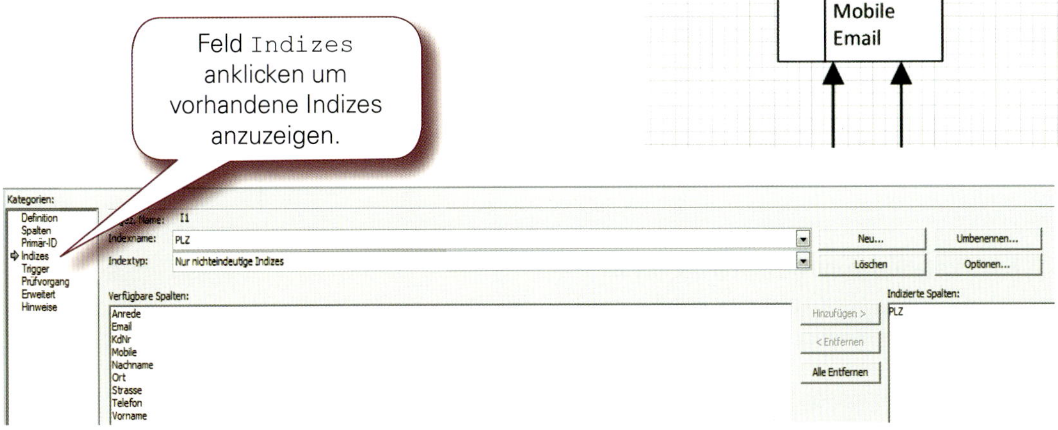

Durch Anklicken von `Neu` wird ein neuer Index erstellt. Im Dialogfeld `Index erstellen` wird ein Name für den Index eingegeben, z. B. `Ort`. Mit Klick auf `OK` wird das Dialogfenster `Index erstellen` abgeschlossen.

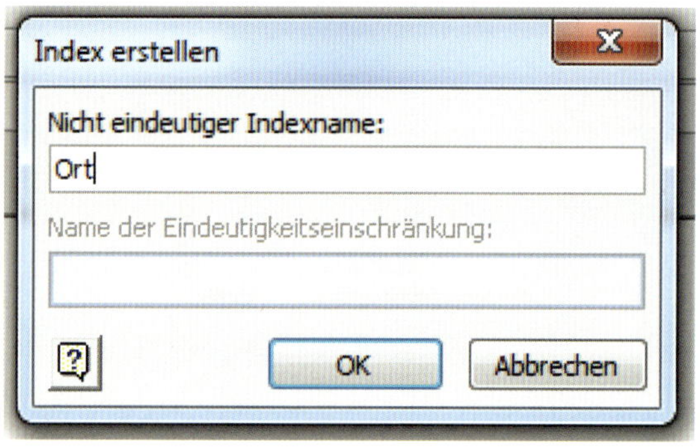


In der Liste `Indextyp` wählt man eine Option aus, um einen eindeutigen oder nicht eindeutigen Index zu erstellen. 4 Optionen stehen zur Auswahl.

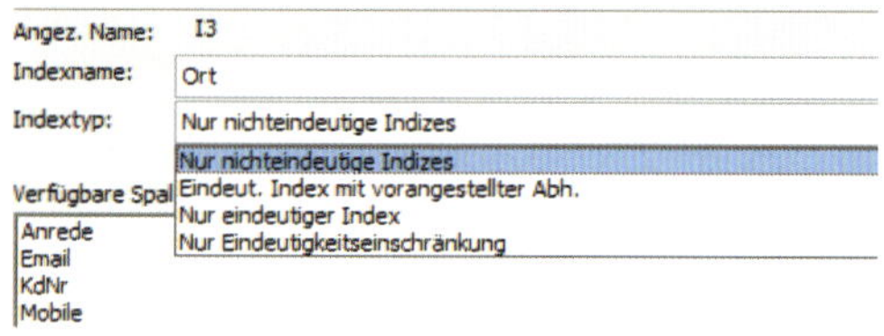


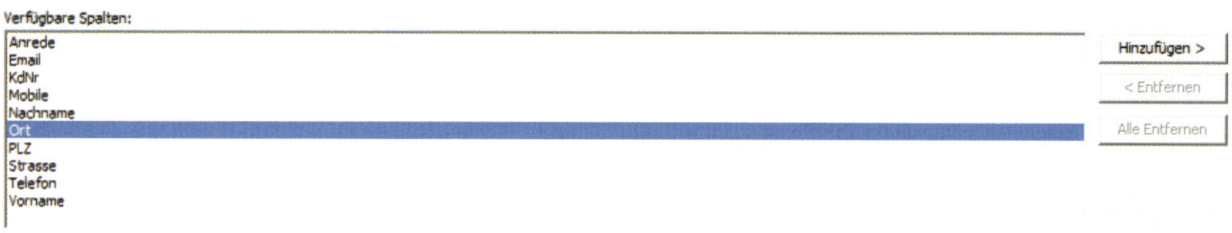


In der Liste Verfügbare Spalten wählt man die Namen derjenigen Spalten aus, die in dem neuen Index enthalten sein sollen. Mit Klicken von Hinzufügen wird die entsprechende Spalte ausgewählt.

In der Liste `Indizierte Spalten` wird das Kontrollkästchen `Auf` aktiviert, um einen Index in aufsteigender Sortierreihenfolge zu erstellen. Beim Deaktivieren des Kontrollkästchens wird ein Index in absteigender Sortierreihenfolge erstellt.

Im Datenbankmodelldiagramm wird der neue Index I3 anschließend auf das Attribut `Ort` angezeigt.

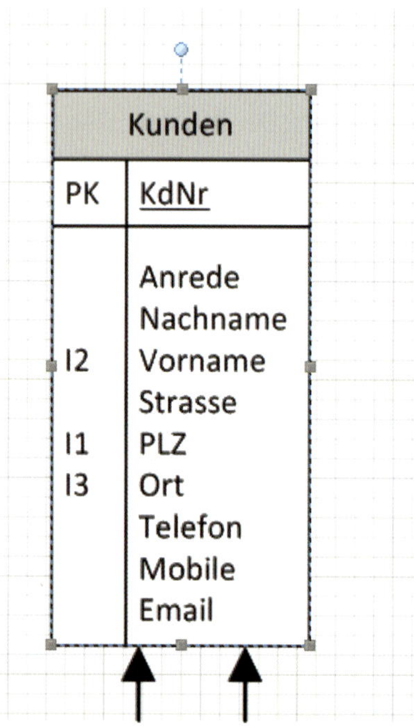


### 4.2.7 Erstellen von Ansichten (Views)

Eine `Ansicht` (View) stellt eine gespeicherte Abfrage dar. Ansichten sind besonders sinnvoll, wenn wiederholt dieselben Informationen aus mehreren Tabellen abgefragt werden. Durch Views kann man verschiedenen Benutzern der Datenbank (z. B. die Daten für Kunden) anzeigen lassen, ohne dass diese die eigentlichen Tabellen ändern können.

Zum Erstellen von Views wird aus der Schablone `Entitätsbeziehung` oder aus der Schablone `Objekt - relational` ein Ansicht-Shape auf das Zeichenblatt per Drag and drop gezogen.

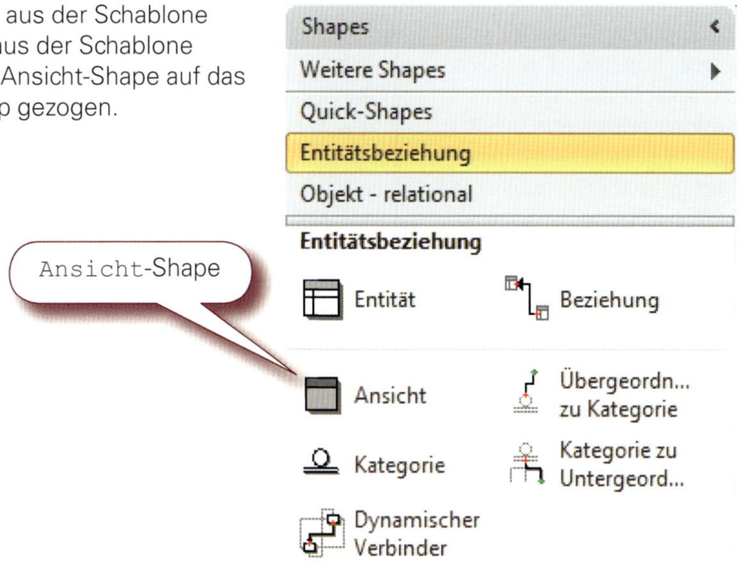


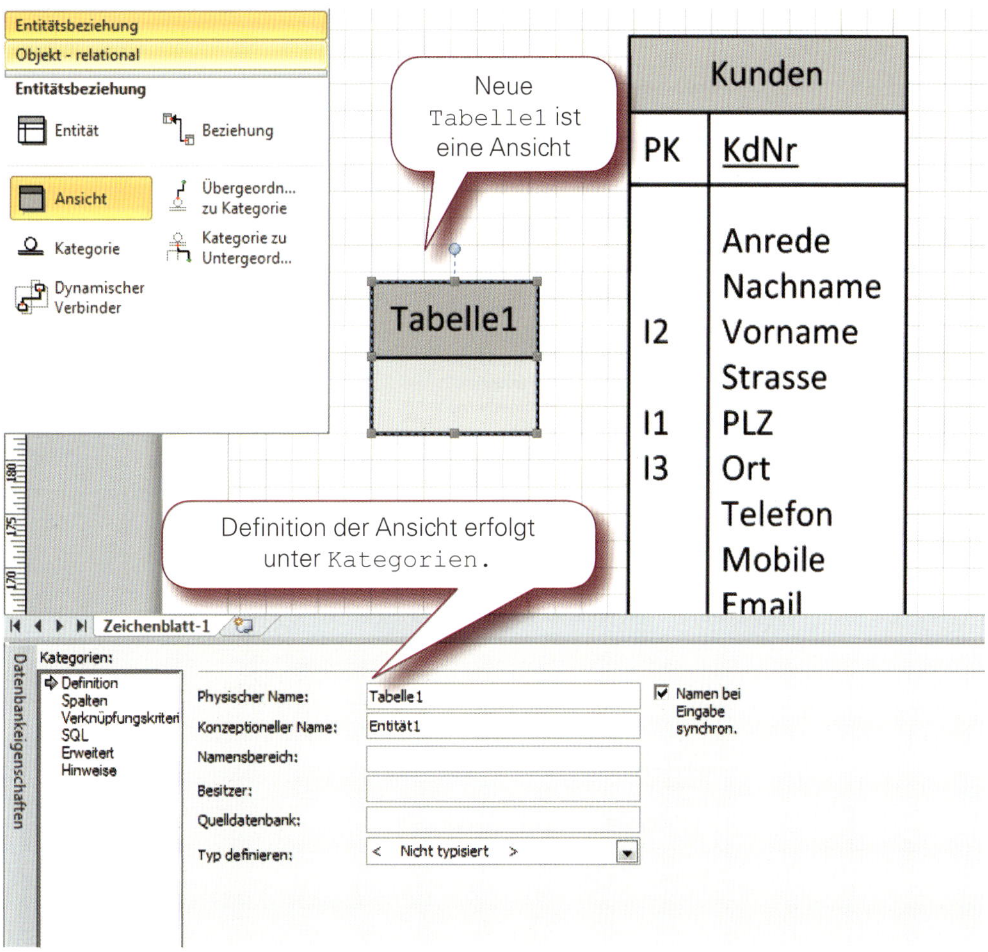

Die Eigenschaften der `View_Kunden`, d. h. die Ansicht der Tabelle Kunden erfolgt nun unter `Kategorien`. Unter dem Menüpunkt `efinition` wird ein Name, z. B. `View_Kunden`, definiert.

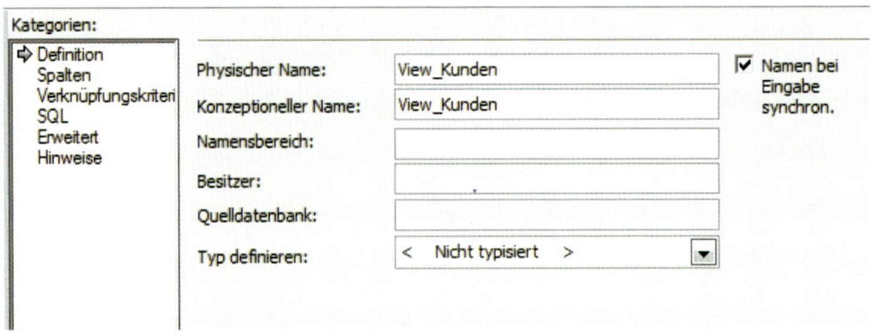


Unter `Spalten` wird eine neue Spalte eingefügt. Nach dem `Hinzufügen` werden unter `Bearbeiten` die Spalteneigenschaften der neuen Spalte festgelegt.

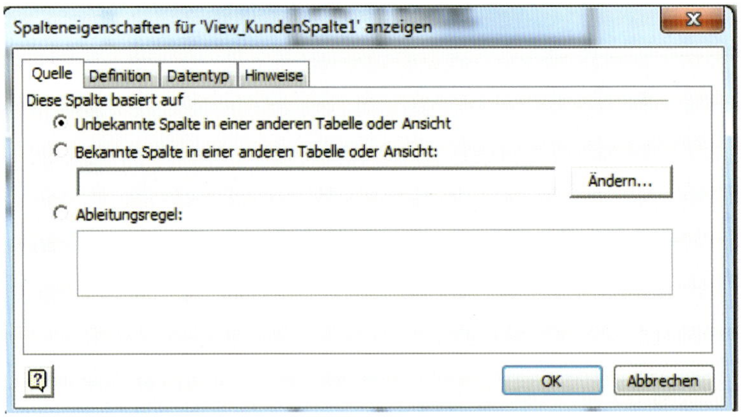


Als Quelle kann durch Anwahl von `Bekannte Spalte in einer anderen Tabelle oder Ansicht` und `Ändern` das Auswahlfenster `Spalte auswählen` geöffnet werden. Hier wird z. B. `Vorname` ausgewählt. Durch zweimaliges Bestätigen mit `OK` wird die Spalte in die View übernommen. So kann Spalte für Spalte zugefügt werden.

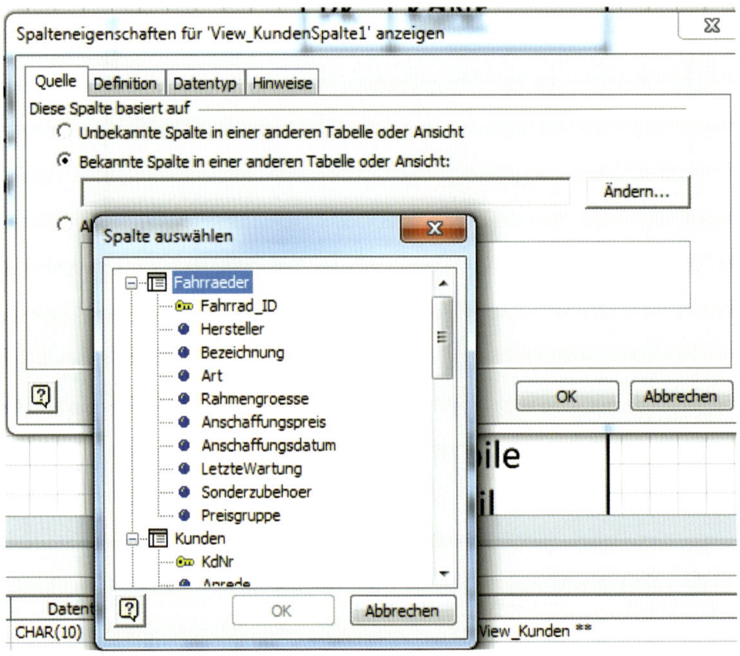


Unter `Kategorien-SQL` wird der Zusammenhang der `View_Kunden` nochmal als SQL-Code dargestellt.

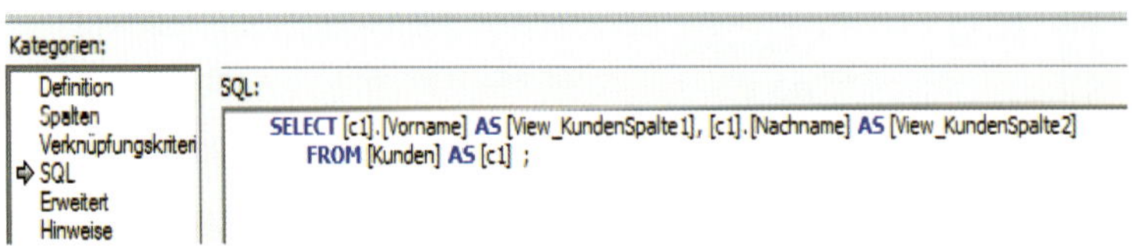

### 4.2.8 Erstellen von Feldprüfungsbedingungen

Mithilfe von Feldprüfungsbedingungen wird sichergestellt, dass sich die Daten, die in eine Spalte eingegeben werden, in einem bestimmten Wertebereich befinden. Es kann so z. B. sichergestellt werden, dass eine PLZ genau 5 Ziffern lang ist.

Nach Doppelklicken auf eine Tabelle (z. B. `Kunden`) öffnet sich das Fenster `Datenbankeigenschaften`.

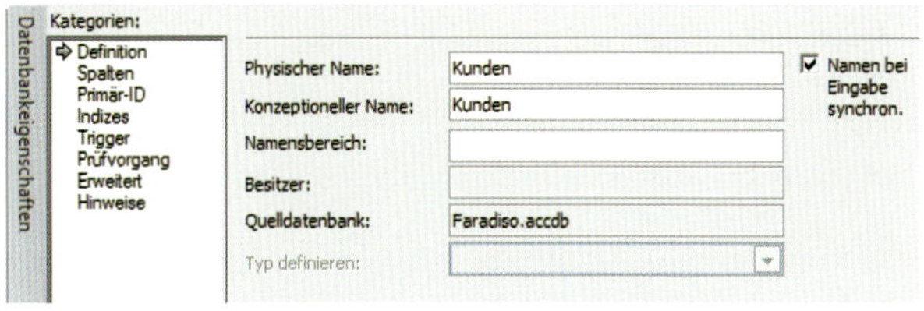


Unter `Kategorien-Spalten` wird nun die Spalte `PLZ` angeklickt.

Anschließend wird auf `Bearbeiten` geklickt und es öffnet sich das Fenster Spalteneigenschaften für „`PLZ`". Auf der Registerkarte `Prüfvorgang` wird die gewünschte Einschränkung eingegeben.

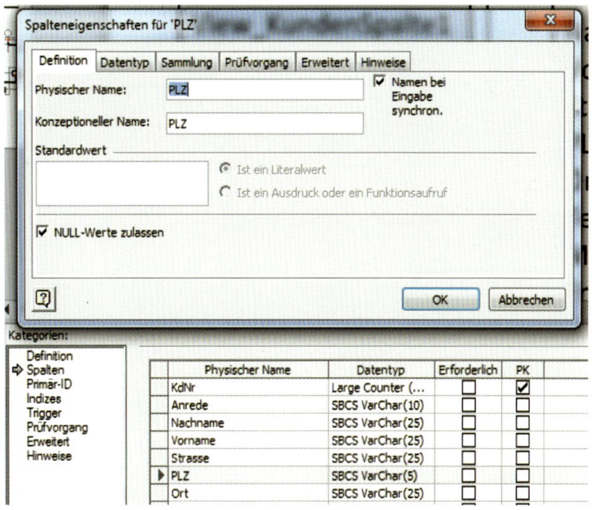


Die `PLZ` soll im Bereich Von: 10000 bis 99999 (die Übersetzung An: ist hier missverständlich, besser wäre Bis:) liegen.

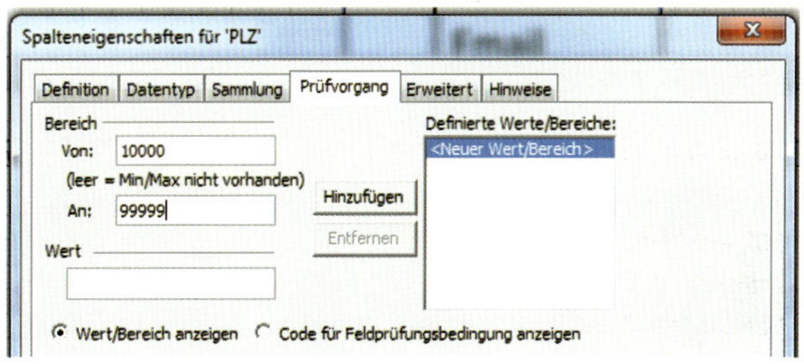


Durch Eingabe der Werte und Bestätigen durch Anklicken von `Hinzufügen` wird der Bereich ergänzt.

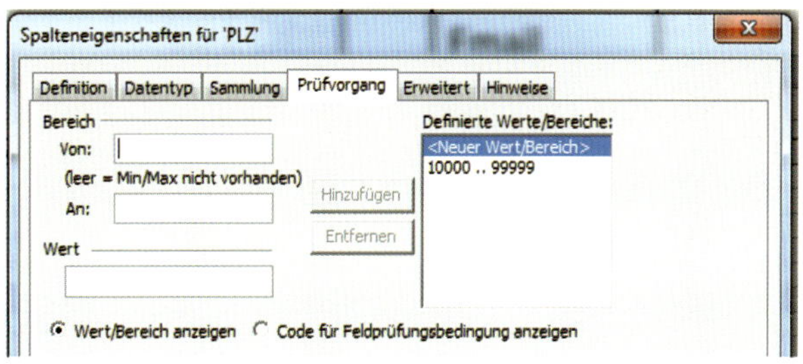


Die Überprüfung des Ergebnisse kann mithilfe von `Code für Feldprüfbedingung` anzeigen erfolgen. Hier wurde `Between 10000 and 99999 or is NULL` ergänzt.

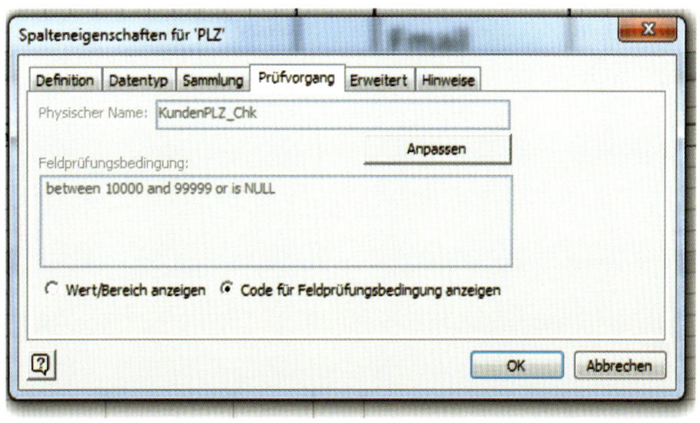

# 5 Entwicklung einer Datenbank mit Access

Mit dem Datenbanksystem **Access** wird schrittweise eine Datenbank für die Verwaltung des Fahrradverleihs Faradiso aufgebaut. Dabei werden Verleihvorgänge und Reservierungen aufgenommen. Auch Anmeldungen für geplante Fahrradreisen sind zu verwalten. Das erweiterte ERM der Datenbank soll folgende Struktur erhalten:

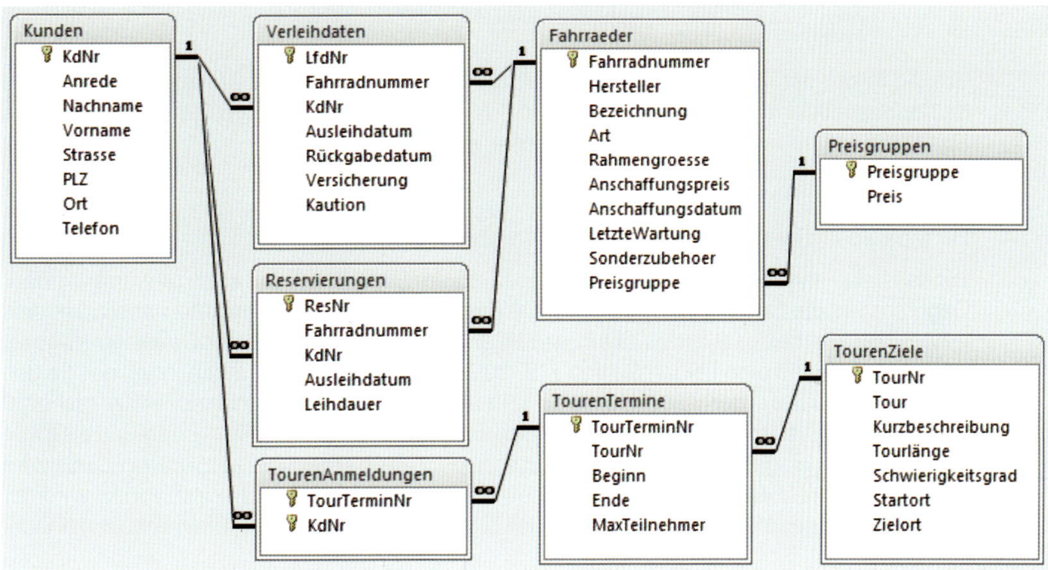


## 5.1 Tabellen erstellen

Beim Start von Access öffnet sich ein Fenster, in dem gefragt wird, mit welcher Datenbank gearbeitet werden soll. Zum Neuanlegen wird die Option `Leere Datenbank` gewählt. Nach Eingabe des gewünschten Speicherortes und des Namens Faradiso wird durch Anklicken von `Erstellen` die neue Datenbank angelegt.

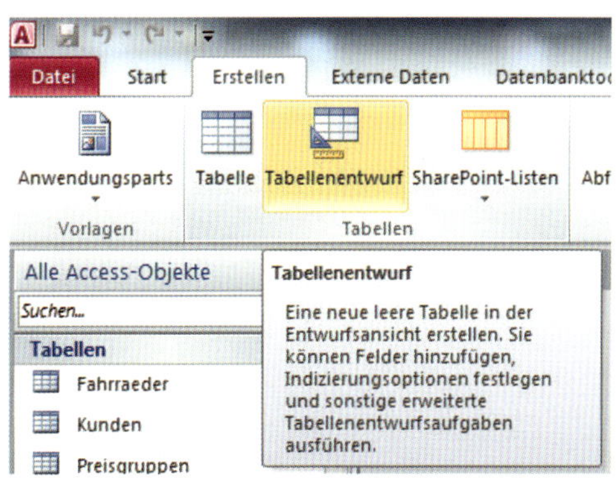


Die Daten werden innerhalb relationaler Datenbanken in Tabellen gespeichert. Vor der Eingabe von Daten werden diese Tabellen hinsichtlich ihrer Spalten und Datentypen genau festgelegt.

Nach Auswahl der Registerkarte `Erstellen` und Anklicken des Buttons `Tabellenentwurf` erscheint die Entwurfsansicht einer neuen Tabelle.

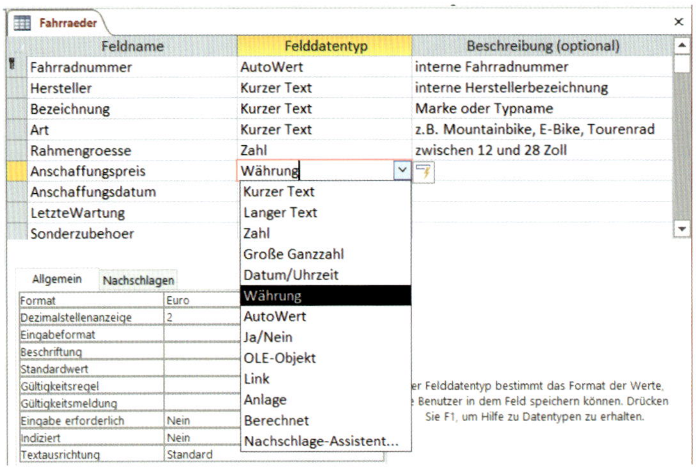


Um die Felder der Tabelle festzulegen, gibt man der Reihe nach die Feldnamen in der Spalte `Feldname` ein und legt in der Spalte `Felddatentyp` den Datentyp fest. In der rechten Spalte kann eine Beschreibung des Feldes angegeben werden.

### Festlegen von Datentypen

Für jede Spalte einer Tabelle muss ein Datentyp festgelegt werden.

Für das Feld Fahrradnummer kann in Access z. B. der Datentyp `Autowert` gewählt werden. Dadurch wird die Datensatznummer bei der Eingabe von Datensätzen automatisch um eins erhöht. Für die Felder `Hersteller`, `Bezeichnung` und `Typ` wird der Datentyp `Kluzer Text` gewählt und eine Feldgröße von z. B. 20 Zeichen festgelegt. Für den Inhalt des Feldes `Rahmengröße` wird der Datentyp `Zahl` und als Feldgröße `Byte` (ganze Zahl zwischen 0 und 255) gewählt. Im Feld `Anschaffungspreis` wird als Datentyp `Währung` und als Währungseinheit € eingestellt. Den Feldern `Anschaffungsdatum` und `LetzteWartung` wird der Datentyp `Datum/Uhrzeit` zugewiesen. Für das Datenfeld `Sonderzubehoer` wird der Datentyp `Langer Text` eingestellt, um auch längere Beschreibungen aufnehmen zu können.

**In Access verwendete Datentypen:**

| Datentyp | Verwendung | Größe |
|---|---|---|
| Kurzer Text (früher "Text") | Alphanumerische Daten (Namen, Titel usw.) | Bis zu 255 Zeichen (255 Bytes) |
| Langer Text (früher "Memo") | Große Mengen von alphanumerischen Daten. | Bis zu 1 Gigabyte (GB), Steuerelemente sind auf die ersten 64.000 Zeichen beschränkt. |
| Zahl | Numerische Daten. | 1, 2, 4, 8 oder 16 Bytes |
| Große Zahl | Numerische Daten. | 8 Bytes |
| Datum/Uhrzeit | Datum- und Uhrzeitangaben. | 8 Bytes |
| Währung | Geldwerte, mit Genauigkeit von 4 Dezimalstellen gespeichert | 8 Bytes |
| AutoWert | Eindeutiger Wert, der von Access für jeden neuen Datensatz erstellt wird. | 4 Bytes (16 Bytes für Replikations-ID). |
| Ja/Nein | Boolesche Daten ("Wahr"/"Falsch"). Access speichert den numerischen Wert 0 (null) für "Falsch" und "1" für "Wahr". | 1 Byte |
| OLE-Objekt | Bilder, Diagramme oder andere ActiveX-Objekte. | Bis zu 2 GB |
| Link | Eine Linkadresse (zu Dokument im Internet, Intranet oder auf dem lokalen Computer | Bis zu 8.192 (jeder Teil des Datentyps "Link" kann bis zu 2048 Zeichen enthalten) |
| Anlage | Anfügen von Bildern, Dokumenten, Kalkulationstabellen oder Diagrammen. | Bis zu 2 GB |
| Berechnet | Ausdruck zur Berechnung mit Daten aus mindestens einem Feld. Verschiedene Ergebnisdatentypen für den Ausdruck möglich. | Abhängig vom Datentyp des Ergebnisses. Das Ergebnisse müssen mit ihren jeweiligen Datentypen übereinstimmen. |
| Nachschlage-Assistent | Kein echter Datentyp. Es wird ein Assistent gestartet, um ein Nachschlagefeld zu definieren. Ein einfaches Nachschlagefeld verwendet den Inhalt einer anderen Tabelle oder eine Wertliste. | Abhängig vom Datentyp des Nachschlagefelds. |

### Gültigkeitsregeln

Um bei einem Zahlenfeld Fehleingaben zu vermeiden, können Gültigkeitsregeln festgelegt werden. Entspricht der eingegebene Wert nicht der festgelegten Regel, erscheint ein Fenster mit dem Text der Gültigkeitsmeldung am Bildschirm.

Für das Feld Rahmengröße ist beispielsweise der Gültigkeitsbereich 12 bis 28 Zoll festgelegt. Bei dem Versuch, den Wert 36 einzugeben, wird die festgelegte Meldung angezeigt.

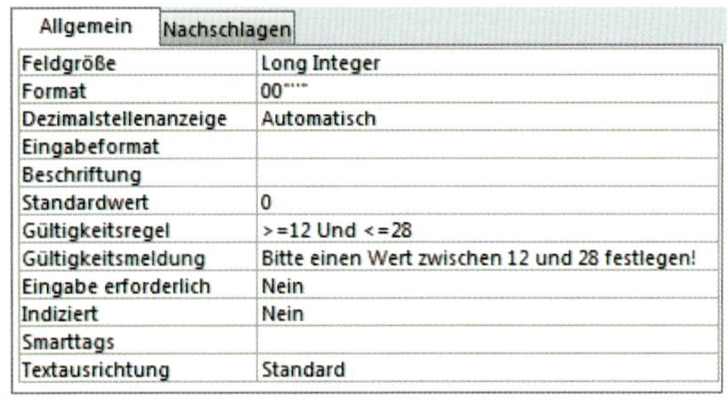

| Allgemein | Nachschlagen |
|---|---|
| Feldgröße | Long Integer |
| Format | 00"''" |
| Dezimalstellenanzeige | Automatisch |
| Eingabeformat | |
| Beschriftung | |
| Standardwert | 0 |
| Gültigkeitsregel | >=12 Und <=28 |
| Gültigkeitsmeldung | Bitte einen Wert zwischen 12 und 28 festlegen! |
| Eingabe erforderlich | Nein |
| Indiziert | Nein |
| Smarttags | |
| Textausrichtung | Standard |

Um im Feld Rahmengröße den Zahlenwert durch das Symbol „ für Zoll zu ergänzen, wird ein Format festgelegt. Nach den zwei Platzhaltern für Ziffern 00 werden anzuzeigende Zeichen (hier die Zeichen ' ') in Anführungszeichen gesetzt.

Der Eintrag eines Standardwerts, z. B. 0, schlägt bei Eingabe eines neuen Datensatzes den eingetragenen Wert vor. Dies erleichtert die Eingabe bei häufig benötigten Werten.

### Primärschlüssel

Um die einzelnen Fahrräder eindeutig zu identifizieren, wird das Feld `Fahrradnummer`, dessen Inhalt sich in jedem Datensatz unterscheidet, als Primärschlüsselfeld festgelegt. Nach Klicken in die Zeile `Fahrradnummer` wird in der Symbolleiste die Taste `Primärschlüssel` betätigt.

Vor dem Feldnamen erscheint nun ein Schlüsselsymbol.

Ein aus mehreren Feldern zusammengesetzter Primärschlüssel wird definiert, indem die entsprechenden Zeilen bei gedrückter Steuerungstaste markiert werden und anschließend die Schaltfläche `Primärschlüssel` betätigt wird.

Zum Speichern der Tabelle wird das Diskettensymbol auf der Symbolleiste betätigt. Als Name wird z. B. `Fahrraeder` eingegeben und mit `Speichern` bestätigt.

Zum Eingeben von Daten wird die Tabelle entweder durch Doppelklick auf den Tabellennamen oder über die Schaltflächen `Ansicht - Datenblattansicht` geöffnet. Solange in einem Datensatz Daten eingegeben werden, erscheint in der entsprechenden Zeile vorn ein symbolischer Schreibstift.

Beim Verlassen des Datensatzes verschwindet dieser Stift und der Datensatz wird automatisch gespeichert.

**Hinweise:**

Daten werden nach Verlassen des Datensatzes sofort auf der Festplatte gespeichert, um Datenverlust zu vermeiden.

Es gibt für die Dateneingabe keine Rückgängig-Funktion wie z. B. in Textverarbeitungssystemen.

## 5.2 Festlegen von Beziehungen und referenzieller Integrität

Beziehungen bestimmen den Zusammenhang von Feldern verschiedener Tabellen. Um z. B. festzulegen, dass die Kundennummern in der Tabelle `Reservierungen` sich auf die Kundennummern der Tabelle `Kunden` beziehen, werden in Access Beziehungen auf grafische Weise definiert. Dazu wählt man in der Menüleiste den Reiter `Datenbanktools` und die Schaltfläche `Beziehungen`. Es öffnet sich das Fenster `Tabelle anzeigen` zur Auswahl der Tabellen.

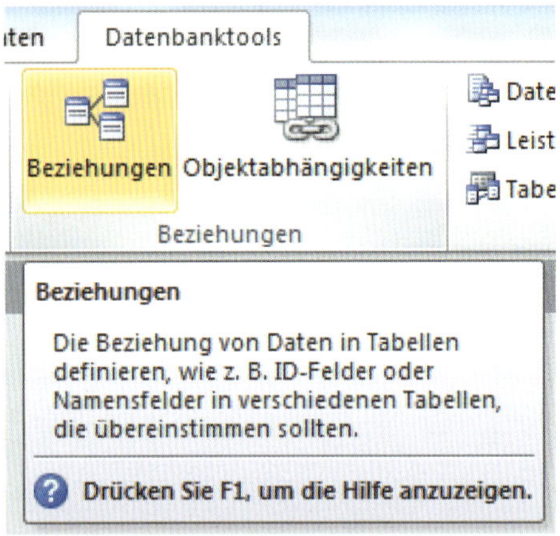


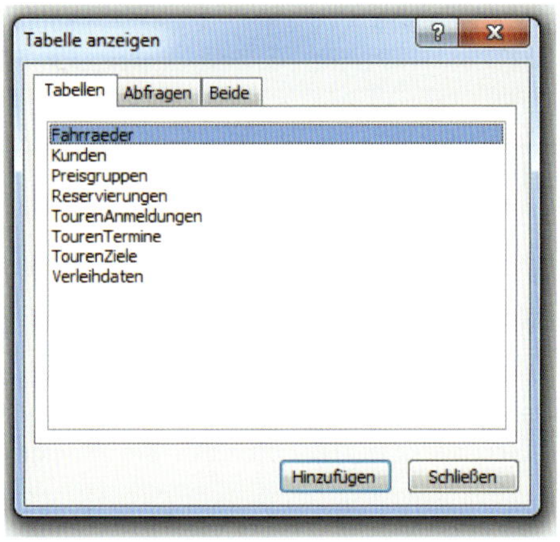


Hier werden alle angezeigten Tabellen ausgewählt, indem mit gedrückter Umschalttaste die erste und die letzte Tabelle der Liste angeklickt und die Taste `Hinzufügen` betätigt wird. Anschließend wird das Fenster `Tabelle anzeigen` wieder geschlossen.

Um die Beziehung festzulegen, wird in der Tabelle `Kunden` der Eintrag `KdNr` angeklickt und mit gedrückter Maustaste auf den Eintrag `KdNr` in der Tabelle `Reservierungen` gezogen.

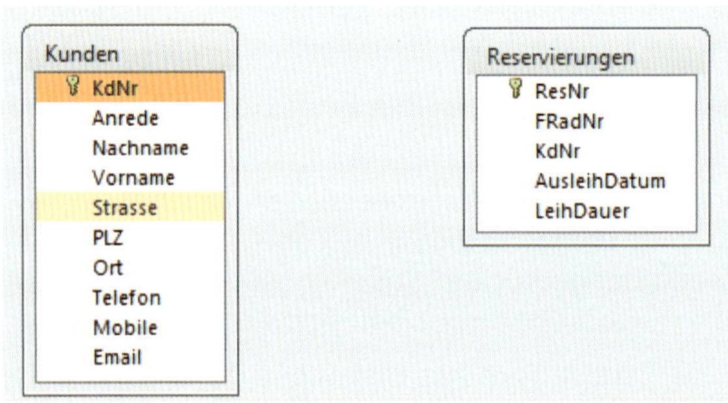


Es öffnet sich ein Fenster zur Bearbeitung der Beziehungseigenschaften.

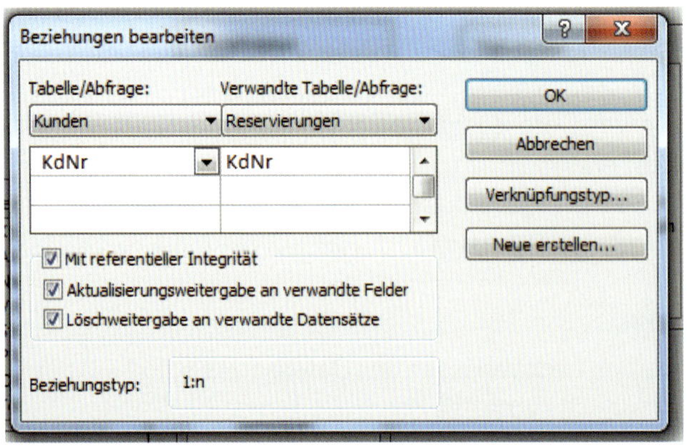


Die Checkbox `Mit referenzieller Integrität` (referenziell = sich beziehend auf) veranlasst das Datenbanksystem, die logischen Zusammenhänge zwischen den Datensätzen zu überprüfen. Der Primärschlüssel eines Kunden, der noch nicht in die Tabelle `Kunden` aufgenommen ist, kann nicht in die Tabelle `Reservierungen` eingetragen werden. Umgekehrt kann ein Kundendatensatz, auf den sich Dateneinträge einer anderen Tabelle beziehen, nicht gelöscht werden, ohne dass auch die zugehörigen Datensätze, z. B. in der Tabelle `Reservierungen`, gelöscht werden.

**Hinweis:**

Referenzielle Integrität stellt sicher, dass die Beziehungen zwischen den Tabellen logisch richtig sind und es keine beziehungslosen Datenbestände gibt.

Um die Daten (z. B. der ausgeschiedenen Kunden aus der Datenbank) löschen zu können, wird die Checkbox `Löschweitergabe an verwandte Datensätze` aktiviert. Wird nun ein Datensatz aus einer Tabelle gelöscht, dessen Primärschlüsselfeld, z. B. die Kundennummer, auf einen anderen Datensatz verweist, so werden auch alle Datensätze in anderen Tabellen gelöscht, die z. B. die gleiche Kundennummer enthalten. Dies verhindert, dass durch das Löschen von Primärdatensätzen „verwaiste" Datensätze bleiben und dadurch Löschanomalien auftreten.

Das Aktivieren von `Aktualisierungsweitergabe an verwandte Felder` bewirkt, dass beim Ändern des Bezugsfeldes, z. B. der Kundennummer in der Tabelle `Kunden`, auch die Inhalte der anderen Tabellenfelder mit Bezug zu diesem Feld geändert werden.

Wird nun der Button `Erstellen` betätigt, so wird im Fenster Beziehungen die 1:n-Beziehung zwischen den beiden Tabellen mit einer Linie und den Symbolen `1` und ∞ dargestellt.

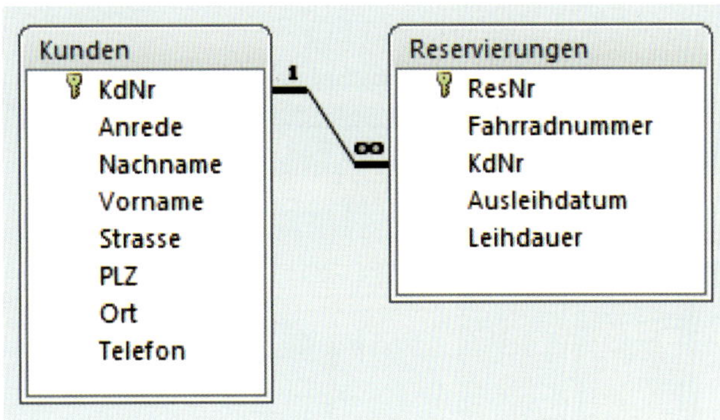


## 5.3 Formulare

Zur Eingabe von Daten sind Formulare geeignet. Sie dienen sowohl zur Dateneingabe als auch zur Ansicht, zur Bearbeitung und zur Navigation.

### 5.3.1 Anlegen eines Formulars

Zum Anlegen eines neuen Formulars wird die Registerkarte `Erstellen` und im Bereich `Formulare` die Schaltfläche `Formular-Assistent` gewählt.

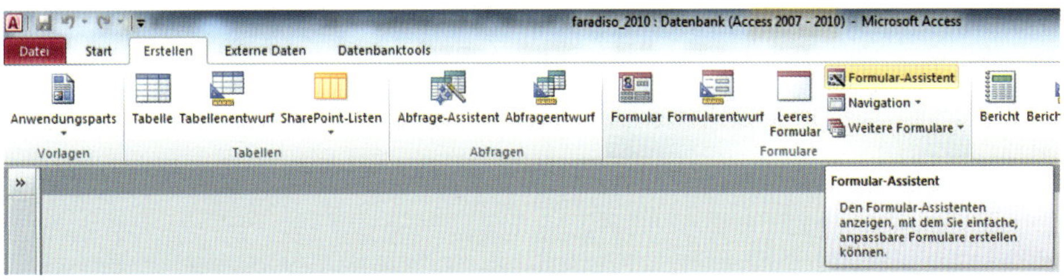


Im folgenden Dialog wird das Aussehen des Formulars festgelegt. Dies wird am Beispiel eines Eingabeformulars für die Tabelle `Fahrraeder` gezeigt:

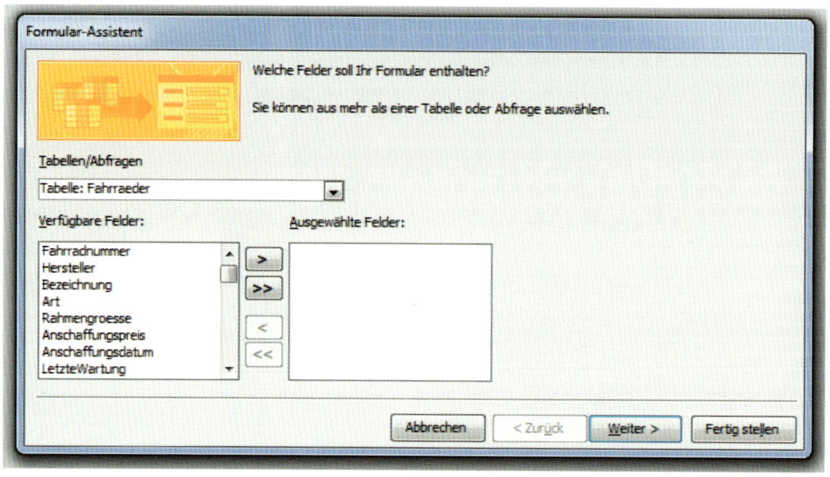


Nach Auswahl der Tabelle `Fahrraeder` werden mit der Schaltfläche >> alle Felder der Tabelle für das Formular übernommen. Nach Bestätigen von `Weiter >` wird das Layout des Formulars festgelegt, z. B. `Einspaltig`.

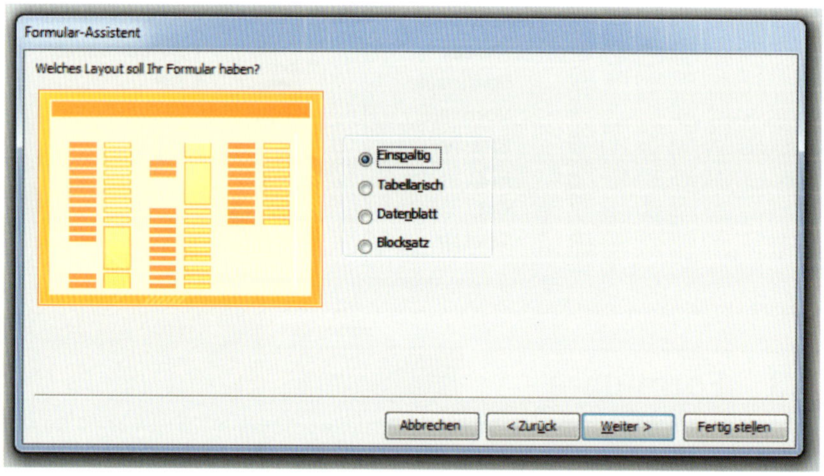


Über `Fertig stellen` wird das Formular erzeugt. Es dient z. B. zum Auswählen oder Ändern von Daten.

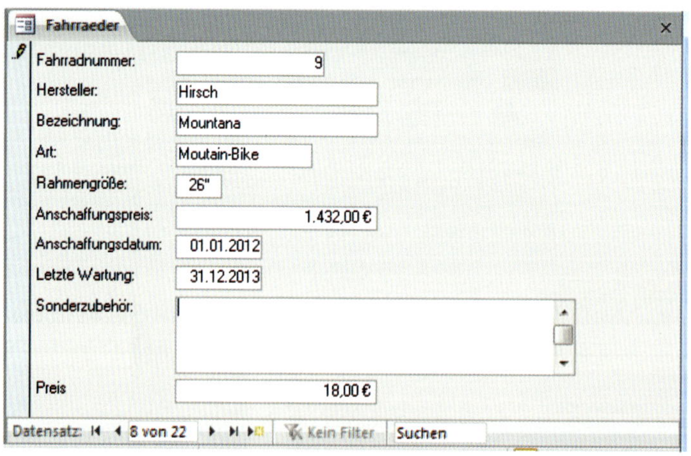


## 5.3.2 Unterformulare

Unterformulare sind Hilfsmittel, um 1:n-Beziehungen von Tabellen in Formularen abzubilden. Während das Hauptformular den Datensatz anzeigt, der das Primärschlüsselfeld der Beziehung enthält, werden im Unterformular die in Bezug stehenden Detaildatensätze angezeigt.

Im Folgenden wird ein Formular `Kunden` mit Unterformular angelegt, das zum jeweils angezeigten Kunden auch die zugehörigen Reservierungen zeigt.

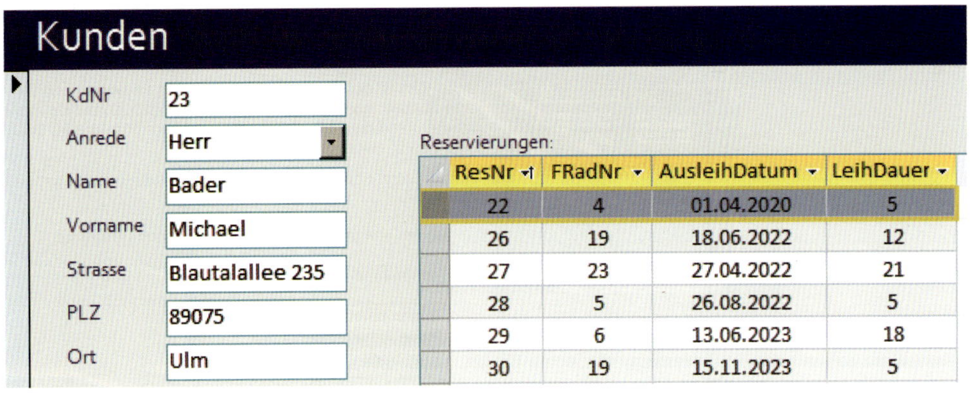


Als Unterformular wird zunächst ein Formular angelegt, das Reservierungsdatensätze anzeigen kann. Dazu wird auf der Registerkarte `Erstellen` die Befehlsschaltfläche `Formular-Assistent` betätigt. Als Datenquelle wird die Tabelle Reservierungen eingestellt und mit der Schaltfläche >> alle Felder hinzugefügt. Das Formular wird z. B. unter dem Namen `UFormReservierungen` gespeichert.

Nun wird ein einspaltiges Formular `Kunden` mit dem Formularassistenten erstellt. Um für das Unterformular genügend Platz zu finden, muss der Detailbereich des Formulars entsprechend vergrößert werden. Dies geschieht, indem in der Entwurfsansicht der rechte Rand des Detailbereiches angeklickt und mit der Maus nach rechts gezogen wird.

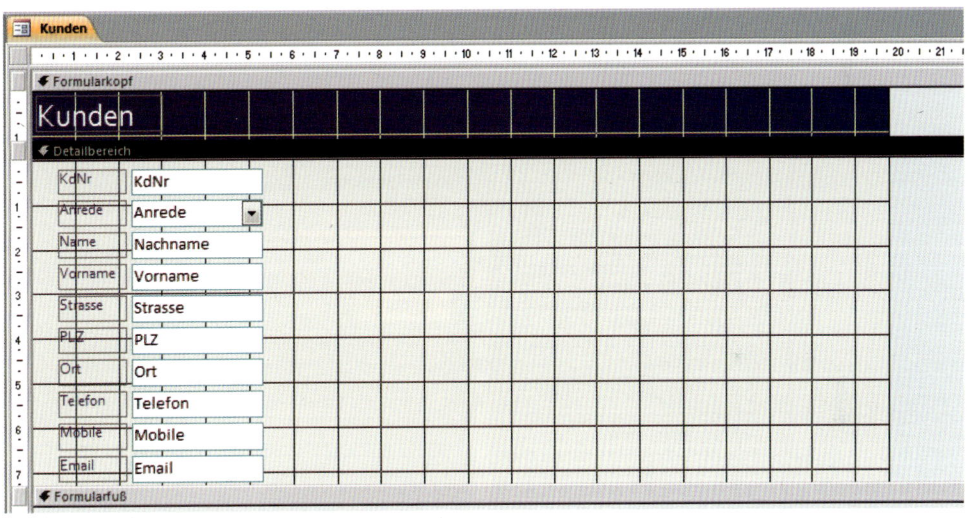


Auf der Registerkarte `Formularentwurfstools – Entwurf` wird die Schaltfläche `Unterformular` gewählt.

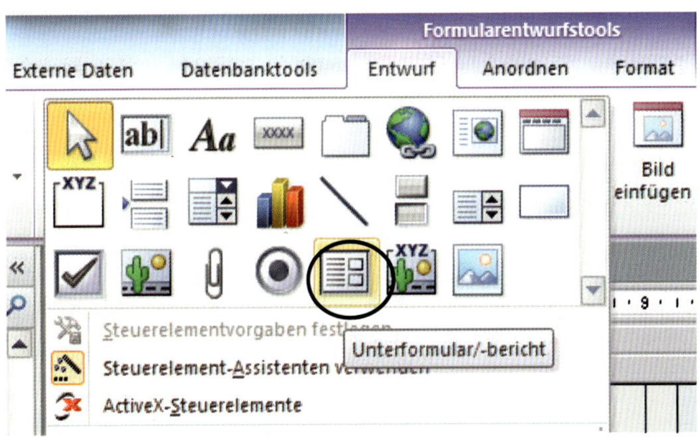


Nun wird auf dem freien Raum des Formulars ein geeignetes großes Rechteck gezogen. Es startet ein Assistent, der die Wahl des Unterformulars ermöglicht.

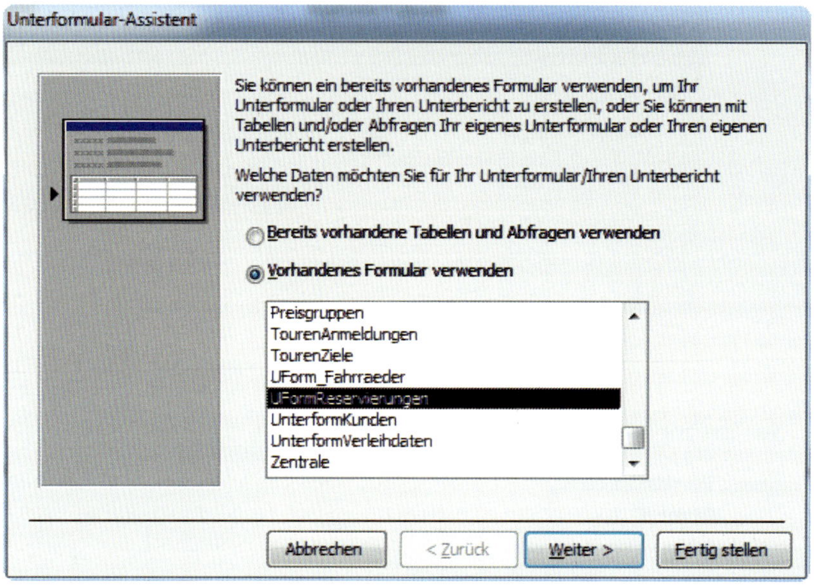


Nach dem Speichern des Formulars wird jeweils ein Kunde mit den dazu gehörenden Reservierungen angezeigt. Die Entwurfsansicht sieht folgendermaßen aus:

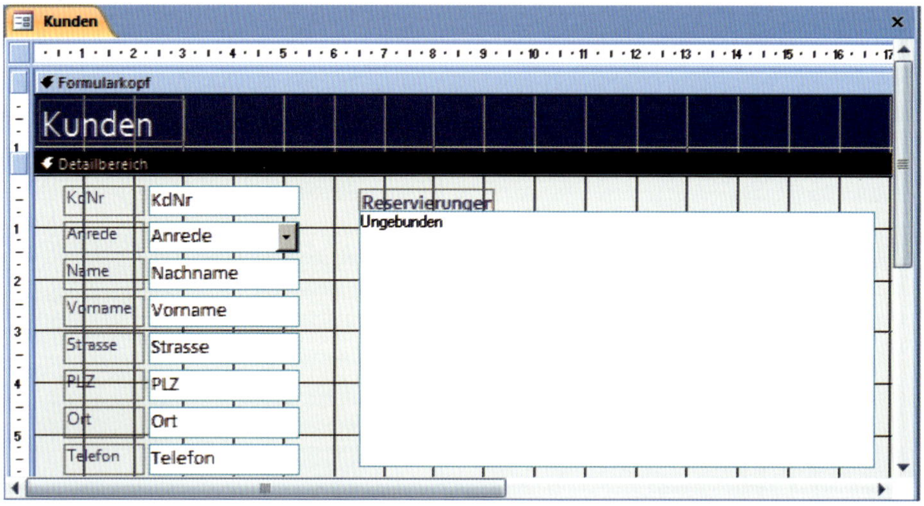


### 5.3.3 Datenbanksteuerung mit Schaltflächen

Über Schaltflächen auf Formularen kann der Nutzer in die verschiedenen Arbeitsbereiche der Datenbankanwendung verzweigen.

**Beispiel:**

Es wird ein Formular `Zentrale` mit einem Beschriftungsfeld `Fahrradverleih Faradiso` und den drei Befehlsschaltflächen `Fahrräder`, `Kunden` und `Reservierungen` erstellt. Das fertige Formular sieht z. B. so aus:

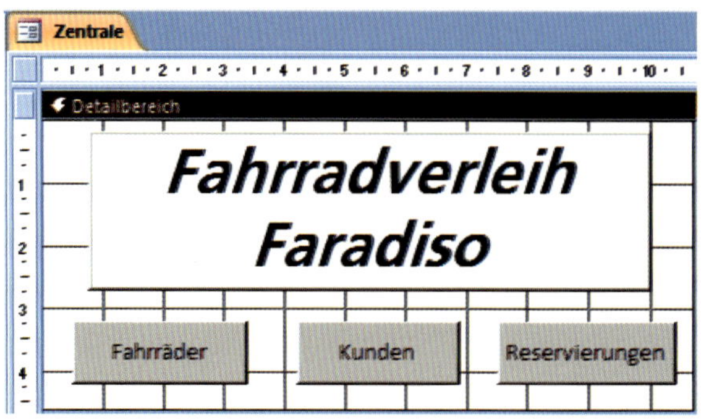


Es steuert über **Befehlsschaltflächen** die Bearbeitung verschiedener Tabellen.

Zunächst wird ein neues Formular erzeugt, welches nicht mit einer bestimmten Tabelle verbunden ist. Für das Erstellen der Überschrift wird in der Ansicht `Entwurf - Steuerelemente` das Bezeichnungsfeldsymbol `Aa` angeklickt, dann mit der Maus der Rahmen im Detailbereich des Formulars gezogen und die Beschriftung eingegeben.

Durch Klick mit der rechten Maustaste auf das Bezeichnungsfeld öffnet sich ein Menü, aus dem das Fenster `Eigenschaften` ausgewählt wird. Hier können z. B. die Breite und die Höhe des Feldes und die Eigenschaften der Schrift bestimmt werden.

Befehlsschaltflächen werden ins Formular eingebaut, indem in der Registerkarte `Formularentwurfstools - Entwurf` der Button `Befehlsschaltfläche` angeklickt wird und die Größe der Schaltfläche im Formular angepasst wird.

Solche Befehlsschaltflächen werden z. B. mit Makros hinterlegt, um bestimmte Aktionen auszuführen.

## 5.4 Makros

Makros werden erstellt, um z. B. mithilfe des Buttons `Fahrraeder` des Formulars `Zentrale` das Formular `Fahrraeder` zu öffnen und gleichzeitig das Formular `Zentrale` zu schließen. Durch Anklicken der Registerkarte `Erstellen` im Datenbankfenster und Betätigen des Buttons `Makro`  öffnet sich das Fenster zum Erzeugen von Makros.

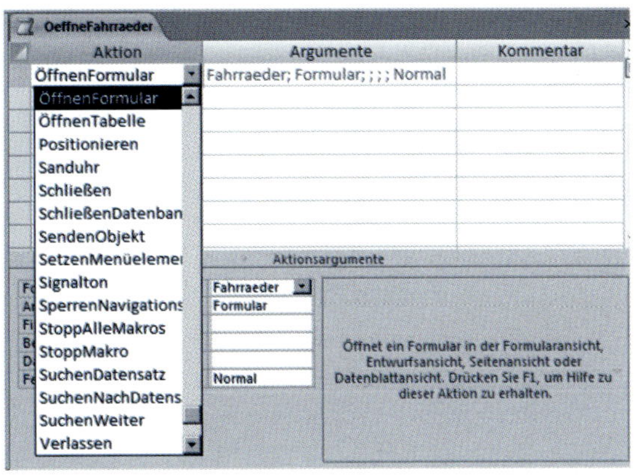

Dazu wählt man im Feld Aktion die Aktion ÖffnenFormular aus. Nun gibt man im Bereich Argumente als Formularname Fahrraeder und als Ansicht Formular ein.

Das Formular Zentrale wird geschlossen, indem als zweite Aktion des Makros z. B. Schließen gewählt wird und als Argumente für Objekttyp Formular und für Objektname Zentrale eingestellt wird. Anschließend schließt man das Makrofenster und speichert es unter einem aussagekräftigen Namen, z. B. OeffnenFahrraeder.

**Hinweis:**

Aussagekräftige Objektnamen erleichtern die spätere Administration einer Datenbank.

Nun wird das Makro OeffnenFahrraeder mit dem entsprechenden Button im Formular Zentrale verknüpft. Dazu öffnet man das Formular Zentrale in der Entwurfsansicht und öffnet durch Klick auf die Befehlsschaltfläche Fahrraeder das Eigenschaftenblatt. Unter der Registerkarte Ereignis wird für das Ereignis Beim Klicken das Makro OeffnenFahrraeder eingestellt. Klickt man nun im Formular Zentrale auf diese Befehlsschaltfläche, so werden das Makro und damit die in ihm festgelegten Aktionen ausgeführt.

Um zu dem Formular Zentrale zurückzukehren, ergänzt man das Formular Fahrraeder mit einer Befehlsschaltfläche und einem hinterlegten Makro.

Dazu erstellt man zunächst das Makro ÖffnenZentrale auf dem gleichen Weg wie das Makro ÖffnenFahrräder. Als erste auszuführende Aktion wird Schließen ohne zusätzliches Argument gewählt, um damit das aktuelle Objekt zu schließen. Als zweite Aktion wird ÖffnenFormular eingestellt mit den Aktionsargumenten Zentrale und Formular.

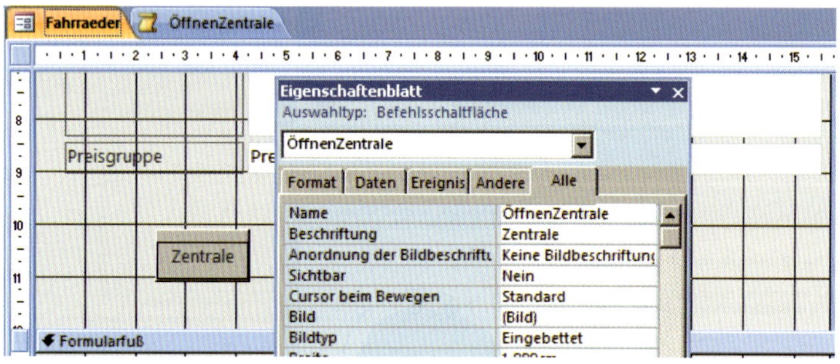


Die Befehlsschaltfläche wird in der Entwurfsansicht des Formulars Fahrraeder positioniert und nach Doppelklick mit den geeigneten Eigenschaften versehen. Anstatt einer Beschriftung kann in der Eigenschaft Bild (z. B. ein aussagekräftiges Bitmap) eingetragen werden. In der Eigenschaft Beim Klicken wird das Makro ÖffnenZentrale festgelegt.

## 5.5 Erstellen eines Berichtes

**Berichte** sind geeignet, Daten für die Druckausgabe aufzubereiten. Beispielsweise werden damit Kataloge oder Rechnungen erzeugt und ausgedruckt. In einem Bericht sind umfangreiche Gruppierungen der Daten mit Zwischensummen und anderen Berechnungen einfach zu realisieren.

Berichte können mit dem **Berichts-Assistenten** erstellt werden.

**Beispiel:**

Es wird ein Bericht über die in der Datenbank gespeicherten Reservierungen der einzelnen Kunden erstellt. Auszugeben sind Nachname und Vorname, Reservierungsnummer, Daten des Fahrrades, das Ausleihdatum und die geplante Leihdauer. Nach jedem Kunden soll die Summe der Tage der gesamten Leihdauer angezeigt werden.

Der Bericht soll z. B. folgendermaßen aussehen:

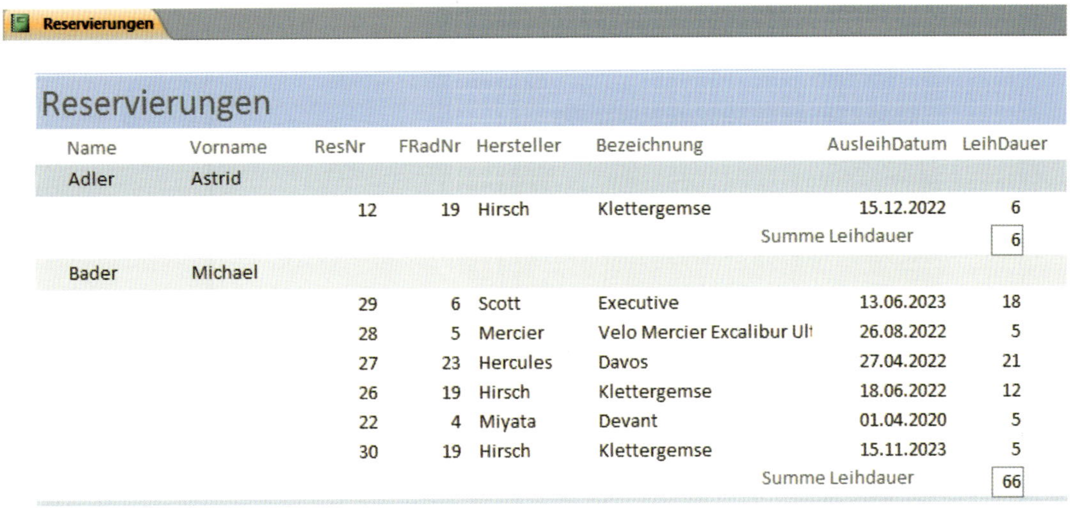


Nach Auswahl der Registerkarte `Erstellen` wird im Bereich `Berichte` des Menübandes die Schaltfläche `Berichts-Assistent` angeklickt.

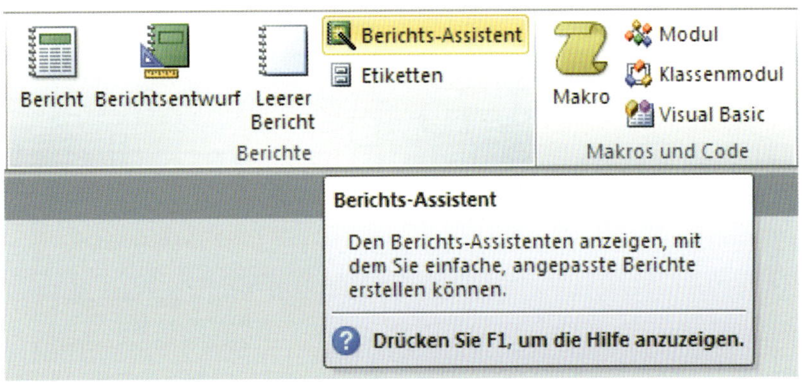


Im nächsten Fenster werden die in den Bericht zu übernehmenden Felder festgelegt. Um den Nachnamen und Vornamen des Kunden zu übernehmen, wird im Fenster `Tabellen/Abfragen` die Option `Tabelle: Kunden` gewählt und die gewünschten Felder durch Betätigen der Schaltfläche > in die rechte Bildhälfte bewegt.

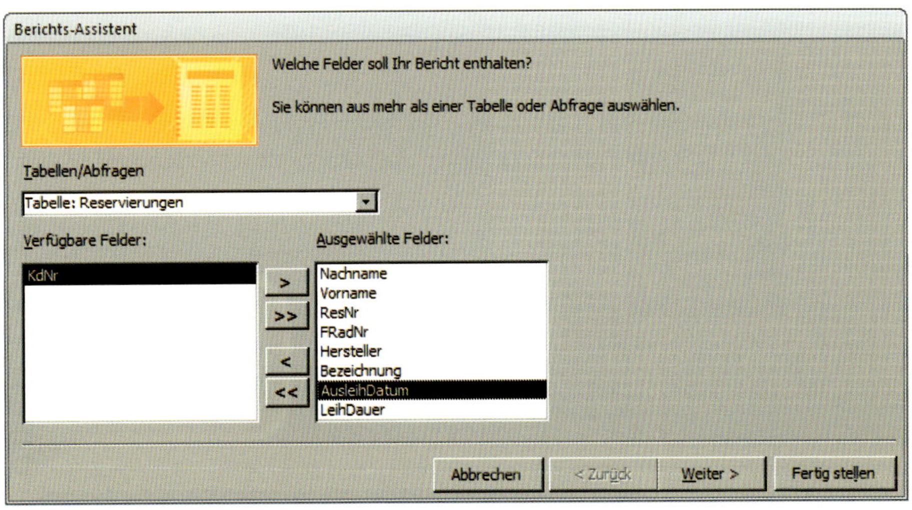


Entsprechend werden aus der Tabelle `Reservierungen` die Felder `ResNr`, `FRadNr`, `AusleihDatum` und `LeihDauer` sowie aus der Tabelle `Fahrraeder` die Felder `Hersteller` und `Bezeichnung` übernommen. Nach Betätigen der Schaltfläche `Weiter` wird die Gruppierung der Datensätze festgelegt. Um alle einen Kunden betreffenden Datensätze untereinander anzuzeigen, wird `nach Kunden` festgelegt und mit `Weiter >` bestätigt.

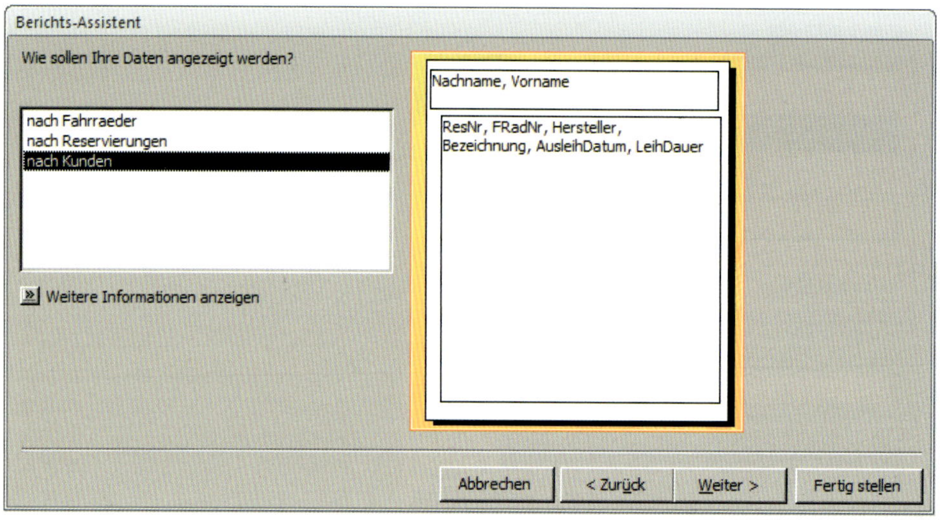


Um die Summe der gesamten Leihdauer eines jeden Kunden anzuzeigen, wird im folgenden Fenster `Zusammenfassungsoptionen` gewählt und die Checkbox unter `Summe` angeklickt und mit `OK` bestätigt.

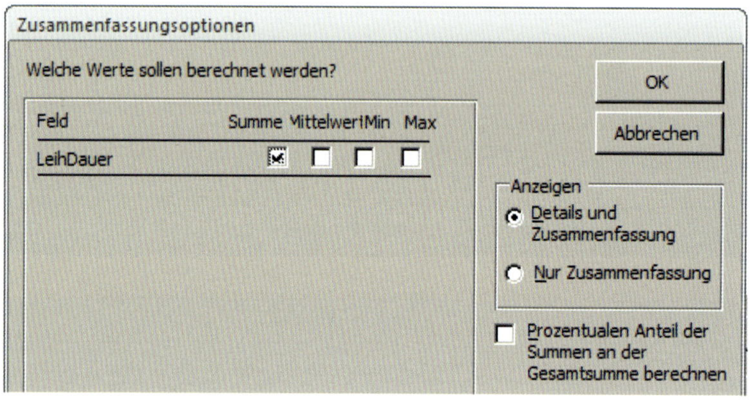


Nach Betätigen der Schaltfläche `Fertig stellen` wird der Bericht angezeigt.

## 5.6 Erstellen von Datenbankabfragen

**Abfragen** dienen zur Auswertung und Bearbeitung der Datenbestände. So können z. B. Tabellen nach bestimmten Kriterien durchsucht werden.

**Beispiel:**

Es wird eine Abfrage `Verleihe_2022` entworfen, die alle Kunden des Jahres 2022 mit den Verleihdaten und den entliehenen Fahrrädern anzeigt.

Verleihe_2022

| Nachname | Vorname | Ausleihdatum | Rückgabedatum | Fahrradnummer | Bezeichnung |
|---|---|---|---|---|---|
| Palmert | Carlo | 25.05.2022 | 25.05.2022 | 10 | Jakob |
| Palmert | Carlo | 14.03.2022 | 24.03.2022 | 16 | Superrenner |
| Adler | Astrid | 18.11.2022 | 18.11.2022 | 8 | Galata |
| Zwiebel | Karl | 13.06.2022 | 28.06.2022 | 23 | Davos |
| Müller | Herta | 11.04.2022 | 07.05.2022 | 21 | StormRide |
| Zwiebel | Karl | 11.05.2022 | 10.06.2022 | 4 | Devant |
| Klapper | Stefan | 20.06.2022 | 02.07.2022 | 23 | Davos |
| Müller | Herta | 17.07.2022 | 19.07.2022 | 3 | FirstClass |

Nach Auswahl der Registerkarte `Erstellen` wird im Bereich `Abfragen` des Menübandes von Access die Schaltfläche `Abfrageentwurf` gewählt. Im Fenster `Tabelle anzeigen` stehen die zu bearbeitenden Tabellen zur Auswahl.

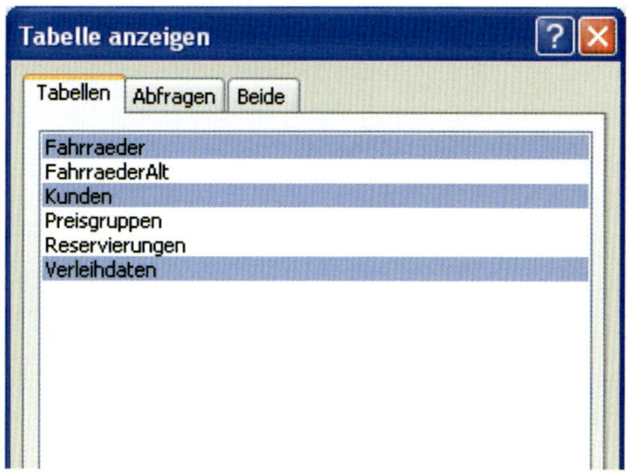


Mit gedrückter Steuerungstaste werden die Tabellen `Kunden`, `Verleihdaten` und `Fahrraeder` ausgewählt. Nach Bestätigen mit `Hinzufügen` öffnet sich die Entwurfsansicht der Abfrage.

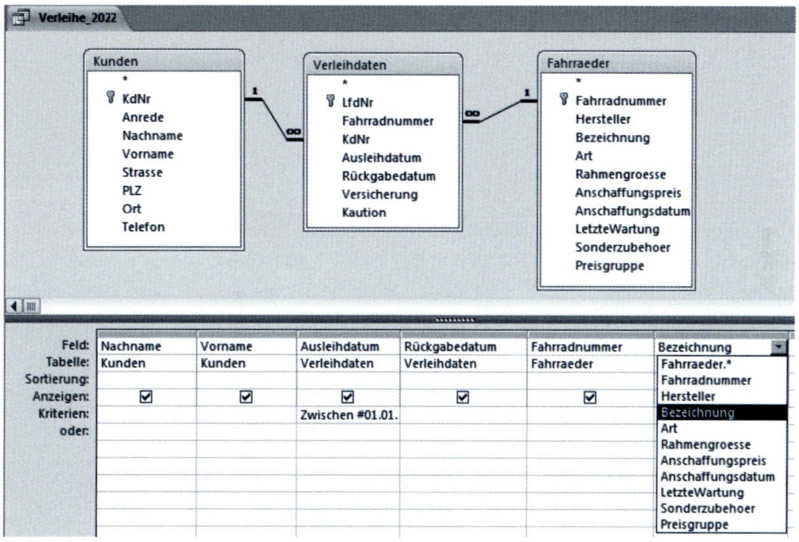


Die gewünschten Felder wie z. B. `Nachname`, `Vorname`, `Ausleihdatum` werden in den einzelnen Spalten durch Pulldown-Menüs oder Doppelklick ausgewählt.

Um die Abfrage auf die Entleihvorgänge im Jahr 2022 einzuschränken, wird in der Spalte `Ausleihdatum` als Kriterium `Zwischen #01.01.2022# und #31.12.2022#` eingetragen. Dabei werden in Access die Datumswerte zwischen die Zeichen `#` gesetzt.

Nachdem die Abfrage (z. B. unter dem Namen `Verleihe_2022`) gespeichert worden ist, kann sie mit der Schaltfläche `! Ausführen` ausgeführt werden.

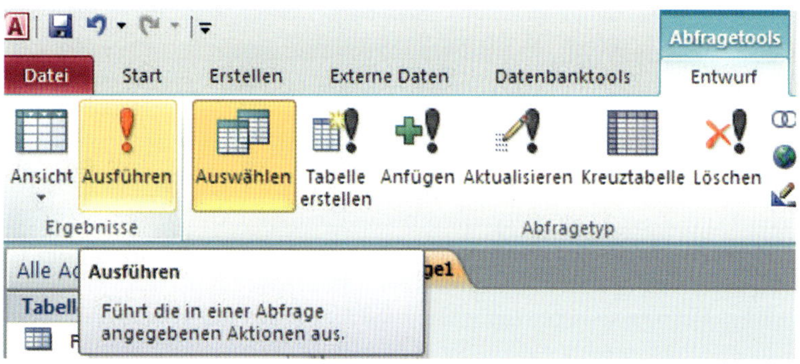


**Hinweis:**

Gespeicherte Abfragen enthalten nicht das Ergebnis der Abfrage, sondern die SQL-Anweisung zur Durchführung der Abfrage.

**Sortierung der Ausgabe:**

Um die Datensätze nach einer Spalte zu sortieren, wird in der Entwurfsansicht der Abfrage in der entsprechenden Zeile eingestellt, ob aufsteigend oder absteigend sortiert werden soll.

**Beispiel:**

Die Abfrage `Verleihe_2020` soll nach dem Ausleihdatum aufsteigend sortiert werden.

Dazu klicken wir das Pulldown-Menü des Feldes Sortierung in der Spalte Ausleihdatum an und wählen `Aufsteigend` aus.

| | | | | | |
|---|---|---|---|---|---|
| Feld: | Nachname | Vorname | Ausleihdatum | Rückgabedatum | Fahrrad_ID |
| Tabelle: | Kunden | Kunden | Verleihdaten | Verleihdaten | Fahrraeder |
| Sortierung: | | | | | |
| Anzeigen: | ☑ | ☑ | Aufsteigend | ☑ | ☑ |
| Kriterien: | | | Absteigend | | |
| oder: | | | (nicht sortiert) | | |

Die Datensätze werden dann nach Ausführen der Abfrage aufsteigend nach dem Ausleihdatum angezeigt:

Verleihe_2022

| Nachname | Vorname | Ausleihdatum | Rückgabedatum | Fahrradnummer | Bezeichnung |
|---|---|---|---|---|---|
| Palmert | Carlo | 14.03.2022 | 24.03.2022 | 16 | Superrenner |
| Müller | Herta | 11.04.2022 | 07.05.2022 | 21 | StormRide |
| Zwiebel | Karl | 11.05.2022 | 10.06.2022 | 4 | Devant |
| Palmert | Carlo | 25.05.2022 | 25.05.2022 | 10 | Jakob |
| Zwiebel | Karl | 13.06.2022 | 28.06.2022 | 23 | Davos |
| Klapper | Stefan | 20.06.2022 | 02.07.2022 | 23 | Davos |
| Müller | Herta | 17.07.2022 | 19.07.2022 | 3 | FirstClass |
| Klapper | Stefan | 28.07.2022 | 02.08.2022 | 24 | Stralis |

## 5.7 Aufgaben zu Kapitel 5

### Aufgabe 1

**Projektverwaltung**

In einem Unternehmen soll eine begrenzte und später erweiterbare Projektverwaltung mithilfe einer Datenbank erstellt werden.

Folgende Bedingungen sind zu erfüllen:

- Jeder Mitarbeiter muss sich mit einem Passwort anmelden. Dieses ist in der Mitarbeiter-Tabelle gespeichert.
- Für jedes Projekt soll der Name, eine Beschreibung, das Start- und das Endedatum sowie der Projektleiter gespeichert werden.
- Für jedes Projekt wird genau ein Mitarbeiter als Projektleiter ausgewählt.
- Es soll möglich sein, für jeden Mitarbeiter die Länge der Arbeitszeit (Dauer in Stunden) und eine Beschreibung der ausgeführten Arbeiten zu erfassen, die dieser an einem bestimmten Tag für ein bestimmtes Projekt erledigt hat.

a) Stellen Sie die Beziehungen der Tabellen grafisch mit einem erweiterten ER-Diagramm dar und geben Sie den jeweiligen Beziehungstyp zwischen den einzelnen Tabellen mit an.

Erstellen Sie die Tabellen mit den notwendigen Attributen in der 3. Normalform.

Erzeugen Sie Primärschlüssel für die einzelnen Tabellen und die Beziehungen.

Die Beziehungen sollen bei der Dateneingabe auf referenzielle Integrität überprüft werden. Auch sollen die Löschweitergabe und die Aktualisierungsweitergabe an Detaildatensätze möglich sein.

Wozu dient die Forderung der referenziellen Integrität?

b) Erstellen Sie ein Formular zur Eingabe der Daten eines Projektes.

c) Entwerfen Sie eine Abfrage, die alle Projekte des Projectleiters Walter Müllr abzeigt.

d) Eine Abfrage soll alle Projekte anzeigen, die seit dem 01.01.2020 gestartet sind.

**Aufgabe 2**

Für die Lohnabrechnung des Personals in einem Unternehmen dient eine Datenbank mit dem unten stehenden erweiterten ER-Diagramm.

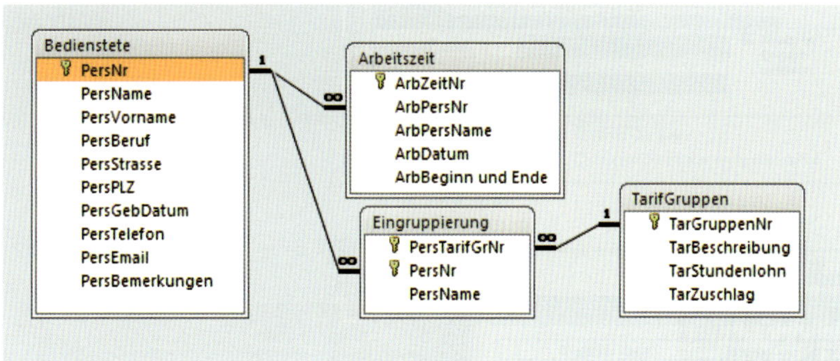


a) Erstellen Sie das gegebene ERM-Diagramm in Access.

b) In welchen Punkten verstößt dieser Entwurf gegen die Normalisierungsregeln der ersten, zweiten und dritten Normalform? Machen Sie jeweils Vorschläge zur Vermeidung der Verstöße.

c) Warum ist es sinnvoll und wichtig, die Regeln der Normalisierung einzuhalten?

## 5.8 Digitale Inhalte zu Kapitel 5

Hinweis: Um die Aufgaben online zu bearbeiten, bitte den QR-Code scannen oder den Link eingeben.

**Aufgabe 1**

Erstellen einer Datenbank mit Access
https://vel.plus/UFga

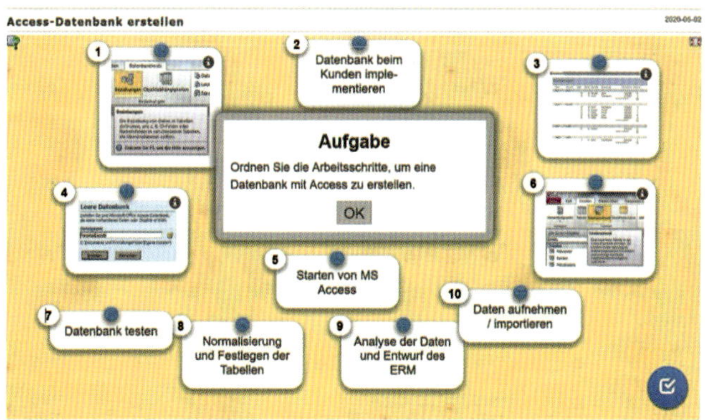

**Aufgabe 2**

Datentypen zuordnen
https://vel.plus/j0jG

**Aufgabe 3**

Fachbegriffe einsetzen
https://vel.plus/YLTI

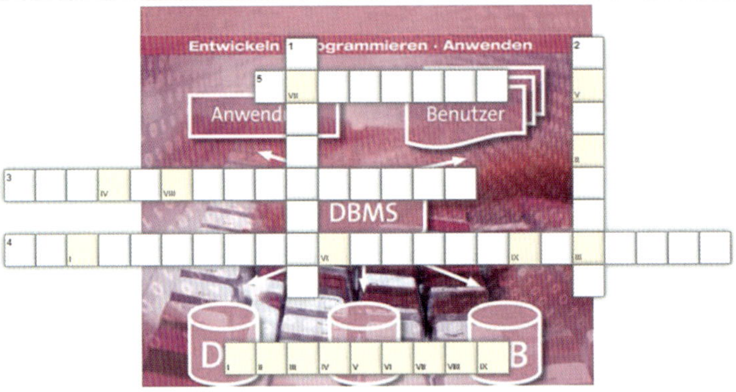


Aufgabe 4

Kahoot-Quiz
Suchbegriffe in der Kahoot-App: "36087" und "ACCESS"

# 6 Die Datenbanksprache SQL

**SQL** (Structured Query Language = strukturierte Abfragesprache) ist eine Datenbanksprache zur Definition von Datenstrukturen in relationalen Datenbanken sowie zum Bearbeiten (Einfügen, Verändern, Löschen) und Abfragen von Datenbeständen.

## 6.1 SQL-Standards

SQL war zunächst eine Sprache für den Endbenutzer von relationalen Datenbanksystemen. Sie wurde hier durch die weit verbreiteten grafischen Oberflächen ersetzt. Da SQL aber mächtiger ist als viele grafische Systeme für Datenzugriffe, ist sie für Datenbankentwickler ein wichtiges Softwarewerkzeug. Auch als Schnittstellensprache und als Zugriffssprache auf andere Datenbanksysteme hat sie große Bedeutung, da sie nahezu unabhängig von Betriebssystem, Betriebsart und Oberfläche ist.

Man unterscheidet verschiedene Standards:

| Jahr | Norm | Standard |
|---|---|---|
| 1986 | ANSI-SQL1 | SQL-1-Standard |
| 1989 | ISO SQL-1 | SQL-1 mit Integritätserweiterungen |
| 1992 | ISO SQL-92 | SQL-2-Standard |
| 1999 | ISO/IEC 9075:1999 | SQL-3-Standard, Trigger, rekurisve Abfragen |
| 2003 | ISO/IEC 9075:2003 | Verknüpfung mit XML (eXtensible Markup Language) |
| 2011 | ISO/IEC 9075:2011 | Erweiterungen für Windows functions |
| 2016 | ISO(IEC 9075:2016 | Unterstützung von JavaScript Object Notations (ISON) |
| 2019 | SQL/MDA:1019 | Erwiterung für Datentyp „mehrdimensionales Feld" |

Gegenwärtig ist in den Datenbanksystemen vor allem der SQL-2-Standard verwirklicht, während die neueren Standards nur in ausgewählten Systemen umgesetzt werden.

Die Sprache SQL besteht aus verhältnismäßig wenig Befehlen, die jedoch vielfältig eingesetzt werden können. Sie dient unter anderem sowohl zur Tabellen- und Felddefinition als auch zur Abfrage und Veränderung von Daten.

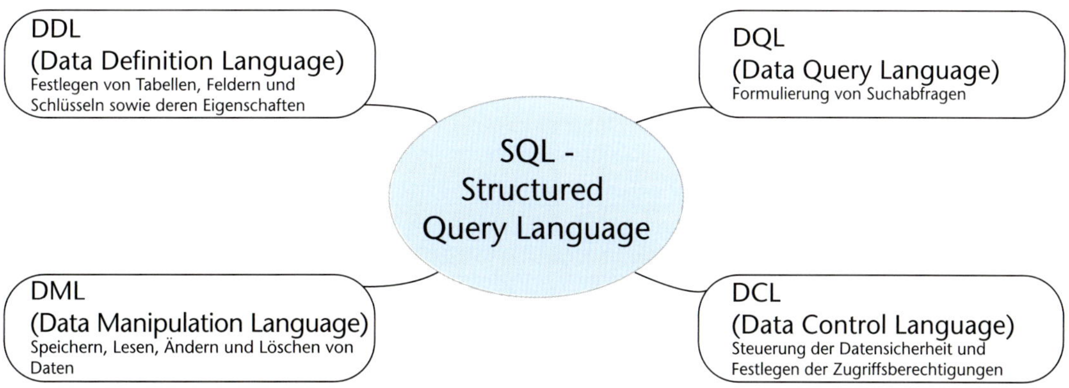

**Hinweis:**

Mit dem Befehl CREATE DATABASE werden Datenbanken erzeugt, z. B. erzeugt der Befehl

```
CREATE Database faradiso_neu;
```

eine Datenbank mit dem Namen `faradiso_neu`.

Dieser Befehl steht in Access nicht zur Verfügung.

# 6.2 Erzeugen, Ändern und Löschen von Tabellen

**Erstellen von Tabellen**

Mit dem Befehl `CREATE TABLE tabellenname` werden Tabellen einer Datenbank erzeugt.

Die allgemeine Syntax lautet:

```
CREATE TABLE Tabellenname (
 Spalte_1 Datentyp_für_Spalte_1,
 Spalte_2 Datentyp_für_Spalte_2,
 ...);
```

**Beispiel:**

Es ist eine neue Tabelle `Kunden` zu erzeugen.

**Lösung:**

```
CREATE TABLE Kunden (
  KdNr INT NOT NULL auto_increment,
  Nachname VARCHAR(45) NOT NULL
  Vorname VARCHAR(45) NULL ,
  Strasse VARCHAR(45) NULL ,
  PLZ VARCHAR(6) DEFAULT 42781 NULL ,
  Telefon VARCHAR(25) NULL ,
  PRIMARY KEY (KdNr)
  );
```

Das erste Datenfeld heißt `KdNr` und ist vom Typ `INTEGER`. Es kann ganze Zahlen mit einer Länge von vier Bytes speichern. Da anhand der Einträge im Feld KdNr die einzelnen Datensätze identifiziert werden sollen, wird zusätzlich festgelegt, dass das Feld immer einen Wert enthalten muss (NOT `NULL`) und automatisch aufsteigend ausgefüllt wird (`AUTO_INCREMENT`).

Mit der Angabe `PRIMARY KEY` wird das Datenfeld `KdNr` als Primärschlüssel festgelegt. Der Primärschlüssel ermöglicht es, einen Datensatz eindeutig zu identifizieren. Dieses Datenfeld darf nicht leer bleiben und muss für jeden Datensatz unterschiedliche Werte enthalten.

**Hinweis:**

Primärschlüsselfelder dürfen nicht leer sein (`NOT NULL`) und müssen stets eindeutig sein (z. B. Datentyp `INTEGER mit AUTO_INCREMENT`).

| | |
|---|---|
| **NULL** | Dieser Parameter legt fest, dass das Datenfeld standardmäßig keinen Wert (auch nicht 0 oder eine leere Zeichenkette) enthält und ein Datensatz in diesem Feld auch keinen Wert enthalten muss. |
| **NOT NULL** | Dieser Parameter erzwingt die Eingabe eines Wertes für das entsprechende Datenfeld. Die Angabe NOT NULL ist für Schlüsselfelder unbedingt anzugeben. |
| **DEFAULT** `standardwert` | Der Parameter DEFAULT definiert einen Standardwert für das Datenfeld. Erhält dieses Datenfeld bei der Eingabe der Daten keinen Wert, wird der Standardwert verwendet. |
| **AUTO_INCREMENT** (MariaDB) **SERIAL** (PostgreSQL) | Der Wert dieses Datenfeldes wird automatisch beim Anlegen eines neuen Datensatzes aus dem Wert des Datenfeldes des vorherigen Datensatzes plus eins errechnet. Dieser Wert kann vom Benutzer nicht geändert werden. Diese Einstellung ist besonders für den Primärschlüssel empfehlenswert, da dadurch automatisch ein eindeutiger Schlüsselwert erzeugt wird |

### Ändern einer Tabelle

Mit dem Befehl `ALTER TABLE tabellenname` werden Eigenschaften oder Spalten einer Tabelle geändert.

Die allgemeine Syntax lautet:

```
ALTER TABLE Tabellen_Name
[Änderungs-Spezifikation]
```

Die Änderungs-Spezifikation hängt von der Art der gewünschten Änderung ab, z. B.:

- Spalte hinzufügen: `ADD Spalte_1 Datentyp_für_Spalte_1`
- Spalte löschen: `DROP Spalte_1`
- Spaltenname ändern: `CHANGE alter_Spaltenname neuer Spaltenname Datentyp_für_neuen_Spaltennamen`
- Datentyp einer Spalte ändern: `MODIFY Spalte_1 neuer_Datentyp`

`CHANGE und MODIFY stehen nicht in Jet-Datenbanken (Access) zur Verfügung`

**Beispiel:**

In der Tabelle `Kunden` wird eine Spalte `Email` hinzugefügt.

**Lösung:**

```
ALTER TABLE Kunden
ADD Email VARCHAR(30);
```

### Löschen einer Tabelle

Mit dem Befehl `DROP TABLE tabellenname` wird eine Tabelle gelöscht.

**Beispiel:**

Die Tabelle `Fahrraeder_alt` wird endgültig gelöscht.

**Lösung:**

```
DROP TABLE Fahrraeder_alt;
```

**Hinweis:**

Eine gelöschte Tabelle kann wegen der Bestimmungen der Datenintegrität nicht mehr mit einem Rückgängig-Befehl wiederhergestellt werden.

**Hinweis:**

Befehle zum Bearbeiten von Daten (`INSERT, UPDATE, DELETE`) siehe Kapitel 6.4 „Datenbearbeiten mit SQL“

# 6.3 Auswahlabfragen mit SELECT

Für **Auswahlabfragen** steht der Befehl SELECT zur Verfügung. Dieser Befehl besitzt eine umfangreiche Syntax und ist dadurch vielseitig einsetzbar.

**Hinweise:**

Die folgenden Beispiele beziehen sich auf die Datenbank „Faradiso", die einen Fahrradverleih abbildet.

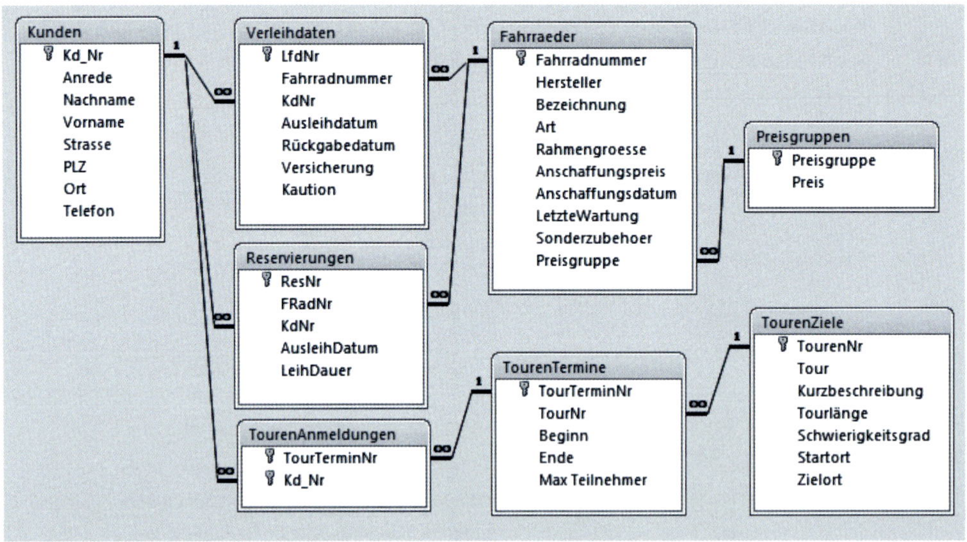


Dabei werden neben den Stammdaten der Kunden und der Fahrräder sowohl Verleihdaten als auch Reservierungsdaten aufgenommen.

Zusätzlich werden Radtouren für verschiedene Ziele angeboten, zu denen sich die Kunden anmelden können.

### 6.3.1 Eingrenzen von Auswahlabfragen mit Bedingungen

**Beispiel:**

Eine SQL-Abfrage soll alle Fahrräder mit einer Preisgruppe kleiner als 5 auswählen.

**Lösung:**

```
SELECT Fahrradnummer, Hersteller, Bezeichnung, Preisgruppe
FROM Fahrraeder
WHERE Preisgruppe < 5;
```

Nach dem Schlüsselwort `SELECT` werden die anzuzeigenden Spalten, durch Kommas getrennt, festgelegt, z. B. `Fahrradnummer, Hersteller, Bezeichnung, Preisgruppe`. Die Ausgabe erfolgt dabei in der Reihenfolge hinter der SELECT-Anweisung. Zu beachten ist die gleiche Schreibweise der Feldnamen wie in den Tabellen, da sie sonst nicht erkannt werden. Auch werden bestimmte Sonderzeichen wie der Bindestrich „-" z. B. als Rechenanweisung minus interpretiert.

**Hinweis:**

Sonderzeichen und Leerzeichen verursachen in Tabellennamen und Feldnamen Ausführungsfehler.

Das Zeichen `*` kann als Platzhalter für sämtliche Felder einer Tabelle eingesetzt werden, z. B. zeigt die Anweisung

```
SELECT * FROM Fahrraeder;
```

alle Datensätze der Tabelle Fahrraeder an.

Die Tabelle, mit der gearbeitet werden soll, z. B. `Fahrraeder`, wird nach dem Schlüsselwort `FROM` (= von, aus) angegeben. Werden mehrere Tabellen verwendet, so werden sie mit Kommas getrennt. Nach dem reservierten Wort `WHERE` (= wo) steht eine Bedingung, mit der die Auswahl der angezeigten Datensätze eingegrenzt wird. Sie besteht in der Regel aus einem Spaltennamen, gefolgt von einem Vergleichsoperator und einem Vergleichswert.

**Hinweis:**

WHERE-Bedingungen müssen immer aus einem logischen Vergleich bestehen, der mit „`true`" oder „`false`" beantwortet werden kann.

Im Beispiel wird die Bedingung `Preisgruppe < 5` verwendet. Das Datenbanksystem prüft bei jedem Datensatz der Tabelle `Fahrraeder`, ob für ihn diese Bedingung „`true`" oder „`false`" erfüllt ist. Als Ergebnis der Abfrage werden die Datensätze, für die `Preisgruppe < 5` wahr (`true`) ist, am Bildschirm ausgegeben.

Die allgemeine Syntax der WHERE-Bedingung lautet:

... `WHERE [Spaltename] [Vergleichsoperator] [Vergleichswert]`

z. B.

... `WHERE Preisgruppe`

| Operator | Beispiel | Bedeutung, Wirkung |
|---|---|---|
| = | Kd_Nr = 24 | gleich |
| < | Preisgruppe < 5 | kleiner als |
| > | | größer als |
| <> | | ungleich |
| <= | | kleiner gleich |
| >= | | größer gleich |
| LIKE | Ort LIKE 'U%' | Vergleicht das Feld Ort mit dem Textmuster; es werden alle Orte berücksichtigt, die mit U beginnen. |
| AND | PLZ = 89077<br>AND<br>Ort = 'Ulm' | Datensatz wird nur berücksichtigt, wenn Bedingung 1 UND Bedingung 2 erfüllt ist |
| OR | Nr > 200<br>OR<br>Nr < 100 | Datensatz wird berücksichtigt, wenn Bedingung 1 ODER Bedingung 2 erfüllt ist |
| NOT | NOT (PLZ = 89077) | Datensatz wird berücksichtigt, wenn die Bedingung **nicht** erfüllt ist |

### 6.3.2 Darstellung von Feldinhalten in WHERE-Bedingungen

Inhalte von Zahlenfeldern, auch Währungsfelder, werden ohne weitere Kennzeichnung verwendet, z. B. `Preis = 150`.

Inhalte von Textfeldern werden innerhalb der WHERE-Bedingung in Hochkommas eingeschlossen, z. B. `Wohnort = 'Stuttgart'`.

**Hinweis:**

Bei Vergleichen von Textfeldern ist der Operator `LIKE` statt `=` zu verwenden.

Zur Definition von Textmustern können Platzhalter (Wildcards) verwendet werden:

| Platzhalter | Erläuterung |
|---|---|
| % | Platzhalter für beliebige Zeichen in beliebiger Anzahl (einschließlich der Anzahl 0). |
| _ (underscore) | Platzhalter für genau ein beliebiges Zeichen. |

Beispiele für den Vergleich eines Spaltennamens mit Textmustern für Maria DB und PostgreSQL:

| | |
|---|---|
| Ort LIKE 'U%' | Vergleicht das Feld Ort mit einem Textmuster. Im Beispiel werden alle Orte berücksichtigt, die mit U beginnen und beliebig lang sind. |
| Ort LIKE '%au' | Berücksichtigt alle Orte, die mit beliebiger Zeichenfolge beginnen und mit den Buchstaben au enden, z. B. Blumenau. |
| Ort LIKE 'L%au' | Ergebnis: Orte, die mit L beginnen und au enden, z. B. Lindau, Langenau. |
| Ort LIKE 'L_ _ _au' | Ergebnis: Orte, die mit L beginnen und au enden und dazwischen genau drei beliebige Buchstaben enthalten, z. B. Lindau (nicht aber Langenau). |
| Ort LIKE '%au%' | Ergebnis: Orte, in deren Namen die Buchstabenfolge au an beliebiger Stelle vorkommt, z. B. Blaubeuren, Laupheim. |

**Beispiel:**

Mit einer SELECT-Anweisung werden alle Kunden ausgegeben, deren Wohnort mit dem Buchstaben U beginnt.

**Lösung:**

```
SELECT Nachname, Vorname, Straße, PLZ, Ort, Telefon
FROM Kunden
WHERE Ort LIKE 'U*';
```

Beim Vergleich eines Textfeldes mit einem Textmuster stellt der Operator `LIKE` klar, dass das Textfeld mit einem Textmuster verglichen werden soll und somit im Beispiel alle Orte mit dem Anfangsbuchstaben U ausgegeben werden sollen.

Um nach Textmustern zu suchen, in denen die Zeichen % oder _ vorkommen (z. B. Password LIKE 'password%'), müssen diese als tatsächliche Zeichen kenntlich gemacht werden. Dies geschieht durch einen vorgestellten Escape-Strich \ (Backslash).

**Beispiel:**

```
SELECT *
FROM User
WHERE password LIKE '%\%';
```

Das erste Zeichen % wird als Wildcard für beliebig viele Zeichen interpretiert. Durch den Backslash \ wird das nächste Zeichen als Prozentzeichen interpretiert. Als gefunden werden somit alle Passwörter angezeigt, die als letztes Zeichen das Zeichen % enthalten, z. B. 'password%' und 'HjuZtJ_k556L%'.

**Beispiel:**

Eine Abfrage soll alle Passwörter ausgeben, die mit dem Zeichen 1 beginnen und mit dem Zeichen % enden.

**Lösung:**

```
SELECT *
FROM User
WHERE password LIKE '1%\%';
```

**Platzhalter in Jet-SQL (MS Access):**

In Access stehen folgende Platzhalter zur Verfügung:

| Zeichen | Beschreibung | Beispiel |
|---|---|---|
| * | Dieses Zeichen entspricht einer beliebigen Anzahl von Zeichen. Sie können den Stern (*) an einer beliebigen Stelle in einer Zeichenfolge verwenden. | wo* findet wohin und woher, aber nicht warum. |
| ? | Dieses Zeichen entspricht einem einzelnen Buchstaben an einer bestimmten Stelle. | B?llen findet Bullen, Ballen und Bellen. |
| # | Dieses Zeichen entspricht einer einzelnen Ziffer. | 1#3 findet 103, 113 und 123, nicht aber 1223 |
| [ ] | Für die Zeichen in der Klammer wird nach einer Entsprechung gesucht. | B[ae]llen findet Ballen und Bellen, aber nicht Bullen. |
| ! | Mit diesem Zeichen werden Zeichen in den Klammern ausgeschlossen. | B[!ae]llen findet Bollen und Bullen, aber nicht Ballen und Bellen. |
| - | Dieses Zeichen bestimmt einen Zeichenbereich. Er muss in aufsteigender Reihenfolge angegeben werden (A-Z, nicht Z-A). | b[a-c]d findet bad, bbd und bcd. |

**Beispiel:**

Es sollen Daten zurückgegeben werden, die mit dem Buchstaben „P" beginnen, gefolgt von einem beliebigen Buchstaben von A bis F und drei Ziffern.

**Lösung:**

```
Like 'P[A-F]###'
```

Um nach Sonderzeichen zu suchen , werden sie im Textmuster in eckige Klammern eingeschlossen.

**Beispiel:**

Das Textmuster ´a[*]a´ findet die Zeichenfolge ´a*a´, nicht aber ´aaa´

Die Argumente können kombiniert werden:

**Beispiel:**

Analysieren Sie den folgenden LIKE-Operator:

... `LIKE 'a[!b-m]#'`

Ergebnis:

Das erste Zeichen muss ´a´ oder ´A´ sein, das zweite Zeichen ist beliebig außer der Buchstaben b bis m, das dritte Zeichen muss eine Ziffer sein. Das Textmuster findet z. B. ´An9´, ´az0´, ´a99´, nicht aber ´abc´ oder ´aj0´.

Datumsfelder werden in Datenbanksystemen unterschiedlich eingegeben und angezeigt.

| Datenbanksystem | Format eines Datumsfeldes |
|---|---|
| Oracle, Informix, DB2 | '2020/10/03' |
| Access | #03.10.2020# oder #2020/10/03# |
| MySQL, Maria DB | '2020-10-03' |

Obwohl es meist Möglichkeiten gibt, zwischen deutscher und amerikanischer Schreibweise umzuwandeln, wird die amerikanische Schreibweise (Jahr/Monat/Tag), z. B. `#2020/10/04#`, bevorzugt.

### 6.3.3 DISTINCT

Das Schlüsselwort `DISTINCT` (= verschieden) unterdrückt in der Abfrage doppelte Datensätze (Duplikate). Sollen z. B. nur die Namen der Hersteller ausgegeben werden, von denen Fahrräder bezogen wurden, so wird mit

```
SELECT DISTINCT Hersteller FROM Fahrraeder
```

jeder betroffene Hersteller nur einmal angezeigt.

### 6.3.4 Der Operator BETWEEN

Der Operator `BETWEEN` (= zwischen) wird zur Formulierung von Bereichsabfragen eingesetzt. Er kann bei Textfeldern, Datumsfeldern und bei numerischen Feldern eingesetzt werden. `BETWEEN` wählt die Daten zwischen einem unteren und einem oberen Grenzwert aus. Die Grenzwerte sind in der Auswahl mit enthalten.

**Beispiel:**

Das Ergebnis einer SQL-Anweisung listet alle Fahrräder auf, welche im Jahr 2018 angeschafft wurden.

**Lösung (in Access):**

```
SELECT Fahrradnummer, Hersteller, Bezeichnung, Anschaffungs-
datum,
Anschaffungspreis
FROM Fahrraeder
WHERE Anschaffungsdatum BETWEEN #2018/01/01# AND
#2018/12/31#;
```

**Ergebnis:**

| Fahrrad-nummer | Hersteller | Bezeichnung | Anschaffungsdatum | Anschaffungspreis |
|---|---|---|---|---|
| 3 | Panasonic | FirstClass | 17.01.2018 | 1.960,00 € |
| 4 | Miyata | Devant | 17.03.2018 | 2.800,00 € |
| 6 | Scott | Executive | 18.03.2018 | 2.350,00 € |
| 19 | Hirsch | Klettergemse | 16.06.2018 | 2.400,00 € |
| 24 | Ivecu | Stralys | 31.12.2018 | 1.270,00 € |

### 6.3.5 Der Operator IN

Der Operator IN dient zum Vergleich eines Feldinhaltes mit einer Liste von möglichen Inhalten. Um alle Kunden aus dem Großraum Stuttgart zu erfassen, kann z. B. die folgende Bedingung verwendet werden:

```
... WHERE Ort IN ('Stuttgart','Esslingen','Fellbach','Waiblingen');
```

**Beispiel:**

Eine Abfrage sucht alle Kunden aus den Hauptstädten der baden-württembergischen Regierungsbezirke aus.

**Lösung:**

```
SELECT Nachname, Vorname, Strasse, PLZ, Ort
FROM Kunden
WHERE Ort IN ('Stuttgart','Karlsruhe','Tübingen','Freiburg');
```

**Hinweis:**

Der Operator `IN` kann auf Text-, Datums- und numerische Felder angewendet werden.

### 6.3.6 Umgang mit NULL-Werten

Spalten, in denen keine Werte eingegeben worden sind, haben den Wert `NULL` (sprich: nall). Dem Wert `NULL` entspricht weder die Zahl 0 noch eine Zeichenfolge mit Leerzeichen. Rechenoperationen mit einem Feld, das einen NULL-Wert enthält, ergeben als Ergebnis den Wert `NULL`. Mit der Eigenschaft `NOT NULL` werden Felder mit einem Eintrag gesucht.

**Beispiel:**

Die Abfrage

```
SELECT Nachname, Vorname, Strasse, PLZ, Ort, Email

FROM Kunden

WHERE Email IS NOT NULL;
```

wählt alle Kunden mit E-Mail-Adresse aus.

Wenn ein Feld einer Tabelle keinen `NULL`-Wert enthalten darf, also nicht leer sein darf, so ist dies bereits beim Entwurf der Tabelle vorzusehen. Primärschlüsselfelder dürfen z. B. nicht leer sein. Auch für andere Felder, z. B. Nachname oder Postleitzahl, kann es zweckmäßig sein, `NULL`-Werte nicht zuzulassen.

### 6.3.7 Daten sortieren

Mit der Anweisung `ORDER BY` können Ausgaben nach Feldinhalten sortiert werden. Dabei wird die Sortierreihenfolge mit dem Zusatz `ASC` (ascending = aufsteigend) oder `DESC` (descending = absteigend) festgelegt. Standardmäßig (ohne Zusatz) wird aufsteigend sortiert.

**Beispiel:**

Die Kunden werden alphabetisch angezeigt:

```
SELECT *
FROM Kunden
ORDER BY Nachname, Vorname ASC
```

| KdNr | Anrede | Nachname | Vorname | Strasse | PLZ | Ort | Telefon |
|---|---|---|---|---|---|---|---|
| 16 | Frau | Adler | Astrid | Günthersburgstr. 56 | 40213 | Düsseldorf | 0211 543210 |
| 25 | Herr | Amini | Hans | Buchenlandweg 120 | 89075 | Ulm | 0731 4538254 |
| 23 | Herr | Bader | Michael | Blautalallee 235 | 89075 | Ulm | 4567890 |
| 6 | Frau | Müller | Andrea | Adelheidstr. 13 | 88446 | Biberach | 07364/894623 |
| 3 | Herrn | Müller | Hans | Friedberger Landstr. 204 | 89077 | Augsburg | 0821/434343 |
| 2 | Frau | Müller | Herta | Ringelstr. 2 | 86416 | Krumbach | 08282/465432 |
| 5 | Frau | Winter | Susanne | Am Waldrand 1 | 89077 | Ulm | 0731/4892 |
| 8 | Herrn | Zwiebel | Karl | Hügelstr. 123 | 89123 | Elchingen | 07321/745645 |

Werden zwei Feldinhalte als Sortierkriterium angegeben, dann wird nach dem ersten (hier `Nachname`) sortiert, bei gleichen Feldinhalten (z. B. 'Müller') zusätzlich nach dem zweiten Feld (hier `Vorname`).

Folgt nach dem Wort `SELECT` das Symbol '*', so werden alle Felder zur Anzeige ausgewählt.

Die Sortierreihenfolge kann für zwei Kriterien unterschiedlich sein.

**Beispiel:**

Die Fahrräder sollen nach ihrem Anschaffungsdatum absteigend vom neuesten zum ältesten sortiert werden. Bei gleichem Anschaffungsdatum soll aufsteigend nach Hersteller sortiert werden:

```
SELECT *
FROM Fahrraeder
ORDER BY Anschaffungsdatum DESC, Hersteller;
```

| Fahrrad-nummer | Hersteller | Bezeichnung | Art | Anschaffungspreis | Anschaffungsdatum | LetzteWartung |
|---|---|---|---|---|---|---|
| 23 | Hercules | Davos | Tourenrad | 890,00 € | 18.08.2020 | 08.09.2021 |
| 24 | Peugeot | Stralis | Tourenrad | 1.270,00 € | 18.08.2020 | 01.01.2021 |
| 26 | Yamaha | Sutra | Rennrad | 4.560,00 € | 18.08.2020 | 01.01.2021 |
| 7 | Hercules | GoClimb | Moutain-Bike | 850,00 € | 26.04.2019 | 08.01.2020 |
| 8 | Panasonic | EasyRide | Tourenrad | 960,00 € | 26.04.2019 | 08.05.2019 |
| 18 | Hirsch | Schneller Hirsch | Rennrad | 2.100,00 € | 13.01.2019 | 19.06.2019 |
| 20 | Panasonic | FirstClass | Tourenrad | 1.325,00 € | 05.10.2008 | 10.03.2019 |

### 6.3.8 Abfrage-Ergebnisse einschränken

Mit dem Schlüsselwort TOP werden Abfrage-Ergebnisse auf eine bestimmte Anzahl von Datensätzen beschränkt. TOP 3 z. B. gibt nur die ersten 3 Datensätze einer Abfrage aus.

**Beispiel:**

Es sollen die 5 Fahrräder ausgegeben werden mit den teuersten Anschaffungspreisen.

**Lösung:**

```
SELECT TOP 5 *

FROM Fahrraeder

ORDER BY Anschaffungspreis DESC;
```

**Ergebnis:**

| Fahrrad-nummer | Hersteller | Bezeichnung | Art | Anschaffungspreis | Anschaffungsdatum | Letzte Wartung |
|---|---|---|---|---|---|---|
| 5 | Mercier | Excalibur Ultra Light | Rennrad | 3.750,00 € | 27.04.2016 | 08.01.2020 |
| 15 | Techno-bike | Suportandem | Tourenrad | 3.200,00 € | 28.12.2016 | 03.06.2020 |
| 17 | Staiger | Supertandem | | 2.950,00 € | 14.01.2016 | 19.06.2020 |
| 13 | Systemo | Hurrican | Moutain-Bike | 2.665,00 € | 30.07.2016 | 12.04.2019 |
| 4 | Miyata | Devant | Tourenrad | 2.585,00 € | 17.03.2018 | 29.11.2020 |

Da die Datensätze innerhalb einer Tabelle in der Regel unsortiert gespeichert sind, wird die Abfrage mit der Sortierfunktion ORDER BY `Anschaffungspreis` DESC ergänzt.

Mit der Funktion TOP kann auch ein bestimmter Prozentsatz der Datensätze ausgegeben werden. Die Syntax lautet z. B. SELECT TOP 10 percent ...

**Aufgabe**

Schreiben Sie eine Abfrage, um 10 Prozent der neuesten Fahrräder auszugeben.

**Lösung:**

```
SELECT TOP 10 percent *
FROM Fahrraeder
ORDER BY Anschaffungsdatum DESC;
```

Die Sortieranweisung ist auch hier DESC, da neuere Datumswerte als größer betrachtet werden als frühere Werte.

### 6.3.9 Funktionen in SELECT-Abfragen

#### Aggregatfunktionen

Aggregatfunktionen (auch: Gruppenfunktionen) werten eine oder mehrere Spalten einer Tabelle nach bestimmten Kriterien aus. Das Ergebnis, z. B. die Summe einer Spalte, wird in einem Feld ausgegeben.

| Funktion | Ergebnis |
|---|---|
| MIN(Spaltenname) | Minimalwert der Feldinhalte einer Spalte |
| MAX(Spaltenname) | Maximalwert |
| COUNT(Spaltenname) | Anzahl der vorhandenen Einträge in einer Spalte |
| COUNT(*) | Anzahl aller Datensätze |
| SUM(Spaltenname) | Summe der Feldinhalte einer Spalte |
| AVG(Spaltenname) | Arithmetischer Mittelwert der Feldinhalte,<br>AVG von engl.: average = Durchschnitt, Mittelwert |

**Beispiel**

Eine SQL-Anweisung gibt die Summe der Anschaffungspreise aller Fahrräder aus.

**Lösung:**

```
SELECT SUM(Anschaffungspreis) AS Summe
FROM Fahrraeder;
```

**Ergebnis:**

| Summe |
|---|
| 41.337,00 € |

Um eine Spalte bei der Ausgabe mit einer gewünschten Überschrift zu versehen, wird die Anweisung `AS` (= wie), gefolgt von der neuen Überschrift, z. B. `Summe`, verwendet.

Das Ergebnis einer Aggregatfunktion besteht in der Regel aus einem einzigen Feld. Der Versuch, mit dem gleichen Befehl die Inhalte einer weiteren Spalte, z. B. die Fahrradnummern, ausgeben zu wollen, führt zu einer Fehlermeldung.

**Hinweis:**

In einer einfachen SELECT-Anweisung mit Aggregatfunktion können keine weiteren Spaltenwerte angezeigt werden.

Die Funktion `COUNT(Spaltenname)` zählt die Anzahl der Felder in der Spalte, die nicht leer sind. Die Anweisung `SELECT COUNT(Email) FROM Kunden` ermittelt die Anzahl der Kunden, für die eine E-Mail-Adresse eingetragen ist.

Durch die Anweisung `SELECT COUNT(*) FROM Kunden` werden alle Datensätze der Tabelle Kunden gezählt.

**Beispiel:**

In der Tabelle Fahrraeder soll die Anzahl der verschiedenen Hersteller gezählt werden.

**Lösung in Standard-SQL:**

```
SELECT COUNT(DISTINCT 'Hersteller') AS 'Anzahl Hersteller'

FROM 'fahrraeder'
```

**Ergebnis:**

| Anzahl Hersteller |
|---|
| 13 |

Das Schlüsselwort DISTINCT unterdrückt die doppelte Zählung der einzelnen Hersteller.

**Hinweis:**

Jet-SQL (Access) lässt die direkte Kombination von COUNT() und DISTINCT nicht zu. Deshalb muss man sich mit einer geschachtelten Lösung behelfen:

```
SELECT COUNT(*) AS ‚Anzahl Hersteller'

FROM

(

SELECT DISTINCT Hersteller FROM Fahrraeder

);
```

Mit SELECT DISTINCT ... werden zunächst alle Namen der Hersteller ohne Duplikate gesucht. Die übergeordnete COUNT-Funktion zählt anschließend die Anzahl der Ergebnisse dieser Unterabfrage.

**Hinweise:**

Um die gesamte Anzahl aller Datensätze einer Tabelle zu erfassen, ist die Suche mit `COUNT(*)` zu verwenden.

Die Funktionen `SUM()` und `AVG()` können nur bei numerischen Spalteninhalten angewendet werden.

Die Funktionen `MIN()` und `MAX()` können auch bei Text- und Datumsfeldern verwendet werden, wobei Textfelder nach dem ASCII-Code behandelt werden: A ist „kleiner" als Z und Kleinbuchstaben sind „größer" als Großbuchstaben, allerdings „kleiner" als Sonderzeichen. Ein späteres Datum ist „größer" als ein früheres.

**Beispiel:**

Die folgende SQL-Anweisung ermittelt das Anschaffungsdatum des neuesten Fahrrades.

```
SELECT MAX(Anschaffungsdatum)
FROM Fahrraeder;
```

**Rechenoperationen**

Mit den Werten aus numerischen Spalten können Rechenoperationen wie z. B. Addition, Subtraktion, Multiplikation und Division durchgeführt werden.

Dies gilt auch für Datumswerte, da diese als Integerzahlen (ganze Zahlen) abgelegt sind.

**Datumsfunktionen**

Mit Datumsfunktionen lassen sich Datumswerte verarbeiten. Z. B. kann die Jahreszahl aus einem Datum herausgefiltert werden oder das aktuelle Datum dynamisch verarbeitet werden.

**Beispiel:**

Um alle Fahrräder aufzulisten, deren Wartungsdatum länger als 100 Tage zurückliegt, ist die folgende Anweisung notwendig:

```
SELECT Fahrradnummer, Bezeichnung, LetzteWartung
FROM Fahrraeder
WHERE LetzteWartung < DATE()-100;
```

Die Funktion `DATE()` liefert das Systemdatum. Von diesem Wert wird die Zahl 100 subtrahiert und das Ergebnis jeweils mit dem Inhalt des Feldes `LetzteWartung` verglichen. Alle Datensätze mit einem kleineren Wert werden ausgegeben.

**Hinweis:**

Datumsfunktionen gehören nicht zum SQL-Standard, sind jedoch in nahezu allen Datenbanksystemen vorhanden. Sie unterscheiden sich jedoch zum Teil erheblich. Sie sind sehr vom verwendeten Datenbanksystem abhängig. Gegebenenfalls ist im jeweiligen Handbuch bzw. der Hilfefunktion nachzuschlagen.

In Access gibt es neben der Funktion DATE(), die das aktuelle Datum liefert, weitere Datumsfunktionen:

| Funktion | Ergebnis |
|---|---|
| `DATE()` | Aktuelles Datum |
| `DAY(datum)` | Tag vom Feldinhalt `'datum'` als Zahl zwischen 1 und 31 |
| `MONTH(datum)` | Monat als Zahl zwischen 1 und 12 |
| `YEAR(datum)` | Jahr als vierstellige Zahl |
| `ISDATE(datum)` | Prüft, ob Datumsangabe korrekt ist |
| `FORMAT(ausdruck, 'format')` | Formatiert das Datum in `ausdruck` nach Vorgabe:<br>D,DD: Tageszahl,<br>DDD, DDDD: Wochentag,<br>M, MM: Monatszahl,<br>MMM, MMMM: Monatsname<br>YY, YYYY: Jahreszahl |

Mit der Anweisung `FORMAT(ausdruck,'format')` können z. B. Datumswerte formatiert ausgegeben werden.

**Beispiel:**

Das Rückgabedatum der Felder der Tabelle Verleihdaten soll in der Form „Freitag, 26. April 2019" ausgegeben und umbenannt werden.

```
SELECT FORMAT(Rückgabedatum,'DDDD, DD. MMMM YYYY') AS Rech-
nungsdatum
FROM Verleihdaten;
```

**Ergebnis:**

| Rechnungsdatum |
|---|
| Dienstag, 06. Februar 2018 |
| Mittwoch, 04. Oktober 2019 |
| Dienstag, 12. März 2021 |
| Samstag, 27. April 2021 |

**Formatierung von Währungsfeldern in Jet-SQL (MS Access):**

Mit der Funktion FormatCurrency () können Währungsfelder in Access formatiert werde.

Die allgemeine Syntax lautet:

```
FormatCurrency (Feldname [, AnzStellenNachDezimal] [, FührendeNull-
Anzeigen] [, KlammernFürNegativeZahl] [, StellenGruppieren] )
```

Die eckigen Klammern sind nicht zu schreiben, sie zeigen optionale Argumente:

| Argument | Beschreibung |
|---|---|
| Ausdruck | Erforderlich. Der zu formatierende Ausdruck. |
| AnzStellenNachDezimal | Optional. Numerischer Wert, der angibt, wie viele Stellen rechts vom Dezimaltrennzeichen angezeigt werden. Der Standardwert (–1) bedeutet, dass die Landes-/Regionaleinstellungen des Computers verwendet werden. |
| FührendeNullAnzeigen | Optional. Eine von drei Konstanten (siehe Tabelle unten), die angibt, ob für Dezimalzahlen <1 (z. B. 0,45) eine führende Null angezeigt werden soll oder nicht. |
| KlammernFürNega-tiveZahlen | Optional. Eine von drei Konstanten (siehe Tabelle unten), die angibt, ob negative Werte in Klammern gesetzt werden oder nicht. |
| StellenGruppieren | Optional. Eine von drei Konstanten (siehe Tabelle unten), die angibt, ob Zahlen mit dem Gruppentrennzeichen gruppiert werden, das in den Landes-/Regionaleinstellungen des Computers angegeben ist. |

Die Argumente FührendeNullAnzeigen, KlammernFürNegativeZahlen und StellenGruppieren können die folgenden Werte annehmen:

| Konstante | Wert | Beschreibung |
|---|---|---|
| **vbTrue** | –1 | True |
| **vbFalse** | 0 | False |
| **vbUseDefault** | –2 | Die Landes-/Regionaleinstellungen des Computers werden verwendet. |

**Beispiel:**

Die Buchungen eines Kontos sollen mit 4 Nachkommastellen und bei Werten zwischen 0 und 1 mit führender Null angezeigt werden. Negative Zahlen sollen in Klammern gesetzt und die Ziffern landestypisch gruppiert werden.

**Lösung:**

```
SELECT BuchungsNr, FormatCurrency(Buchung,4,-1,-1,-2)
FROM Konto;
```

| Buchungs Nr | Buchung |
|---|---|
| 1 | 1'525,0000 € |
| 2 | 0,5901 € |
| 3 | (16,4500) € |

**Zeichenkettenfunktionen**

Die verschiedenen Datenbanksysteme stellen unterschiedliche Funktionen für die Bearbeitung und Umwandlung von Zeichenketten zur Verfügung. Die Auswirkungen der entsprechenden Funktionen sind jedoch sehr ähnlich. So liefert im Datenbanksystem Oracle die Funktion ASCII(n) die Codenummer eines ASCII-Zeichens, während in Access die Funktion ASC(n) lautet und das Gleiche bewirkt.

| Funktion | Wirkung, Beispiele |
|---|---|
| ASC(n) | Liefert die ASCII-Codenummer von n, ASC('M') → 77. |
| LCASE(string) | Wandelt um in Kleinbuchstaben, LCASE('Müller') → 'müller' |
| LEFT(string, länge) | Gibt linksbündige Teilzeichenkette aus, LEFT('Müller',2) → 'Mü'. |
| LEN(string) | Gibt die Zeichenanzahl aus, LEN('Müller') → 6. |
| RIGHT(string, länge) | Gibt rechtsbündige Teilzeichenkette aus, siehe LEFT(). |
| UCASE(string) | Wandelt in Großbuchstaben um, UCASE('text') → 'TEXT' |
| & | Operator zur Verkettung (in Access) 'Hans' & ' ' & 'Müller' → 'Hans Müller' |

**Beispiel:**

Unabhängig von der gespeicherten Schreibweise werden von der folgenden Anweisung die Nachnamen der Kunden so ausgegeben, dass der erste Buchstabe als Großbuchstabe erscheint, die folgenden Buchstaben jedoch in Kleinschrift.

```
SELECT Left(UCase(Nachname),1) &
LCase(Right(Nachname,Len(Nachname)-1)) AS ['Nachname']
FROM Kunden;
```

Die versehentliche Eingabe des Nachnamens „mÜller" wird durch diese Anweisung umgewandelt in „Müller".

**Umwandlungsfunktionen**

Mit Umwandlungsfunktionen werden z. B. Zeichenketten in Zahlen gewandelt und umgekehrt.

Beispiele sind:

| Funktion | Wirkung, Beispiele |
|---|---|
| CDATE('datumsstring') | Zeichenkette, Zahl in Datumstyp DATE CDATE('12.03.2022') → 12.03.2022 |
| STR(zahl) | Zahl in Zeichenkette, STR(89077) → `89077' |
| VAL(string) | Zeichenkette in Zahl, VAL('34') → 34 |
| CINT(zahl) | Wandelt um in INTEGER, rundet auf CINT(45,8) → 46 CINT(-67,4) → -67 |

Die Funktion CDATE('datum') wandelt z. B. eine aus Zahlen bestehende Zeichenkette oder eine Ganzzahl in ein Datum um, soweit es vom ursprünglichen Typ her möglich ist.

Die Funktion CINT() rundet auf den nächsthöheren Ganzzahlwert auf und gibt dies als Ergebnis zurück.

**Beispiel:**

Die folgende SQL-Anweisung zeigt die Verleihpreise der einzelnen Fahrräder in der Tabelle Preisgruppen um 5% erhöht an, wobei sie auf volle €-Beträge aufgerundet werden.

```
SELECT CINT(Preis*1.05)
FROM Preisgruppen;
```

### Mathematische und logische Funktionen

Um mathematische Aufgaben zu lösen, z. B. die Quadratwurzel eines Feldinhaltes zu bilden, werden folgende Funktionen verwendet:

| Funktion | Ergebnis |
|---|---|
| `ABS(zahl)` | Absoluter Wert (ohne negatives Vorzeichen) |
| `SQR(zahl)` | Wurzel einer Zahl: `SQR(16) = 4` |
| `RND()` | Zufallszahl zwischen 0 und 1 |
| `ISNULL (ausdruck)` | Wert = 1, wenn z. B. Feldinhalt leer ist,<br>Wert = 0, wenn der Feldinhalt nicht leer ist. |
| `EXP(Wert)` | Ergibt $e^{Wert}$ mit der Eulerschen Zahl e = 2.71828... als Basis. |
| `LOG(Wert)` | Der natürliche Logarithmus, d. h. LN(EXP(Wert)) = Wert. |
| `LOG10(Wert)` | Logarithmus von der Zahl `Wert` zur Basis 10 |
| `SIGN(Wert)` | Liefert -1 für negative Werte und 1 für positive Werte |
| `MOD(Wert, Divisor)` | Restwert der (ganzzahligen) Division von Wert/Divisor |

**Beispiel:**

Aus einer Tabelle mit Leitungsquerschnitten werden die Durchmesser errechnet.

**Lösung:**

```
SELECT Flaeche, 2*SQR(Flaeche/(3.1415*2)) AS Durchmesser
FROM Leitung ;
```

Die Funktion `RND()` erzeugt eine Zufallszahl als Gleitkommazahl >0 und <1, z. B. 0,3452419.

Die Funktion `ISNULL(ausdruck)` prüft, ob der Ausdruck, z. B. ein Feldinhalt, leer ist. Trifft dies zu, so liefert die Funktion den Wert 1 ('wahr'), sonst den Wert 0 ('falsch').

## 6.3.10 Gruppieren von Daten

Gruppieren bedeutet, die Daten nach Feldern mit gleichen Feldinhalten zusammenzufassen. Dies geschieht mit dem SQL-Ausdruck `GROUP BY` (= zusammenfassen aufgrund) gefolgt von einem Feldnamen.

**Beispiel:**

Die folgende Anweisung stellt das Einzugsgebiet des Unternehmens „Faradiso" fest, indem der Wohnort und die Anzahl der Kunden aus den einzelnen Orten ausgegeben werden:

```
SELECT Ort, COUNT(KdNr) AS Anzahl
FROM Kunden
GROUP BY Ort;
```

| Ort | Anzahl |
|---|---|
| Berlin | 2 |
| Biberach | 2 |
| Jettingen-Scheppach | 2 |
| Düsseldorf | 35 |
| Neckarsulm | 1 |
| Haan-Gruiten | 12 |
| Ulm | 11 |
| Zwickau | 1 |
| ... | ... |

Zunächst wird durch den Ausdruck `GROUP BY Ort` aus allen Datensätzen, die den gleichen Eintrag im Feld Ort besitzen, jeweils eine Gruppe gebildet. Anschließend werden innerhalb jeder dieser Gruppen aufgrund der Funktion `COUNT(Kd_Nr)` die Anzahl der Datensätze anhand der `Kd_Nr` festgestellt.

**Hinweis:**

Alle Felder, die nach dem Schlüsselwort `SELECT` zusätzlich zur Aggregatfunktion aufgelistet werden, müssen auch hinter der Gruppierungsanweisung `GROUP BY` angegeben werden, da es sonst zu einer Fehlermeldung kommt.

**Bedingungen für Gruppierungen – HAVING:**

Die Anzeige der einzelnen Gruppen kann durch die Anweisung `HAVING Bedingung` zusätzlich von Bedingungen abhängig gemacht werden.

**Beispiel:**

```
SELECT Hersteller, SUM(Anschaffungspreis) AS Summe
FROM Fahrraeder
GROUP BY Hersteller
HAVING SUM(Anschaffungspreis) > 4000;
```

| Hersteller | Summe |
|---|---|
| Hirsch | 5.932,00 € |
| Panasonic | 6.095,00 € |

Die Anweisung `HAVING SUM(Anschaffungspreis) >4000` bewirkt z. B., dass nur die Gruppen ausgegeben werden, deren aufsummierter Anschaffungspreis („Summe") mehr als 4000 € beträgt.

**Hinweis:**

Die Bedingung nach dem Schlüsselwort `HAVING` muss immer auf die gesamte Gruppe anwendbar sein.

### 6.3.11 Abfragen über mehrere Tabellen (JOINS)

Joins (to join = verknüpfen) stellen logische Verbindungen zwischen mehreren Tabellen her.

Um z.B. alle Verleihdaten mit den dazugehörigen Kundennamen auszugeben, müssen Felder der beiden Tabellen `Kunden` und `Reservierungen` angezeigt werden. Die Anweisung lautet dann:

```
SELECT.KdNr, Kunden.Nachname, Kunden.Vorname,
Reservierungen.AusleihDatum
FROM Kunden, Reservierungen;
```

Das Ergebnis ist eine Ausgabe, die alle Kunden mit allen Verleihdaten kombiniert. Aus einer Tabelle mit 50 Einträgen und einer Tabelle mit 400 Einträgen wird somit eine Ergebnismenge mit 20'000 Einträgen erzeugt.

Die Anzahl der Einträge multipliziert sich mit der Anzahl der Datensätze jeder Tabelle, die man hinzufügt.

**Arten von Joins**

Am Beispiel der beiden Tabellen Kunden und Reservierungen werden die unterschiedlichen Joins erläutert. Es gibt

- Kunden, die Reservierungen in Auftrag gegeben haben (1),
- Kunden, die keine Reservierung beauftragt haben (2) und
- Reservierungen, die noch keinem Kunden zugeordnet sind (3).

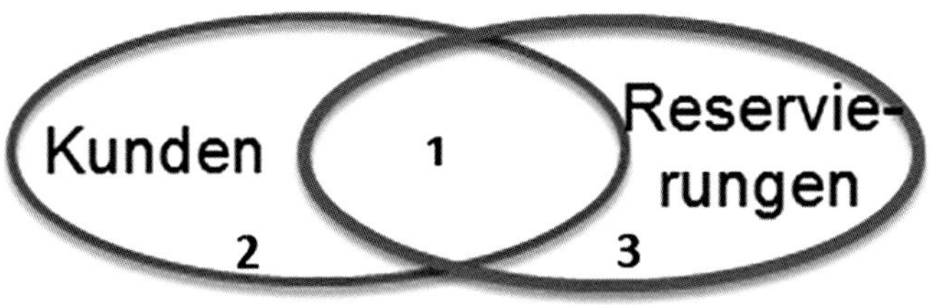


| Name | Darstellung | Erläuterung | Syntaxbeispiel |
|---|---|---|---|
| INNER JOIN, EQUI JOIN | 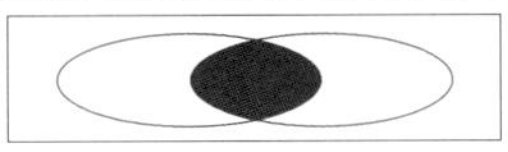 | Ausgabe von Kunden, die reserviert haben, mit den zugehörigen Reservierungen. | SELECT * <br> FROM Kunden INNER JOIN Reservierungen <br> ON Kunden.KdNr = Reservierungen.KdNr; |
| NATURAL JOIN | 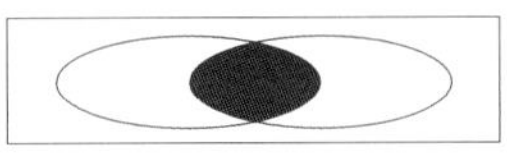 | Ergebnis wie INNER JOIN | SELECT * <br> FROM Kunden ,Reservierungen <br> WHERE Kunden.KdNr = Reservierungen.KdNr; |
| LEFT JOIN, | 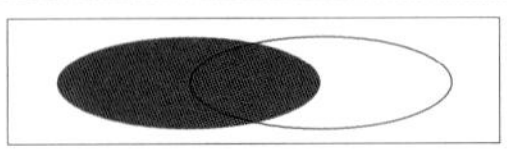 | Ausgabe aller Kunden und (falls vorhanden) die dazu gehörenden Reservierungen. | SELECT * <br> FROM Kunden LEFT JOIN Reservierungen <br> ON Kunden.KdNr = Reservierungen.KdNr; |
| RIGHT JOIN, | 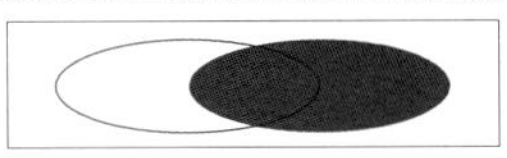 | Ausgabe aller Reservierungen und – falls gespeichert – der entsprechenden Kunden. | SELECT * <br> FROM Kunden RIGHT JOIN Reservierungen <br> ON Kunden.KdNr = Reservierungen.KdNr; |
| LEFT OUTER JOIN | 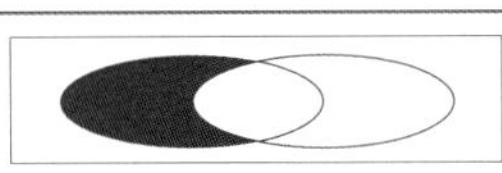 | Ausgabe nur der Kunden, die nicht reserviert haben. | SELECT * <br> FROM Kunden LEFT JOIN Reservierungen <br> ON Kunden.KdNr = Reservierungen.KdNr <br> WHERE Reservierungen.KdNr IS NULL; |

| Name | Darstellung | Erläuterung | Syntaxbeispiel |
|---|---|---|---|
| RIGHT OUTER JOIN | 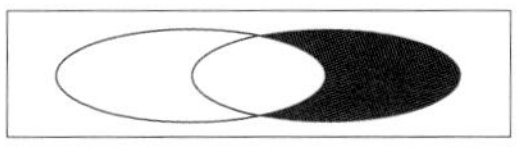 | Ausgabe der Reservierungen, die keinem Kunden zugeordnet sind. | SELECT * <br>FROM Kunden RIGHT JOIN Reservierungen <br>ON Kunden.KdNr = Reservierungen.KdNr <br>WHERE Reservierungen.KdNr IS NULL; |
| FULL OUTER JOIN | 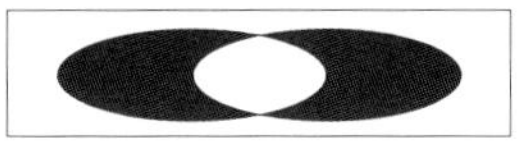 | Ausgabe aller Kunden ohne Reservierung und aller nicht zugeordneten Reservierungen | SELECT * <br>FROM Kunden <br>FULL JOIN Reservierungen <br>ON Kunden.KdNr = Reservierungen.KdNr <br>WHERE Reservierungen.KdNr IS NULL; <br>(Wird von ACCESS-SQL nicht unterstützt) |

**Inner-Joins, Equi-Joins, Natural Joins**

Für Abfragen, die mehrere Tabellen betreffen, werden Verknüpfungen auf Gleichheit, Inner-Joins (auch: Equi-Joins equi = gleich, to join = verknüpfen;) verwendet. Im Beispiel dürfen nur die Kunden berücksichtigt werden, deren Kundennummer auch in der Tabelle `Reservierungen` aufgeführt ist. Dazu muss eine eindeutige Verknüpfungsvorschrift im SQL-Befehl definiert werden. Dies geschieht durch die Bedingung

```
WHERE Kunden.KdNr = Reservierungen.KdNr.
```

Die vollständige Anweisung lautet somit:

```
SELECT Kunden.KdNr, Kunden.Nachname, Kunden.Vorname, Reservierungen.AusleihDatum
FROM Kunden, Reservierungen
WHERE Kunden.KdNr=Reservierungen.KdNr;
```

Um gleichnamige Felder in den verschiedenen Tabellen zu unterscheiden, wird der Tabellenname, gefolgt von einem Punkt, dem Spaltennamen vorangestellt, z. B. `Kunden.KdNr`.

Die Verknüpfung (Joins) mehrerer Tabellen werden in einer SQL-Abfrage z. B. in Form einer WHERE-Bedingung beschrieben.

**Beispiel:**

Alle Reservierungen mit den Kundendaten (`Kundennummer, Nachname, Vorname`) und den Fahrraddaten (`Fahrradnummer, Hersteller`) werden ausgegeben. Die Anweisung lautet:

```
SELECT K.KdNr, Nachname, Vorname, Ort,
      LeihDauer AS LDauer, F.Fahrradnummer AS FNr, Hersteller
FROM Kunden AS K, Fahrraeder AS F, Reservierungen AS R
      WHERE K.KdNr=R.KdNr  And  F.Fahrradnummer=R.FRadNr;
```

In einem zusätzlichen Feld `GesPreis` wird der Gesamtleihpreis mit dem Ausdruck `P.Preis*LDauer AS GesPreis` berechnet und ausgegeben. Das Ergebnis lautet nun:

```
SELECT K.KdNr, Nachname, Vorname,
      LeihDauer AS LDauer, F.Fahrradnummer AS FNr, Hersteller,
      P.Preis*LDauer AS GesPreis
FROM Kunden AS K, Preisgruppen AS P, Fahrraeder AS F,
      Reservierungen AS R
```

```
WHERE K.KdNr=R.KdNr AND F.Fahrradnummer=R.FRadNr AND
      P.Preisgruppe=F.Preisgruppe;
```

Die Ausgabe sieht dann folgendermaßen aus:

| KdNr | Nachname | Vorname | LDauer | FNr | Hersteller | GesPreis |
|---|---|---|---|---|---|---|
| 2 | Müller | Herta | 9 | 23 | Hercules | 108,00 € |
| 3 | Müller | Hans | 18 | 13 | Systemo | 486,00 € |
| 5 | Winter | Susanne | 12 | 8 | Panasonic | 132,00 € |
| 5 | Winter | Susanne | 9 | 21 | Hercules | 135,00 € |
| 8 | Zwiebel | Karl | 9 | 8 | Panasonic | 99,00 € |
| 10 | Hase | Hanna | 12 | 21 | Hercules | 180,00 € |

Da die Tabelle `Reservierungen` über einen Join mit der Tabelle Kunden verbunden ist, wird dies ebenso als `WHERE`-Bedingung angegeben, entsprechend den Beziehungen der Tabellen `Reservierungen - Fahrraeder - Preisgruppen`. Deshalb muss beim Entwurf einer komplexen SQL-Abfrage über mehrere Tabellen hinweg die Art der Beziehungen und der betroffenen Felder bekannt sein.

Zur Vereinfachung der SQL-Syntax können Tabellennamen innerhalb der Abfrage umbenannt werden. Dazu wird in der FROM-Anweisung dem Tabellennamen ein kennzeichnender Buchstabe, z. B. K, P, R, F (also `Fahrraeder F`), hinzugefügt. Dadurch wird der Tabelle ein neuer (temporärer) Name zugewiesen. Die Tabelle ist dann innerhalb der Abfrage allein durch diesen Buchstaben ansprechbar.

Mit dem Schlüsselwort `AS` werden Felder in der Ausgabe umbenannt. Dies ist z.B. für berechnete Felder wichtig, für die sonst kein Name definiert ist.

Im Beispiel oben ist dies: `P.Preis*LDauer AS GesPreis`

INNER-Joins können auch mit den Schlüsselworten INNER JOIN beschrieben werden.

**Beispiel:**

Alle reservierten Fahrräder (`Fahrradnummer, Bezeichnung, Hersteller`) sollen mit wichtigen Reservierungsdaten (`ResNr, AusleihDatum, LeihDauer`) angezeigt werden. Die Anweisung lautet:

```
SELECT F.Fahrradnummer, F.Bezeichnung, F.Hersteller,
   F.LetzteWartung, R.ResNr, R.AusleihDatum, R.LeihDauer
FROM Fahrraeder F INNER JOIN Reservierungen R
   ON F.Fahrradnummer = R.FRadNr;
```

Die Ausgabe ergibt z. B.:

| Fahrrad-nummer | Bezeich-nung | Hersteller | Letzte-Wartung | ResNr | Ausleih-Datum | Leih-Dauer |
|---|---|---|---|---|---|---|
| 4 | Devant | Miyata | 29.08.2020 | 20 | 22.01.2021 | 2 |
| 4 | Devant | Miyata | 29.11.2020 | 22 | 01.04.2022 | 5 |
| 8 | Galata | Panasonic | 08.05.2020 | 7 | 18.01.2022 | 9 |
| 13 | Hurrican | Systemo | 12.04.2019 | 5 | 16.06.2020 | 3 |
| 14 | DownHill-Racer | Hitachi | 21.05.2019 | 8 | 15.04.2021 | 9 |
| 19 | Kletter-gemse | Hirsch | 27.02.2020 | 12 | 15.12.2022 | 6 |

**Hinweis:**

INNER-Joins, EQUI-Joins und Natural Joins erzeugen jeweils dasselbe Ergebnis. Sie werden lediglich mit unterschiedlicher Syntax beschrieben. Bei Natural Joins wird die Verbindung der Tabellen in der WHERE-Klausel beschrieben, bei INNER-Joins (=EQUI-Joins) geschieht dies in der FROM-Klausel.

### Left-Joins (auch Left-Inner-Joins)

Der LEFT-JOIN nimmt alle Einträge der einen Tabelle (z. B. `Kunden`) und kombiniert sie entweder mit allen gültigen Einträgen in der anderen Tabelle (`Reservierungen`) oder mit NULL, falls in der zweiten Tabelle kein zugehöriger Eintrag zu finden ist. Es ist wichtig, das entsprechende ER-Modell für die zwei Tabellen zu kennen:

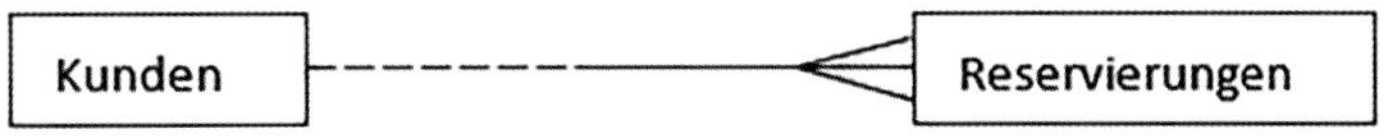


Die Beziehung besagt, dass jedem Kunden mehrere oder auch gar keine Reservierungen zugeordnet sein können. Im Fall, dass keine Reservierungen zugeordnet werden, enthält das Ergebnis des LEFT JOIN in der Spalte `AusleihDatum` den Wert NULL.

Sollen in die Abfrage der Reservierungen auch die Kunden mit aufgenommen werden, die bisher noch kein Fahrrad reserviert haben, so muss die Verknüpfungsbedingung geändert werden. Während der Equi-Join der Schnittmenge der beiden Bereiche Kunden und Reservierungen entspricht, muss nun der linke Bereich der beiden Mengen mit eingeschlossen werden.

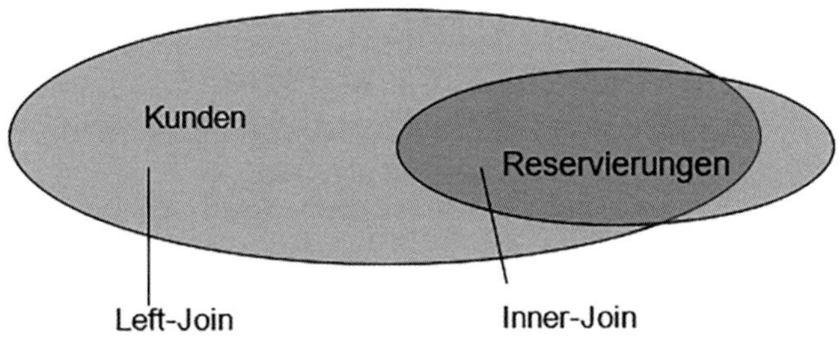


Ein solcher Left Join kann in Access mit der allgemeinen Syntax

```
... FROM tab1 LEFT JOIN tab2 ON tab1.feld = tab2.feld ...
```

definiert werden.

**Beispiel:**

```
SELECT K.KdNr, Nachname, Vorname, Ort, AusleihDatum AS AusDat,
    LeihDauer AS LDauer
FROM Kunden K LEFT JOIN Reservierungen R ON K.KdNr=R.KdNr;
```

Die Ausgabe lautet z. B.:

| KdNr | Nachname | Vorna-me | Ort | AusDat | LDauer |
|---|---|---|---|---|---|
| 1 | Palmert | Carlo | Jettingen | | |
| 2 | Müller | Herta | Krumbach | 16.10.2022 | 9 |
| 2 | Müller | Herta | Krumbach | 22.01.2022 | 3 |
| 3 | Müller | Hans | Ulm | 27.02.2022 | 18 |
| 4 | Schulze | Anna | Ulm | | |
| 5 | Winter | Susanne | Ulm | 16.10.2021 | 9 |
| 5 | Winter | Susanne | Ulm | 01.05.2021 | 12 |
| 6 | Müller | Andrea | Biberach | | |
| 7 | Zwiebel | Karl | Elchingen | 18.01.2021 | 9 |

**Outer-Joins**

Outer-Joins (z.B. ein Left-Outer-Join) zeigen als Ergebnis nur die Datensätze, die keine Referenzdaten in der zweiten Tabelle besitzen.

**Beispiel:**

Es sollen Daten der Kunden angezeigt werden, die noch keine Reservierung gebucht haben.

```
SELECT K.KdNr, Nachname, Vorname, Ort, AusleihDatum AS AusDat, Leih
   Dauer AS LDauer

FROM Kunden K LEFT JOIN Reservierungen R ON K.KdNr=R.KdNr

WHERE R.KdNr IS NULL;
```

Die Ausgabe lautet nun:

| KdNr | Nachname | Vorname | Ort | AusDat | LDauer |
|---|---|---|---|---|---|
| 1 | Palmert | Carlo | Jettingen | | |
| 4 | Schulze | Anna | Ulm | | |
| 6 | Müller | Andrea | Biberach | | |
| 9 | Winkler | Claus | Thalfingen | | |
| 10 | Hase | Hanna | Günzburg | | |
| 11 | Hahn | Isabelle | Senden | | |

**Merke:**

Inner-Join (auch Equi-Join, Natural Join): Abfragen über mehrere Tabellen, bei denen nur die Schnittmenge der Daten angezeigt wird.

Left-Join / Right Join (auch Left-Inner-Join und Right-Inner-Join): Außer der Schnittmenge wird auch der linke / rechte Bereich der Teilmengen eingeschlossen.

Outer-Join: schließt die Schnittmenge aus und zeigt nur die Datensätze an, die keine Einträge in der verbundenen Tabelle besitzen. Er wird in Access gebildet durch den Zusatz WHERE [`Feldname`] `IS NULL`.

## 6.3.12 Unterabfragen

Unterabfragen (Subqueries) benötigt man, wenn die Suchbedingung vom Ergebnis einer anderen Abfrage abhängig ist. Sie liefern nur solche Daten, die innerhalb des `WHERE`-Abschnittes zu einer logisch bewertbaren Bedingung führen, sonst erfolgt eine Fehlermeldung.

**Beispiel:**

Wir erstellen eine Abfrage, die den Namen des Kunden anzeigt, dessen Reservierung als nächstes fällig ist. Auch die Fahrradnummer und Bezeichnung des Fahrrades werden ausgegeben.

Zweckmäßig ist es, zunächst eine Abfrage zu bilden, die das nächste Reservierungsdatum liefert. Die Funktion `MIN(Ausleihdatum)` gibt das früheste gespeicherte Reservierungsdatum zurück, die WHERE-Bedingung `Ausleihdatum >= DATE()` schränkt dann auf das kleinste Datum ab heute ein.

Die Abfrage zur Suche des gewünschten Datumswertes, die anschließend als Unterabfrage dient, lautet somit:

```
SELECT MIN(Ausleihdatum)
FROM Reservierungen
WHERE Ausleihdatum >= Date();
```

Das Ergebnis dieser Abfrage stellt den Wert des kleinsten zukünftigen Ausleihdatums dar, z. B.

| **Unterabfrage** |
|---|
| 16.10.202X |

Nun muss der entsprechende Datensatz in der Tabelle `Reservierungen` durch die Bedingung `WHERE Ausleihdatum = [Subquery]` gesucht werden. Da Daten aus mehreren Tabellen ausgelesen werden, müssen die Tabellen `Kunden`, `Reservierungen` und `Fahrräder` über die notwendigen Equi-Joins miteinander in Beziehung gesetzt werden.

Die gesamte Abfrage lautet nun:

```
SELECT F.Fahrradnummer, F.Bezeichnung, Nachname, Ausleihdatum
FROM Fahrraeder AS F, Reservierungen AS R, Kunden AS K
WHERE K.KdNr = R.KdNr
     AND F.Fahrradnummer = R.FRadNr
     AND Ausleihdatum = (
               SELECT MIN(Ausleihdatum)
               FROM Reservierungen
               WHERE Ausleihdatum >= Date()
               );
```

Natural Joins

Subquery

Die Ausgabe lautet dann z. B.:

| **NaechsteAusleihe** | | | |
|---|---|---|---|
| **FNr** | **Bezeichnung** | **Name** | **Ausleihdatum** |
| 21 | StormRide | Winter | 16.10.202X |

**Hinweis:**

Das Ergebnis der Unterabfrage muss vom Datentyp mit dem Vergleichsfeld übereinstimmen. Auch darf eine Unterabfrage nur dann mehrere Ergebnisse liefern, wenn sie z. B. Bestandteil einer Bedingung mit dem `IN`-Operator ist und somit einer Feldliste entspricht.

Komplexe Abfragen sollten stets modular entwickelt werden. Dadurch werden Fehler rechtzeitig entdeckt und können leichter beseitigt werden.

**Beispiel:**

Alle Daten der Kunden, die in einem Ort der Fahrradhersteller wohnen, werden aufgelistet. Voraussetzung ist, dass zunächst eine Tabelle „Hersteller" mit den Daten der Fahrradhersteller erzeugt wird.)

```
SELECT *
FROM Kunden
WHERE Kunden.Ort IN
      (
         SELECT Hersteller.Ort
         FROM Hersteller
      );
```

# 6.4 Daten bearbeiten mit SQL

SQL bietet als Data Manipulation Language (DML) die Möglichkeit, Daten zu bearbeiten, indem neue Datensätze eingefügt, bestehende gelöscht oder geändert werden können.

## 6.4.1 Einfügen von Datensätzen

Um die Datenbestände entsprechend den laufenden Geschäftsprozessen zu aktualisieren, werden neue Daten hinzugefügt und überflüssige Daten gelöscht. Einfügen von Datensätzen geschieht in SQL mit der Schlüsselanweisung `INSERT`.

Die allgemeine Syntax der `INSERT`-Anweisung lautet:

```
INSERT INTO Tabelle (Feld1, Feld2, ...)
VALUES (Inhalt1, Inhalt2, ... );
```

```
INSERT INTO Tabelle (Feld1, Feld2, ...)
SELECT (Feld1, Feld2, ...) ...;
```

**Beispiel:**

Wir fügen mit einer SQL-Anweisung einen neuen Datensatz für das Tourenrad „Easygo" des Herstellers Stiegl und der Fahrradnummer 12 in die Fahrradtabelle ein.

**Lösung:**

```
INSERT INTO Fahrraeder (Fahrradnummer, Hersteller, Bezeichnung,
Art)
VALUES (12, ‚Stiegl', ‚Easygo', ‚Tourenrad');
```

**Hinweis:**

Die Reihenfolge der nach `INSERT` aufgelisteten Felder entspricht den nach `VALUES` aufgelisteten Werten. Der Datentyp der Felder muss gleich dem Datentyp des entsprechenden Wertes sein.

Werden die einzutragenden Daten aus einer bestehenden Tabelle ausgewählt, so wird eine `SELECT`-Anweisung eingebunden. Die Struktur der `INSERT`-Anweisung lautet dann:

**Beispiel:**

Fahrräder, die vor 2014 angeschafft wurden, sollen ausgemustert werden. Um die Daten nicht endgültig zu verlieren, benötigt man eine Anweisung, die zur Sicherung die Fahrraddaten in eine Tabelle `FahrraederAlt` einfügt.

```
INSERT INTO FahrraederAlt
SELECT *
FROM Fahrraeder
WHERE Anschaffungsdatum<#1/1/2014#;
```

Es wird eine Tabelle `FahrraederAlt` benötigt mit der gleichen Tabellenstruktur. Diese kann man mit einer CREATE TABLE-Anweisung erstellen oder die bestehende Tabelle `Fahrraeder` z. B. in Access kopieren, indem man im Kontextmenü erst `Kopieren` und dann `Einfügen` wählt. Dort wird die Option `Nur Struktur` markiert.

Im Beispiel werden über die SELECT-Anweisung alle Datensätze der Fahrräder gesucht, die vor 2004 angeschafft wurden, und anschließend in die neue Tabelle gespeichert.

**Hinweis:**

Datentypen und Namen der korrespondierenden Felder der beiden Tabellen müssen bei dieser Methode übereinstimmen.

**Beispiel:**

Mit einer INSERT-Anweisung sollen die Daten des neuen Kunden Fritz Kleidermann aus 70173 Stuttgart, Mantelstr. 128 und der Kundennummer Kd_Nr = 2658 eingefügt werden.

**Lösung:**

```
INSERT INTO Kunden (Kd_Nr, Nachname, Vorname, PLZ, Ort, Strasse)
VALUES (2658, 'Kleidermann', 'Fritz', 70173, 'Stuttgart', 'Man-
telstr. 128')
```

**Hinweis:**

Bei dieser Methode des Einfügens definierter Werte mit Hilfe des Schlüsselworts VALUES muss in jedes Feld, das wegen des Attributs NOT NULL nicht leer sein darf, ein Wert eingefügt werden.

### 6.4.2 Löschen von Datensätzen

Das Löschen der ausgelagerten Datensätze geschieht mit dem SQL-Befehl `DELETE`. Die allgemeine Syntax lautet:

```
DELETE Attributname/* FROM Tabelle
WHERE Bedingung;
```

**Beispiel:**

Eine SQL-Anweisung soll die Fahrräder, die vor 2014 angeschafft wurden, aus der Tabelle `Fahrraeder` löschen.

**Lösung:**

```
DELETE *
FROM Fahrraeder
WHERE Anschaffungsdatum < #1/1/2014#;
```

**Hinweis:**

Der Löschbefehl DELETE kann nicht mehr rückgängig gemacht werden. Deshalb ist es empfehlenswert, zunächst mit dem Befehl SELECT nach den zu löschenden Daten zu suchen. Nach Überprüfung werden die Daten gelöscht.

Empfehlenswert ist stets, eine Sicherungskopie der Daten aufzubewahren.

### 6.4.3 Aktualisieren von Daten

Zum Verändern von Feldinhalten dient der Aktualisierungsbefehl `UPDATE`, z. B. wenn viele Datensätze gleichsinnig geändert werden sollen.

Die allgemeine Syntax lautet:

```
UPDATE Tabelle
SET Attributname = Wert
WHERE Bedingung;
```

**Beispiel:**

Preisgruppen dienen im Beispiel der Datenbank `Faradiso` zur Zusammenfassung von Fahrrädern mit gleichem Verleihpreis.

Der Verleihpreis der Fahrräder, die vor 2016 angeschafft wurden, soll um eine Preisgruppe vermindert werden. Die Änderungen sollen in den betroffenen Datensätzen gespeichert werden.

**Lösung:**

```
UPDATE Fahrraeder
SET Preisgruppe = Preisgruppe - 1
WHERE YEAR(Anschaffungsdatum) < 2016;
```

Hier wird in allen Datensätzen der Tabelle `Fahrraeder`, die der `WHERE`-Bedingung entsprechen und vor dem Jahr 2016 angeschafft wurden, der Inhalt des Feldes `Preisgruppe` um 1 vermindert.

## 6.5 Konsistenz der Datenbank

Die **Konsistenz** einer Datenbank beschreibt die Korrektheit der internen Speicherungsstrukturen und der Zugriffspfade, um die Datenbestände stets widerspruchsfrei nutzen zu können.

Da Datenbanken in der Regel von mehreren Anwendern gleichzeitig verwaltet werden, können z. B. Löschvorgänge von Daten nicht mehr rückgängig gemacht werden. Denn nach der Löschung könnten sich weitere Anwender auf die inzwischen geänderten Datenbestände bereits verlassen haben. Durch diese Verhinderung des Rückgängigmachens werden somit Anomalien (logische Widersprüche) im Datenbestand verhindert, die Daten sind weiterhin konsistent (widerspruchsfrei).

**Beispiel:**

Die Datenbankstruktur muss sicherstellen, dass eine einmal gespeicherte Kundenadresse nicht einer weiteren Adressangabe dieses Kunden widerspricht. Sonst wäre das Zusenden einer Rechnung nicht mehr möglich.

Bereits bei der Planung einer Datenbank zu verhindernde Anomalien sind Löschanomalien, Änderungsanomalien und Einfügeanomalien.

**Löschanomalien** entstehen, wenn ein Datensatz gelöscht wird, auf dessen Primärschlüsselwert sich ein abhängiger Datensatz einer anderen Tabelle bezieht. Würde z. B. der Datensatz des Kunden mit der Kundennummer 15 gelöscht werden, so könnten Verleihdaten, die sich auf die Kundennummer 15 beziehen, nicht mehr zugeordnet werden.

**Änderungsanomalien** entstehen z. B. durch Mehrfachspeicherung von Daten. Werden die Daten (z. B. die Kundenadresse) in einer Tabelle geändert, so widersprechen sie den Daten in einer anderen Tabelle.

**Einfügeanomalien** entstehen dann, wenn nach dem Einfügen von Datensätzen Werte mehrfach in der Datenbank vorkommen und sich dadurch widersprechen.

Um **Anomalien** zu verhindern, werden bereits beim Entwurf der Datenbank die Beziehungen so festgelegt, dass Löschvorgänge überwacht werden.

Wird z. B. in der Tabelle `Fahrraeder` ein Fahrrad gelöscht, auf dessen Fahrradnummer ein Datensatz in der Verleihtabelle verweist, so sollen ebenfalls die Verleihdatensätze dieser Fahrradnummer gelöscht werden. Dies geschieht z. B. in Access durch Auswahl der Checkbox `Löschweitergabe an verwandte Datensätze` im Fenster `Beziehungen bearbeiten`:

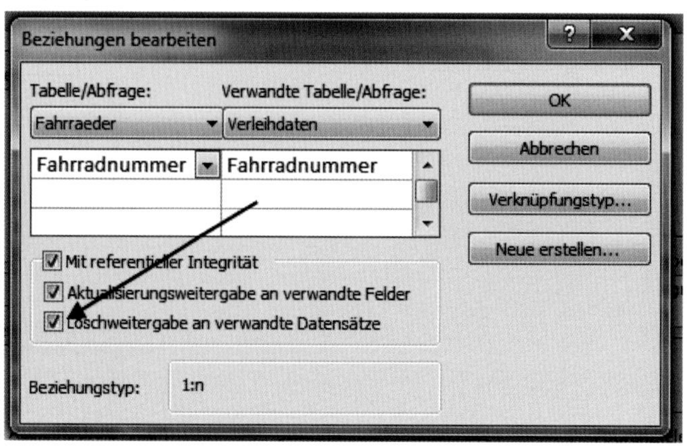

## 6.6 Transaktionen

Datenbanken müssen zu jedem Zeitpunkt, auch nach einem Hardware- oder Softwarefehler, konsistent sein. Bei einer Überweisung zwischen Konten zweier Banken darf die Überweisung nur dann gültig sein, wenn das Konto A um den Betrag vermindert worden ist und dem Konto B dieser Betrag gutgeschrieben worden ist.

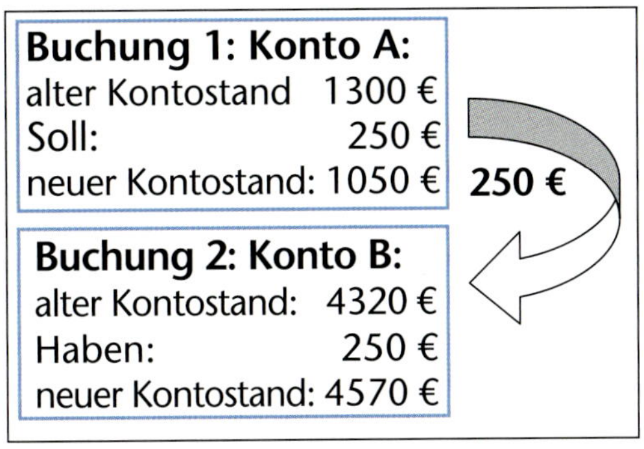


Erfolgt nach der Buchung 1 ein Stromausfall, so wären die Kontostände nicht mehr konsistent, da der Kontostand A bereits um 250 € vermindert, der Kontostand B aber noch nicht erhöht wurde.

Um sicher zu gehen, dass die Überweisung vollständig durchgeführt wird, werden die beiden Buchungen in Form einer Transaktion ausgeführt.

**Definition:**

Unter einer **Transaktion** versteht man eine Folge von SQL-Anweisungen, die logisch zusammengehören und den Datenbestand konsistent erhalten.

**Hinweis:**

Beim Ausführen einer Transaktion muss sichergestellt werden, dass die Transaktion entweder komplett ausgeführt wird oder im Fehlerfall völlig rückgängig gemacht wird.

Nachfolgende Anweisungen werden nur dann ausgeführt, wenn die vorhergehenden erfolgreich durchgeführt wurden.

Um Datenbestände immer gültig zu erhalten, wird in einzelnen Schritten vorgegangen:

| Schritte | Aufgabe |
|---|---|
| 1. Lesen der Daten | Die Daten werden vom Speichermedium eingelesen. |
| 2. Merken der bisherigen Daten | Die zu ändernden Daten werden in die Logdatei geschrieben (Before-Image). |
| 3. Ändern der Daten | Ändern der Daten im Arbeitsspeicher, Sperren dieser Einträge für andere Benutzer (Datensatz loggen). |
| 4. Merken der geänderten Daten | Die geänderten Daten werden in die Logdatei geschrieben (After-Image). |
| 5. Transaktionsende mit `COMMIT` (= Bestätigung) | Schreiben aller Images und Metadaten in die Logdatei. Transaktionsende in der Logdatei vermerken. Sperren freigeben. |
| 6. Transaktionsende mit `ROLLBACK` (= zurückdrehen) | Rücksetzen der Metadaten der Transaktion. Geänderte Daten, die bereits in die Datenbank geschrieben wurden, werden für ungültig erklärt. Sperren freigeben. |
| 7. Änderungen speichern | Die geänderten Daten werden in die Datenbank geschrieben. |

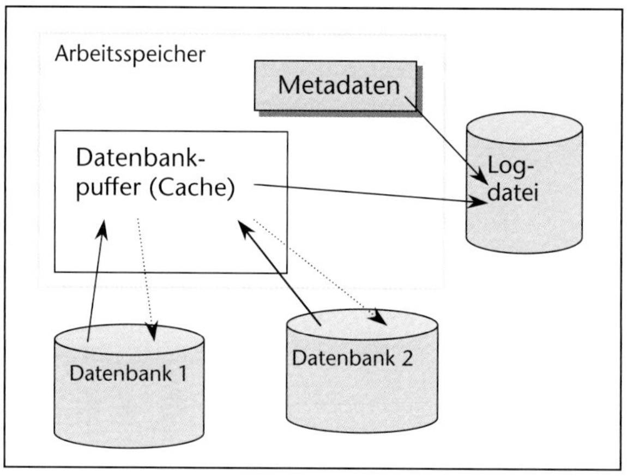


Zunächst werden die Daten gelesen, also der Kontostand A mit 1300 €. Die noch nicht geänderten Daten werden nun als Before-Image (= Abbild vor der Änderung) zur Sicherung in die Logdatei geschrieben. Dies ist eine nichtflüchtige Datei innerhalb des Datenbanksystems.

Jetzt werden die Änderungen der Daten im Arbeitsspeicher mit den notwendigen Befehlen (`UPDATE`, `DELETE`, `INSERT`) durchgeführt. Dabei entstehen Metadaten (= vorläufige geänderte Daten), die für andere Benutzer gesperrt sind. Der Kontostand A wird also mit Update um 250 € auf 1050 € vermindert. Dieser geänderte Kontostand wird innerhalb der Logdatei als After-Image (= Abbild nach der Änderung) gesichert.

Die entsprechenden Vorgänge müssen nun mit dem Kontostand B durchgeführt werden. Die neuen Daten stehen somit als After-Image in der Logdatei zur Verfügung.

Ist bisher kein Fehler aufgetreten, so wird mit dem Befehl `COMMIT` das Ende der Transaktion in der Logdatei vermerkt. Sperren werden freigegeben. Anschließend werden die Metadaten in die Datenbank geschrieben.

Ist vor dem `COMMIT`-Befehl ein Fehler aufgetreten, so wird mit der Anweisung `ROLLBACK` die gesamte Transaktion mit allen Metadaten zurückgesetzt. Die bisherigen Daten sind noch in den Before-Images innerhalb der Logdatei gesichert. Da bei einem Ende einer Transaktion ein Vermerk in die Logdatei geschrieben wird, kann bei einem Systemabsturz jederzeit erkannt werden, welche Änderungen zu einer bereits beendeten Transaktion gehören.

Wird die Logdatei nicht auf demselben Speichermedium angelegt, auf dem sich auch die Datenbank befindet, so ist es sehr unwahrscheinlich, dass beide Datenbestände, Logdatei und Datenbank, gleichzeitig zerstört werden. Deshalb kann mithilfe der letzten Sicherung und der inzwischen weitergeführten Logdatei der Datenbestand jederzeit wiederhergestellt werden, um wieder einen konsistenten Datenbestand zu erhalten.

## 6.7 Aufgaben zu Kapitel 6

**Aufgabe 1**

Für eine Arztpraxis soll eine Datenbank entworfen werden mit folgenden Forderungen:

- Es sollen die einzelnen Behandlungen der Patienten verwaltet werden. Dafür sind das Datum sowie die Diagnose und evtl. Bemerkungen zu speichern.
- Jeder Patient ist in genau einer Krankenversicherung Mitglied. Privat Versicherte brauchen nicht berücksichtigt zu werden.
- Leistungen (wie Blutabnahme, Blutdruckkontrolle, Laboruntersuchungen, eingehende Untersuchung, Überweisung, Krankheitsbescheinigung, Rezeptausstellung) werden direkt in der Praxis durchgeführt. Hier werden zuweilen pro Behandlungstermin mehrere erbracht. Die Leistungen sind laut einem Katalog mit Nummer, Bezeichnung der Leistung und dem Preis zu erfassen.
- Bei Verschreibungen sollen die Daten des verschriebenen Medikaments, der Hersteller, sowie der Preis und der Hauptwirkstoff nachvollziehbar sein.
- Für jeden Patienten sollen die Kosten jeder Behandlung einschließlich der erbrachten Leistungen abrufbar sein. (Mögliche Kostensteigerungen brauchen aber nicht vorgesehen werden.)

Entwerfen Sie eine geeignete Datenbank.

Erstellen Sie auch die notwendigen Beziehungen.

**Aufgabe 2**

Für die Lohnabrechnung der Bediensteten in der Arztpraxis dient die folgende Erweiterung der Datenbank „Arztpraxis".

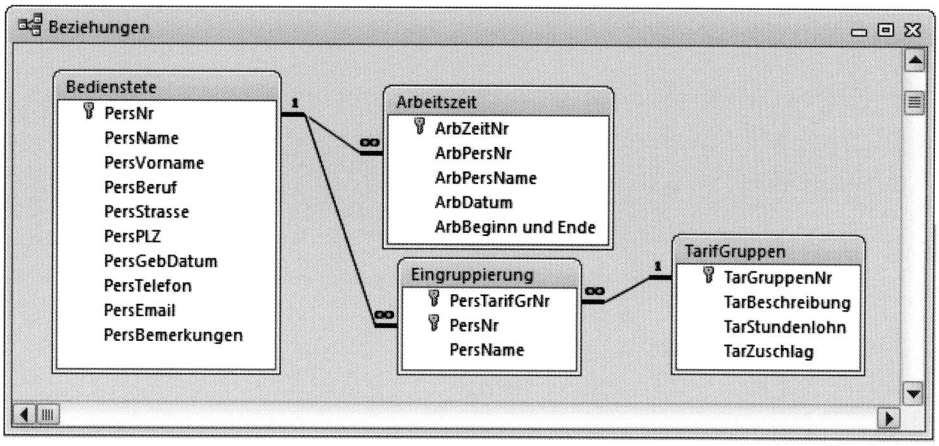


a) In welchen Punkten verstößt dieser Entwurf gegen die Normalisierungsregeln der ersten, zweiten und dritten Normalform? Machen Sie jeweils Vorschläge zur Vermeidung der Verstöße.

Erstellen Sie SQL-Abfragen, die folgende Aufgaben erfüllen:

b) Es sollen alle Bediensteten aus dem Postleitzahlbereich 46*** ausgegeben werden.

c) Wie viele Bedienstete sind in der Arztpraxis beschäftigt?

d) Welche Personen haben am 23.12.2015 Dienst getan?

**Aufgabe 3**

In einem Unternehmen soll eine Projektverwaltung mithilfe einer Datenbank erstellt werden. Jeder Mitarbeiter muss sich mit einem Passwort anmelden.

Dieses ist in einer Tabelle gespeichert. Für jedes Projekt soll der Name, sowie das Start-, das Endedatum und der Projektleiter gespeichert werden.

Für jedes Projekt wird ein Mitarbeiter als Projektleiter ausgewählt.

Es soll möglich sein für jeden Mitarbeiter die Arbeitszeit (Dauer in Stunden) und eine Beschreibung der ausgeführten Arbeiten zu erfassen, die dieser an einem bestimmten Tag für ein bestimmtes Projekt erledigt hat.

a) Stellen Sie die Beziehungen der Tabellen grafisch mit einem erweiterten ER-Diagramm dar und geben Sie den jeweiligen Beziehungstyp zwischen den einzelnen Tabellen an.

b) Wie viele Mitarbeiter sind in den einzelnen Projekten beschäftigt? Erstellen Sie eine SQL-Abfrage, die die Projektnummern und den Namen sowie die Anzahl der Mitarbeiter ausgibt.

**Aufgabe 4**

Gegeben sind die folgenden Relationen (Tabellen) einer Datenbank eines Mobilfunkanbieters.

| Kunden | Verträge | Gespräche | Tarife |
|---|---|---|---|
| kd_nr | vertr_nr | gesp_nr | tarif_nr |
| kd_name | vertr_kd_nr | gesp_vertr_nr | tarif_minutenbetrag |
| kd_vorname | vertr_art | gesp_zielnummer | |
| kd_strasse | vertr_beginn | gesp_datum | |
| kd_plz | vertr_ende | gesp_beginn | |
| kd_gebdatum | vertr_grundpreis | gesp_dauer (in min) | |
| | | gesp_tarif_nr | |

Erstellen Sie SQL-Abfragen, die folgende Aufgaben erfüllen:

a) Welcher Kunde hat das Gespräch Nr.34890 geführt?

b) Es sollen alle Gespräche mit Beginn und Dauer sowie der Tarif und der jeweilige Gesprächspreis angezeigt werden, die der Kunde Hermann Maier am 25.03.2015 geführt hat.

c) Welcher Vertrag (Ausgabe mit Name des Kunden) endet als nächstes?

d) Die Anzahl der Gespräche der einzelnen Kunden sind gesucht.

e) Was bewirkt die SQL-Anweisung „HAVING ..." (mit Beispiel)?

**Aufgabe 5:**

Eine Gemeinschaftspraxis von Ärztinnen und Ärzten bietet ihren Patienten an, Arzttermine online zu vereinbaren. Dazu wird eine Datenbank entworfen, die u. a. folgende Relationen enthält:

Arzt (ArztID, Name, Spezialgebiet, TelNr)

Termin (TerminID, ArztID, Datum, Anfangszeit, Endzeit, PatientID)

Patient (PatientID, Name, GebDatum)

a) Kennzeichen Sie die Primärschlüsselfelder und die Fremdschlüsselfelder.

b) Der Arzthelfer möchte eine Liste aller Patiententermine von Dr. Gallenbitter für den heutigen Tag in zeitlicher Reihenfolge anzeigen lassen.
Formulieren Sie eine SQL-Abfrage für die erwünschte Liste.

c) Für Dr. Müller (ArztID=2) soll am 17. Juni um 16:30 ein 20-Minuten-Termin für den Patienten Peter Piercing (PatinetID=27) eingetragen werden.
Erstellen Sie eine SQL-Anweisung, die diesen Datensatz anfügt.
(Die TerminID wird vom Datenbank-Management-System automatisch vergeben.)

## 6.8 Digitale Inhalte zu Kapitel 6

Hinweis: Um die Aufgaben online zu bearbeiten, bitte den QR-Code scannen oder den Link eingeben.

Aufgabe 1
Spielen Sie selbst oder im Klassenverband das Kahoot!-Quiz mit dem Titel „Datenbanken 36087 Kapitel 6 SQL"

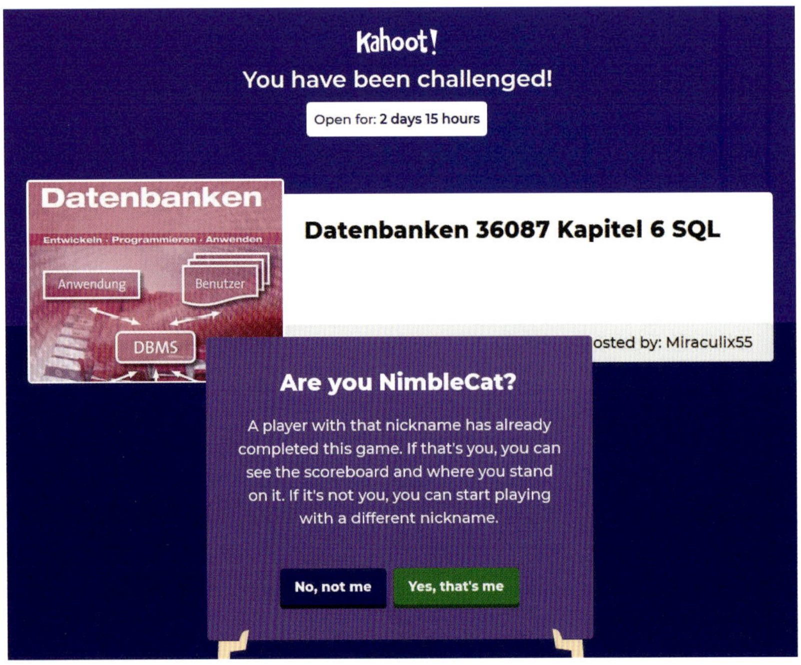


Quelle: Kahoot-App oder www.kahoot.com

Aufgabe 2
Suchen Sie im Wortgitter Fachbegriffe zu SQL
https://vel.plus/rJYI

| | | | | | | | | | | | | | | | |
|---|---|---|---|---|---|---|---|---|---|---|---|---|---|---|---|
| B | L | Q | K | D | H | Ö | O | Z | A | A | I | U | K | Z | N |
| O | Z | J | B | P | D | R | S | X | Y | G | H | M | Y | Q | Z |
| N | U | G | Z | Ü | W | H | G | F | B | G | G | B | J | C | M |
| K | L | T | Ö | E | J | Y | L | U | O | R | R | H | C | T | V |
| I | P | Ä | C | G | H | E | Q | Ä | O | E | Z | I | H | E | Ä |
| C | J | S | O | I | I | S | W | F | D | G | S | T | M | W | P |
| T | C | O | A | M | A | F | Z | R | S | A | Q | Ä | P | Ä | K |
| H | O | G | V | L | Y | H | O | W | L | T | R | Y | P | G | Ö |
| Ö | Ü | X | Ü | H | I | Ü | J | U | S | F | K | Ä | L | V | P |
| S | X | Z | F | Y | D | W | J | Ä | Ä | U | R | W | L | Ö | G |
| K | A | Ü | W | Z | D | H | T | S | X | N | F | S | G | Q | I |
| U | R | I | D | B | F | K | F | Q | G | K | E | Y | Y | S | G |
| A | R | A | Z | I | J | H | G | A | R | T | U | Ä | Ü | D | R |
| U | C | N | D | J | P | E | P | N | U | I | S | T | C | N | X |
| H | R | R | S | F | U | Ü | P | Ä | P | O | Z | X | Ä | N | U |
| O | E | D | Q | A | Q | J | R | Z | P | N | G | O | P | F | S |
| P | A | U | B | C | Ä | O | H | P | I | E | G | S | A | J | T |

1. ________________
Auswahlabfragen
2. ________________
zwischen
3. ________________
... verhindert Duplikate
4. ________________
korrekte Datenstrukturen
5. ________________
Bedingungen
6. ________________
logische Abfolge von Datenänderungen
7. ________________
Zusammenfassen von Daten
8. ________________
Widersprüche durch Löschen von Daten
9. ________________
Logische Verknüpfungen von Tabellen

Aufgabe 3
Bilden Sie Paare aus den Fachbegriffen.
https://vel.plus/id4t

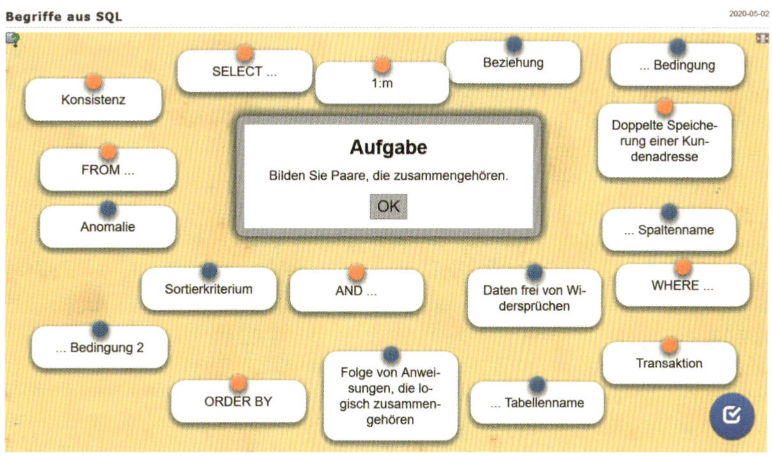


Aufgabe 4
Suchen Sie Begriffe zu SQL aus einem Wortgitter.
https://vel.plus/wROh

| | | | | | | | | | | | | | | |
|---|---|---|---|---|---|---|---|---|---|---|---|---|---|---|
| E | L | V | Ä | E | Y | X | C | A | M | P | W | S | R | J |
| M | T | D | D | I | M | T | N | L | H | B | F | Q | Ä | Ö |
| V | V | H | A | V | I | N | G | T | E | B | T | S | Ö | B |
| A | U | E | Ü | W | H | E | R | E | L | J | U | J | Ü | C |
| S | K | I | X | R | C | Ü | O | R | D | E | R | _ | B | Y |
| J | Z | Q | Ö | L | Z | S | U | H | K | L | S | E | T | O |
| O | E | X | W | K | T | U | P | D | A | T | E | S | D | Y |
| I | R | Ä | S | O | A | Y | _ | R | Ü | X | L | V | D | Q |
| N | D | K | L | Q | I | Y | B | E | T | W | E | E | N | L |
| S | U | B | Q | U | E | R | Y | Ö | E | I | C | R | Z | Ä |
| Ä | Y | D | Ö | Ü | A | Ä | K | J | O | X | T | O | D | Ü |

1. ________
Gruppierung (2 Worte)
2. ________
Bedingung für einen Datensatz
3. ________
Aktualisierungsabfrage
4. ________
Unterabfrage
5. ________
Bedingung für Gruppierungen
6. ________
Änderungsabfrage
7. ________
Abfrage eines Bereiches
8. ________
Auswahlabfrage
9. ________
Sortierung (2 Worte)
10. ________
Verknüpfungen von Tabellen

# 7 LibreOffice Base

## 7.1 Datenbank erstellen

Mit LibreOffice Base können Datenbanken erstellt und verwaltet werden.

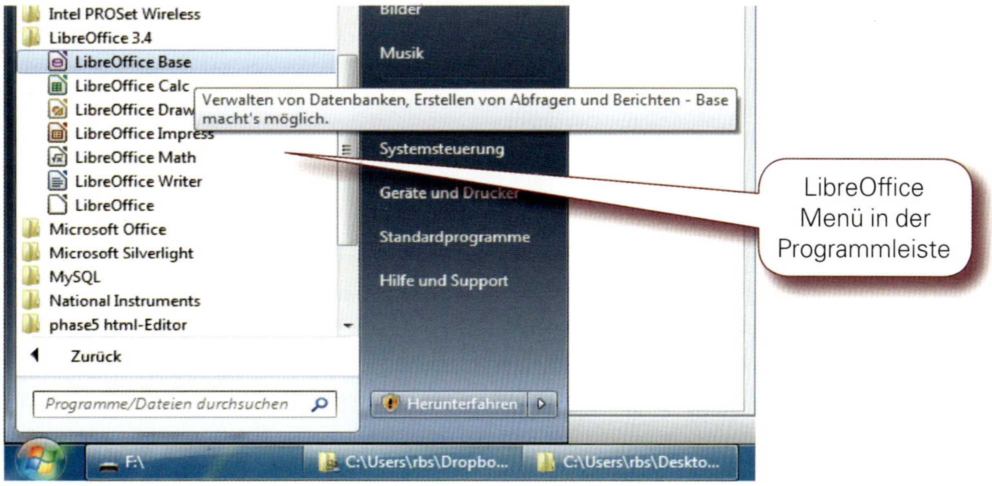


Beim Start von LibreOffice Base wird der **Datenbank-Assistent** gestartet. Im Fenster Datenbank-Assistent wird ausgewählt, ob:

- eine neue Datenbank erstellt werden soll,
- eine bestehende Datenbank geöffnet werden soll oder
- eine Verbindung zu einer bestehenden Datenbank hergestellt werden soll.

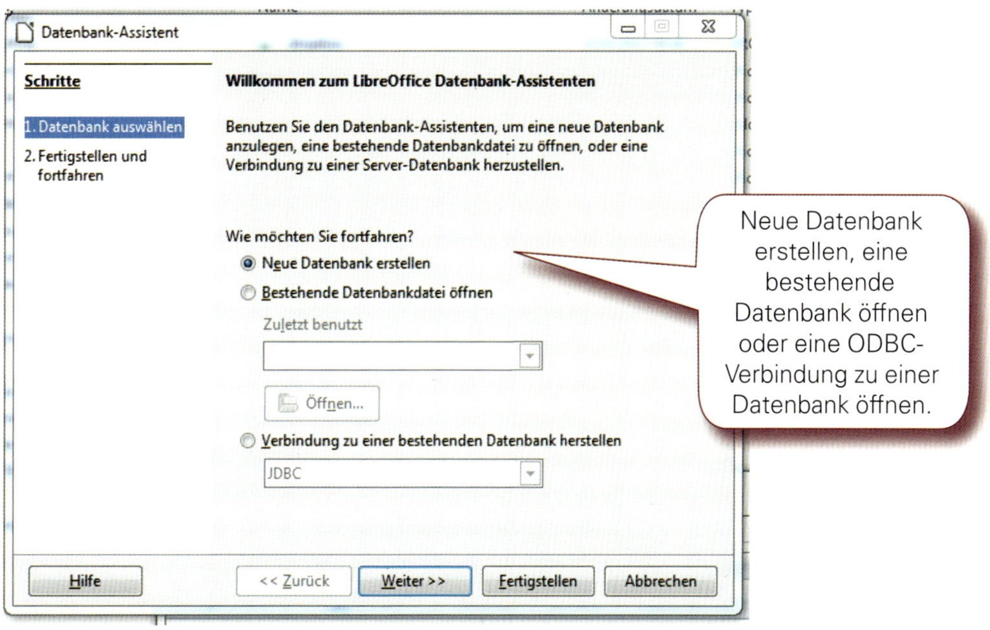


Nach Auswahl von `Neue Datenbank erstellen` und Anklicken von `Weiter` gelangt man zum 2. Auswahlfenster `Fertigstellen und fortfahren`.

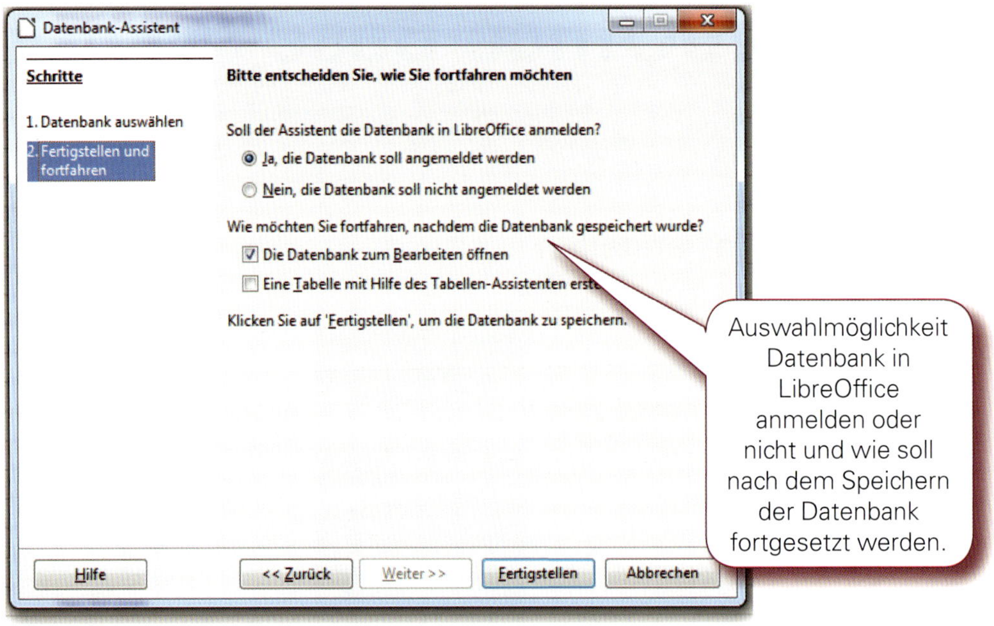


Nach Anklicken von `Fertigstellen` wird der Name der Datenbank und deren Speicherort festgelegt. Im vorliegenden Beispiel wird die Datenbank mit dem Dateinamen `kunden` bezeichnet. Der Standard-Dateityp einer ODF Datenbank ist **odb** von **open database**.

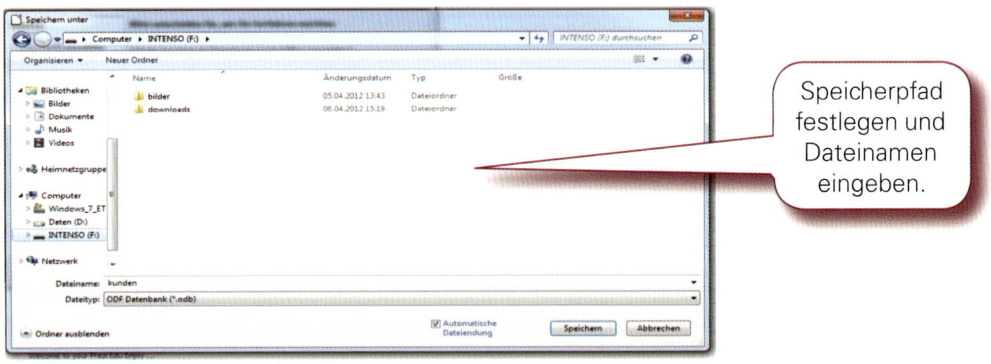


Im Datenbankfenster befindet sich links der Bereich `Datenbank` mit den Auswahlicons `Tabellen`, `Abfragen`, `Formulare` und `Berichte`. Im rechten Bereich unter Aufgaben stehen die Menüpunkte `Tabelle in der Entwurfsansicht erstellen...`, `Tabelle unter Verwendung des Assistenten erstellen...` und `Ansicht erstellen...` zur Auswahl. Durch Anklicken des Icons mit dem Rettungsring startet bei bestehender Internetverbindung die Online-Hilfe.

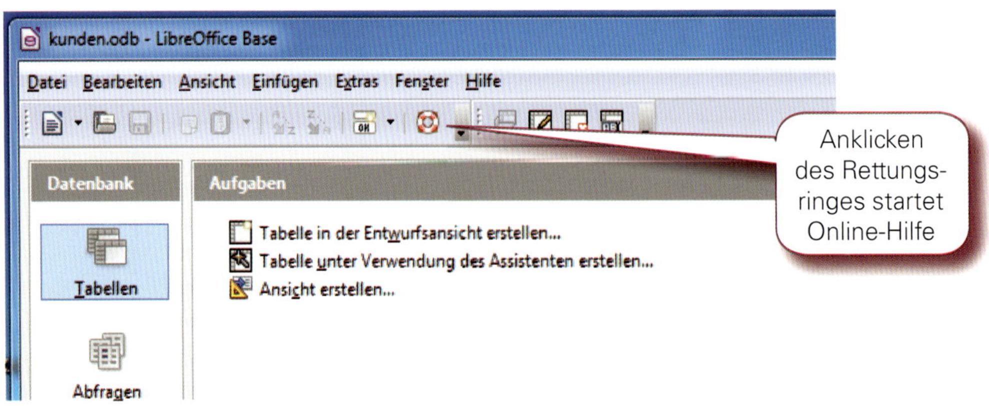

Durch Anklicken von `Tabelle in der Entwurfsansicht erstellen`... startet die **Entwurfsansicht,** in der nun die Struktur der Tabelle, d. h. die **Feldnamen** für die Attribute, der **Feldtyp** für den Datentyp und optional eine **Beschreibung** erstellt werden.

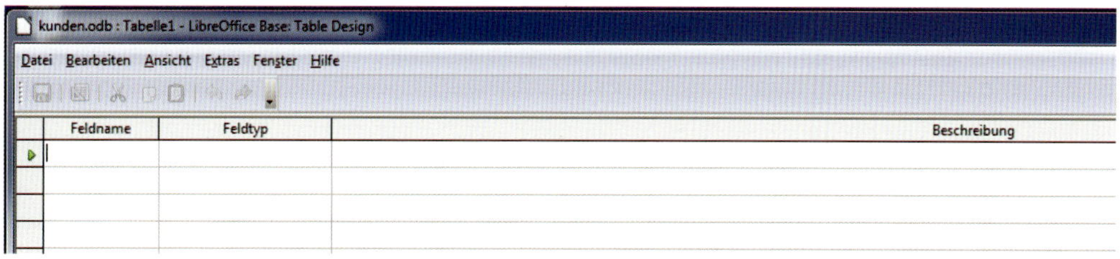


Nach Eingabe des Feldnamens (z. B. `plz`) kann unter Feldtyp mithilfe eines Pulldown-Menüs aus zahlreichen Datentypen ausgewählt werden.

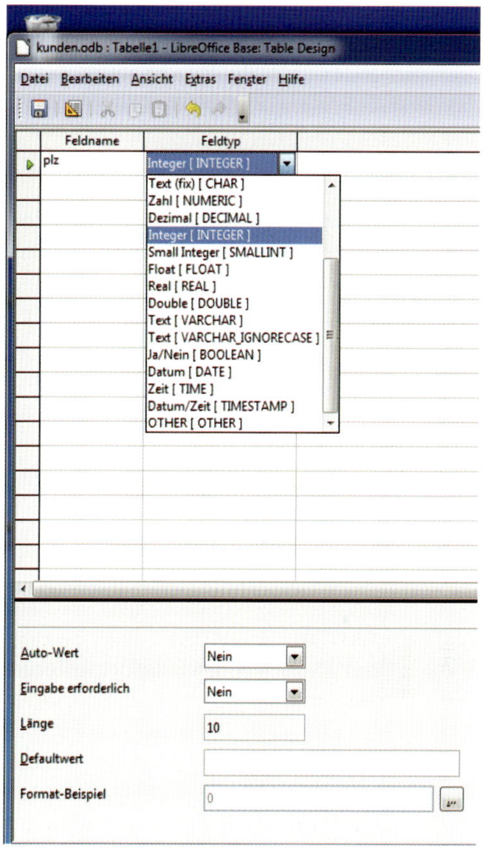


Als Datentypen stehen folgende Auswahlmöglichkeiten zur Verfügung:

### Numerische Felder

#### Ganzzahlen

Tiny Integer [ TINYINT ], 1-Byte Ganzzahl im Wertebereich von -128 bis 127, bezeichnet auch als *Byte.*

Small Integer [ SMALLINT ], 2-Byte Ganzzahl im Wertebereich von -32.768 bis 32.767, bezeichnet auch als *Integer.*

Integer [ INTEGER ], 4-Byte Ganzzahl im Wertebereich von -2.147.483.648 bis 2.147.483.647, bezeichnet auch als *Long Integer.*

BigInt [ BIGINT ], 8-Byte Ganzzahl im Wertebereich von +/- 9,2 Trillionen, von proprietären Datenbankprogrammen häufig nicht unterstützt.

#### Dezimalbruchzahlen

Decimal [ DECIMAL ], Dezimalbruchzahl mit bis zu 10 Stellen, Nachkommaergebnisse werden auf die festgelegte Anzahl der Nachkommastellen kaufmännisch gerundet, insbesondere für Währungsbeträge zu verwenden, bezeichnet auch als *Währung.*

Zahl [ NUMERIC ], Dezimalbruchzahl mit 646.456.993 Stellen und 32.767 Nachkommastellen, insbesondere für größere Währungsbeträge zu verwenden.

#### Fließkommazahlen

Float [ FLOAT ], Fließkommazahl, ermöglicht die Angabe der Stellen (17) und der Nachkommastellen.

Real [ REAL ], 4-Byte Fließkommazahl im Wertebereich von +/- 3,4E38 bis -1,40E-45, bezeichnet auch als *Single.*

Double [ DOUBLE ], 8-Byte Fließkommazahl im Wertebereich von +/- 1,80E308 bis 4,94E-324, bezeichnet auch als *Double.*

### Textfelder

Text [ VARCHAR ], Text mit bis zu 65.534 Zeichen, bezeichnet auch als *Text.*

Text [ VARCHAR_IGNORE_CASE ], Text mit bis zu 65.534 Zeichen, bei Vergleichen wird nicht zwischen Groß- und Kleinschreibung unterschieden.

Text (fix) [ CHAR ], Text mit fester Länge bis zu 65.534 Zeichen, die Eingabe wird bis zur Vorgabe mit Leerzeichen aufgefüllt.

Memo [ LONGVARCHAR ], kann bis zu 2 Gigabyte Zeichen speichern, bezeichnet auch als *Memo.*

Wenn die Anzahl der genutzten Zeichen bekannt ist, sollten Textfelder mit begrenzter Länge verwendet werden.

**Sonstige Felder**

| Datenfelder | Binäre Felder |
| --- | --- |
| Ja/Nein [ BOOLEAN ], Wahrheitswerte | Binärdaten sind beispielsweise Bilder oder Audiodaten und können nicht durch die Datenbank verarbeitet werden. |
| Datum [ DATE ], Datumsangaben | Binärfeld [ VARBINARY ], 2 Gigabyte |
| Zeit [ TIME ], Zeitangaben | Binärfeld (fix) [ BINARY ], 2 Gigabyte |
| Datum/Zeit [ TIMESTAMP ] | Bild [ LONGVARBINARY ], 2 Gigabyte |
| Datums- und Zeitangaben. | Other [ OTHER ], sollte nur für die Speicherung von Java-Objekten genutzt werden. |

Im unteren Bereich des Fensters können zu jedem Attribut (Feldname) weitere Eigenschaften festgelegt werden. So kann z. B. ein `Auto-Wert`, `Eingabe erforderlich` (entspricht `NN=NOT NULL`), eine maximale `Länge`, ein `Defaultwert` und eine Formatierung anhand eines `Format-Beispiels` festgelegt werden.

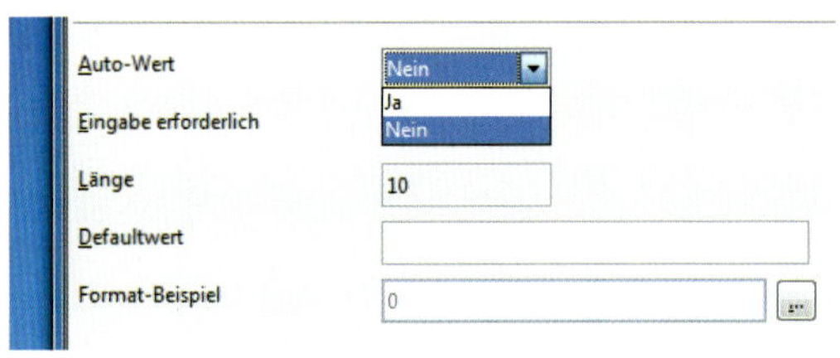


Unter `Format-Beispiel` kann durch Anklicken des `Schalters` ... aus vorgefertigten **Feldformatierungen** ausgewählt werden. Formatvorschläge werden unter `Kategorie` ausgewählt, unter `Format` werden vorgefertigte Formate angeboten. Weitergehende Feldformatierungen können unter `Optionen` gewählt werden. Es können auch eigene Formate erstellt werden.

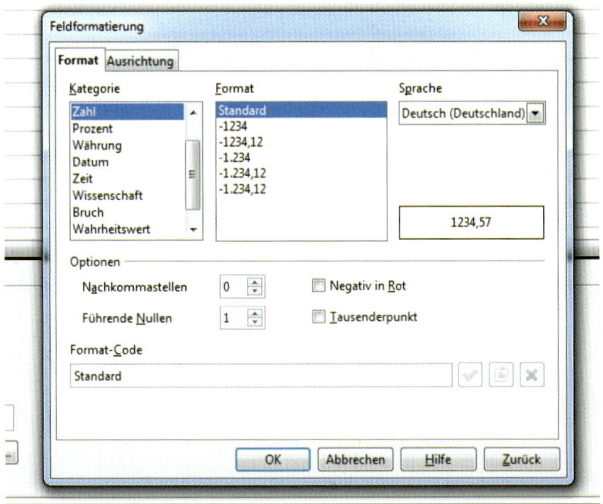


Durch Anklicken der Feldzeile mit der rechten Maustaste kann im **Kontextmenü** u. A. die Eigenschaft `Primärschlüssel` (`Primary Key`) ausgewählt werden. Wird kein Primärschlüsselfeld festgelegt, dann fragt die Datenbank-Software nach, ob ein neues Feld als Primärschlüssel erstellt werden soll.

Als letzter Schritt wird die Tabelle unter dem Namen `orte` in der Datenbank abgespeichert.

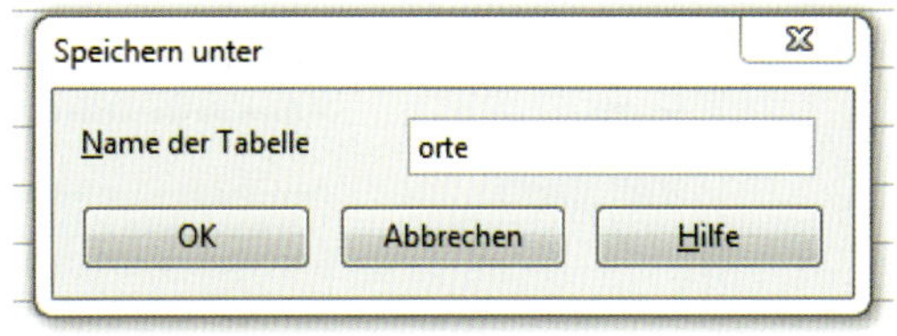


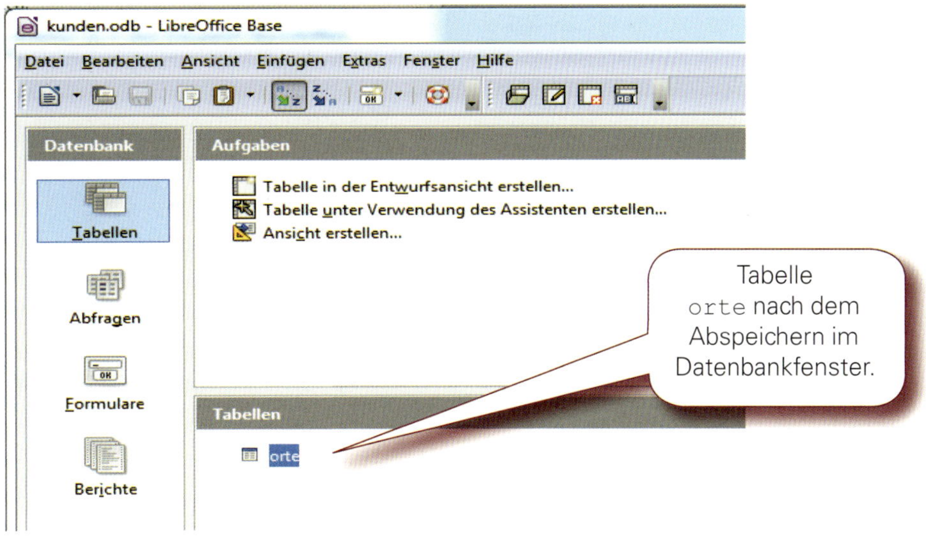


Wird eine beliebige Tabelle mit der rechten Maustaste angeklickt, so kann man im Kontextmenü unter `Bearbeiten` diese erneut in der Entwurfsansicht öffnen und entsprechend ändern.

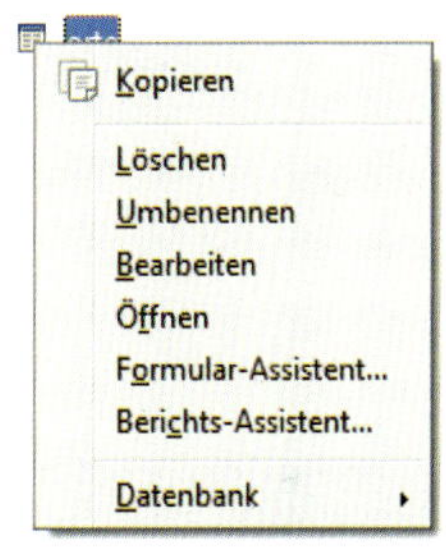


Der Tabelle `orte` wird als weiteres Attribut zusätzlich zur `plz` noch ein Textfeld mit dem Feldnamen `ortname` eingefügt. Mit Anklicken des Icons `Speichern` wird der Entwurf abgeschlossen.

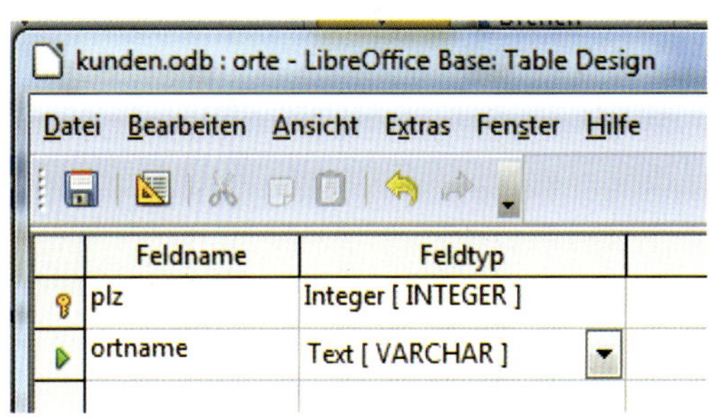


Eine neue Tabelle `kunden` soll nun unter Verwendung des **Tabellenerstellungs-Assistenten** erstellt werden.

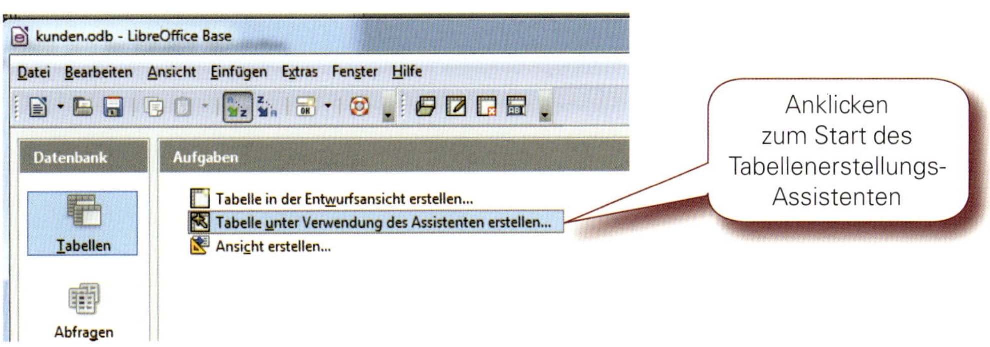


Anhand von 4 Schritten wird nun eine Tabelle mithilfe des Assistenten erstellt.

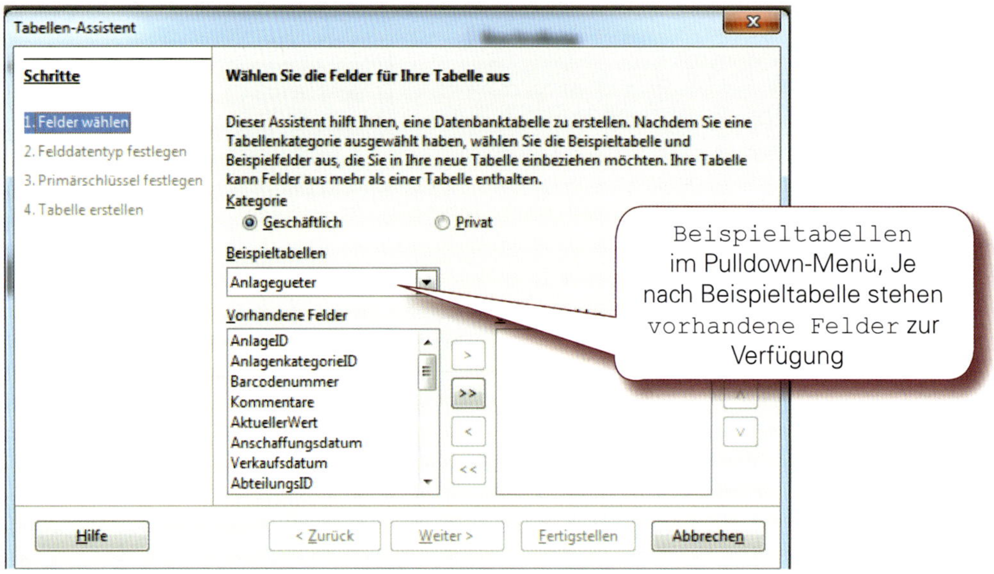


In den beiden Kategorien `Geschäftlich` und `Privat`, die durch Auswahlbuttons aktiviert werden, stehen zahlreiche Vorlagen mit möglichen Feldnamen zur Verfügung. Im Pulldown-Menü von Beispieltabellen wird nun `Kunden` ausgewählt.

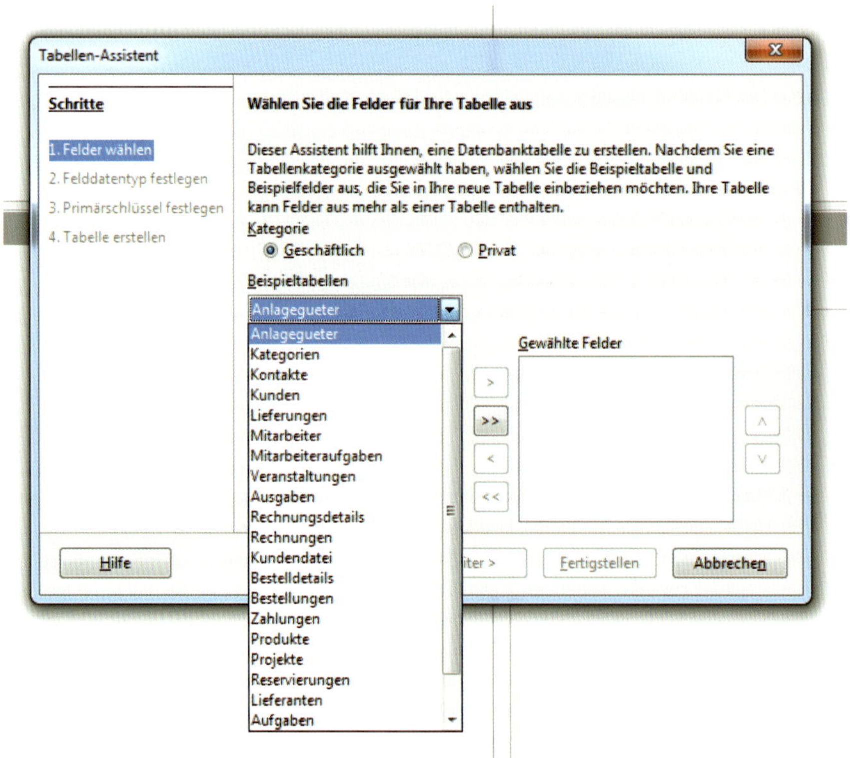


Der **Tabellen-Assistent** bietet mögliche Felder an, die sich für die gewählte Tabelle eignen. Die Felder werden durch Doppelklick oder durch Anklicken und anschließendem Klick auf die Einfachpfeiltaste gewählt und erscheinen im rechten Fenster. Alle vorgeschlagenen Felder können mit der Doppelpfeiltaste in die gewählten Felder verschoben werden.

Wie oben beschrieben, werden nacheinander die Felder `Adresse`, `KundenID`, `Vorname`, `Nachname`, `Postleitzahl` und `Telefonnummer` ausgewählt. Durch Anklicken von `Weiter` gelangt man zum Bildschirm `2. Felddatentyp festlegen`.

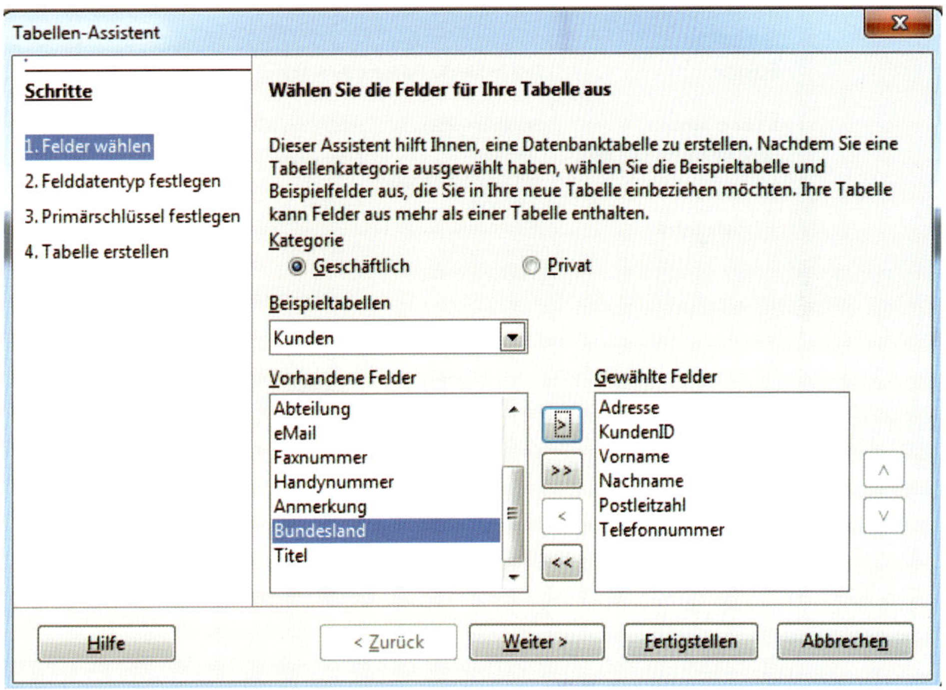


Es können nun für jedes Attribut (Feldname) der `Felddatentyp`, `Eingabe erforderlich J/N` (entspricht NN Not Null) und eine individuelle `Feldlänge` festgelegt werden.

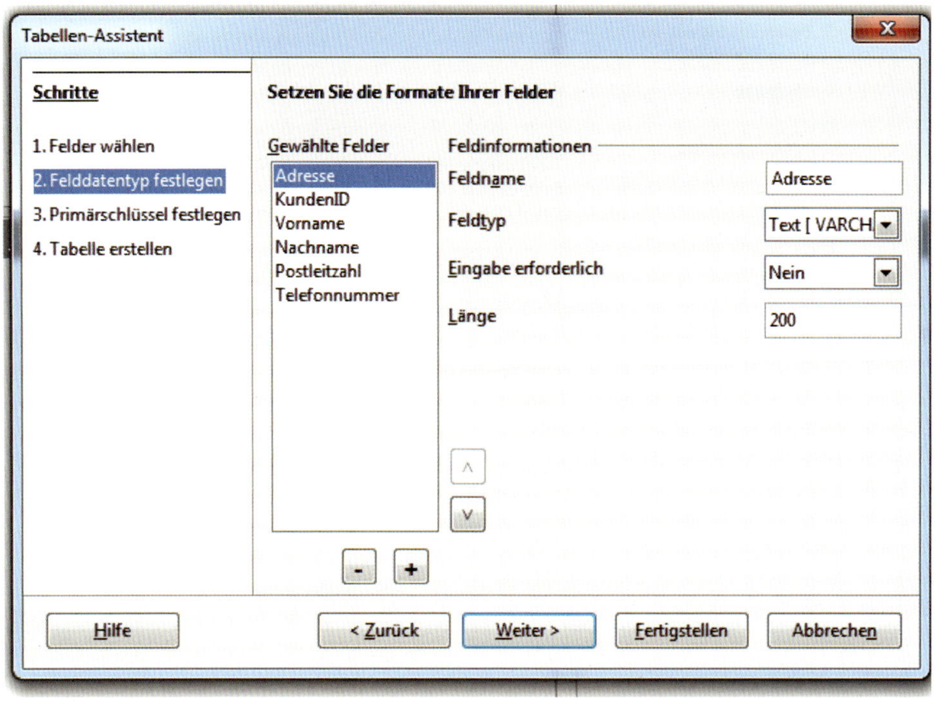


Es kann nun z. B. das Feld `KundenID` auf `Eingabe erforderlich` gesetzt werden, dies kann man aber auch im Fenster `3. Primärschlüssel festlegen` erledigen.

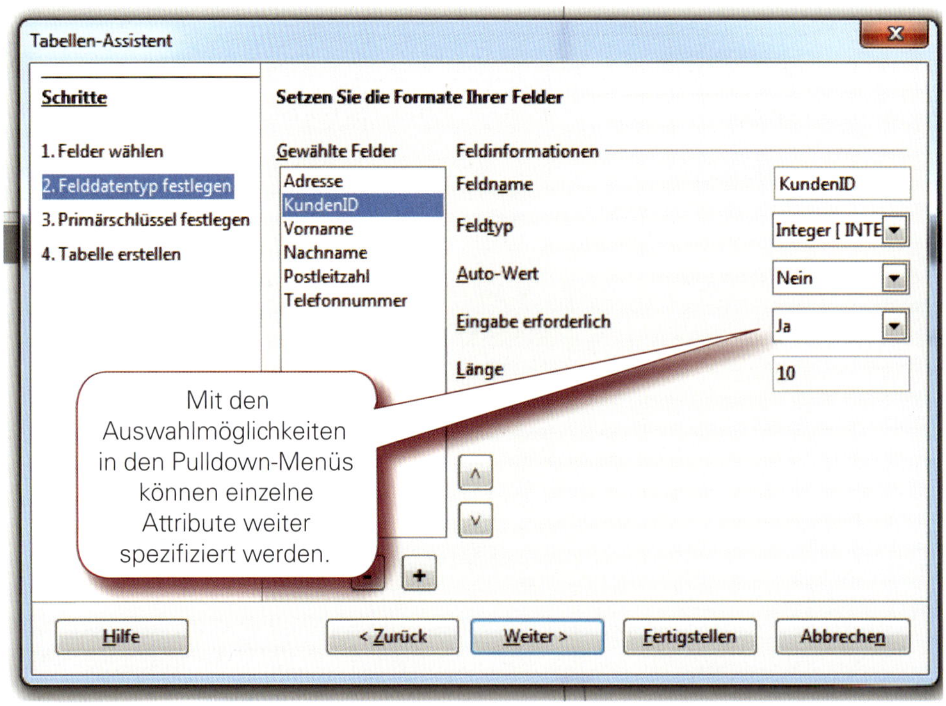


Unter `e. Primärschlüssel festlegen` wird ein Feld als Primärschlüssel festgelegt. Dieser kann:

1. optional als Autowert automatisch hinzugefügt werden,
2. als bestehendes Feld ausgewählt werden, oder
3. durch mehrere Felder als zusammengesetzter Primärschlüssel erstellt werden.

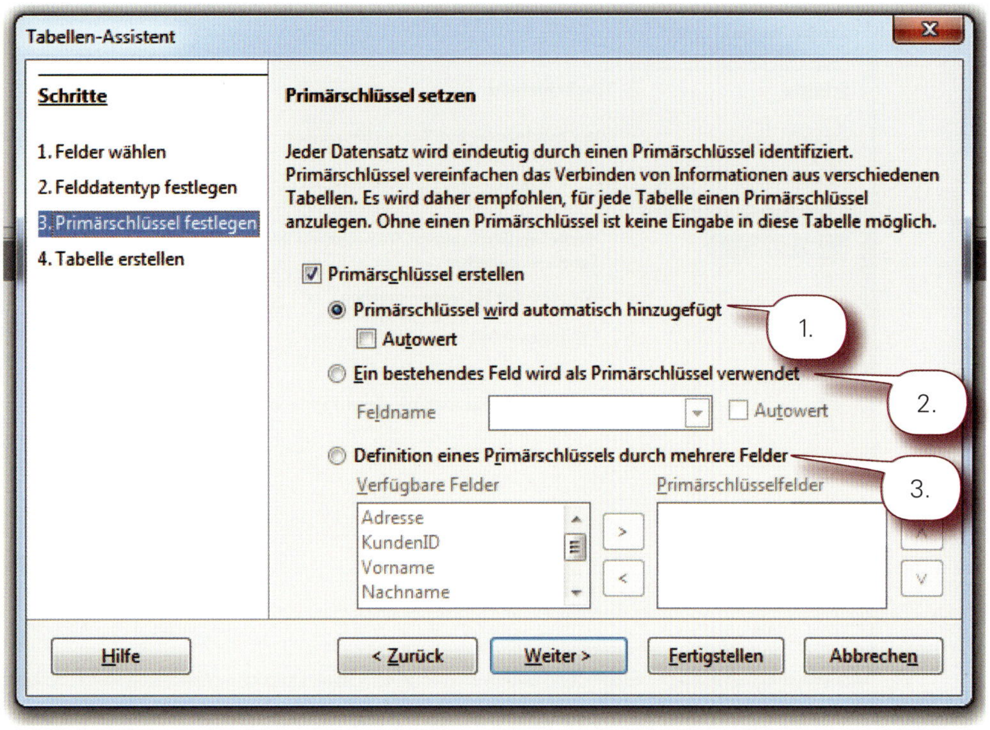


Im vorliegenden Beispiel wird das Feld `KundenID` mit der zweiten Option (`Ein bestehendes Feld wird als Primärschlüssel verwendet`) festgelegt.

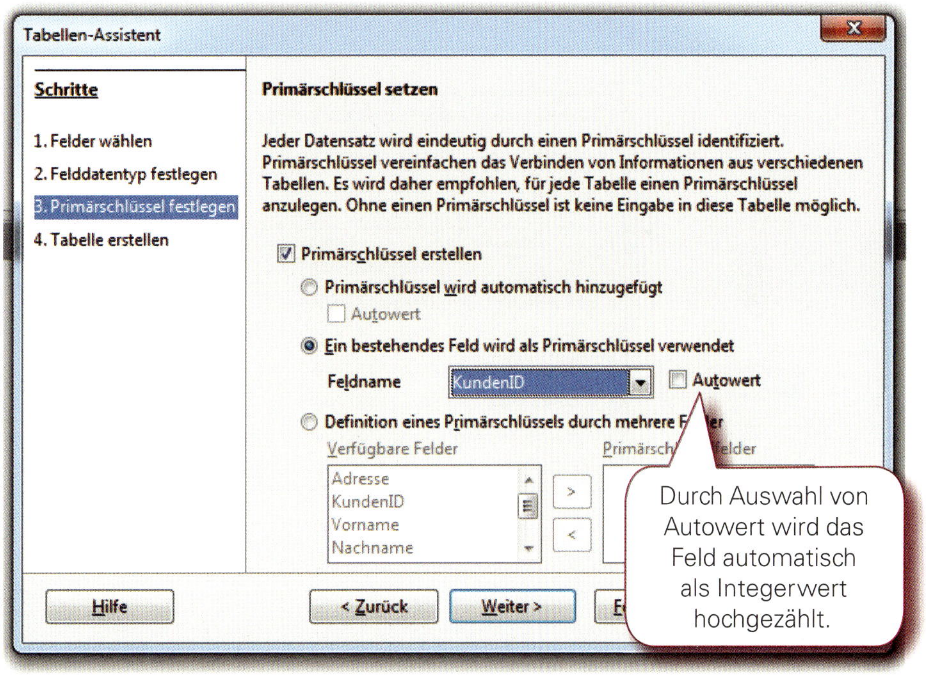


Zum Abschluss des Tabellen-Assistenten wird noch der Name und das weitere Vorgehen festgelegt.

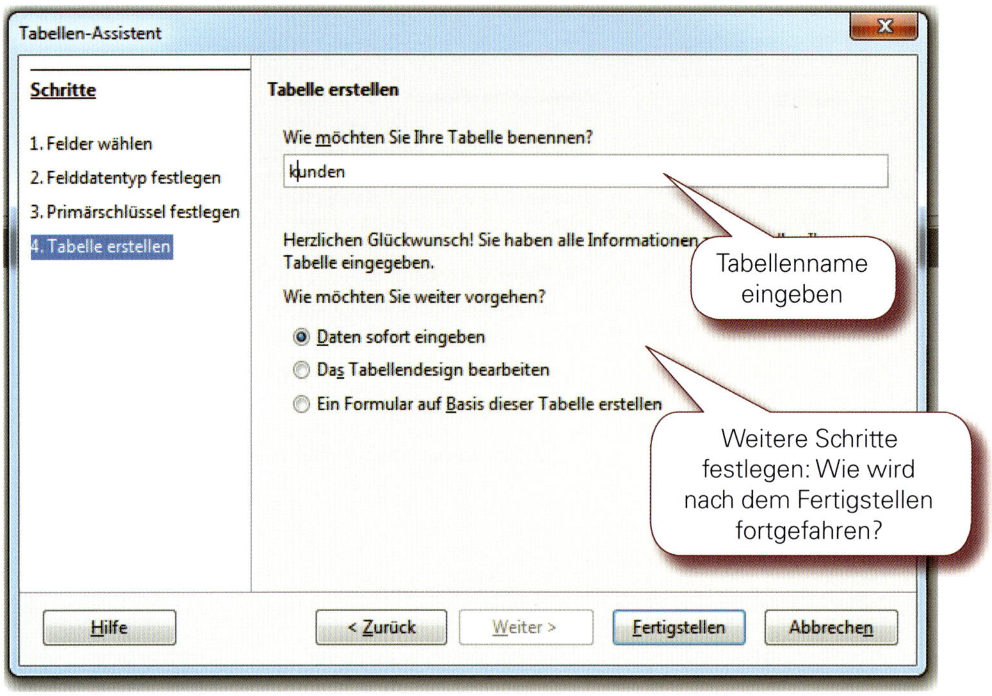


Durch Anklicken von `Fertigstellen` wird die Tabelle `kunden` erstellt. Öffnet man die Tabelle im **Bearbeitungsmodus**, erkennt man, dass die Postleitzahl vom Datentyp Integer sein muss, weil über die Postleitzahl die relationale Verknüpfung der beiden Tabellen realisiert wird. Die Änderung des Feldtyps hätte man auch schon im Assistentenfenster unter `2. Felddatentyp festlegen` erledigen können.

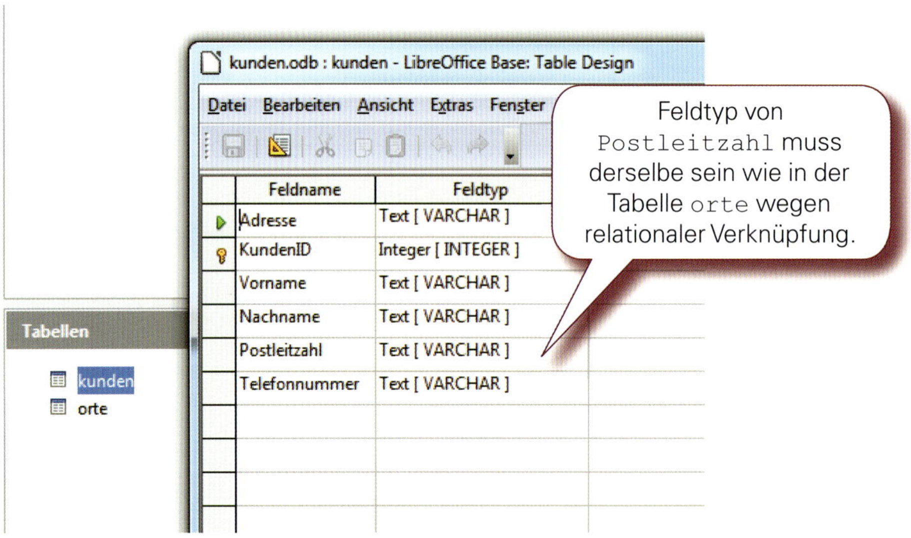


**Hinweis:**

Der Feldtyp von relational verknüpften Schlüsselfeldern (Primärschlüssel-Fremdschlüssel) muss derselbe sein. Die Begriffe Feldtyp und Felddatentyp werden bei LibreOffice gleichbedeutend verwendet.

Sinnvoll ist es, durch Auswahl der Option `Eingabe erforderlich`, eine Eingabe bei der Postleitzahl zu erzwingen.

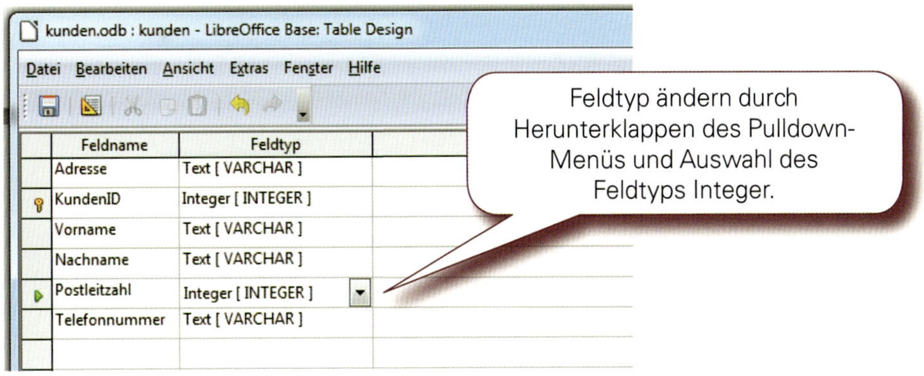


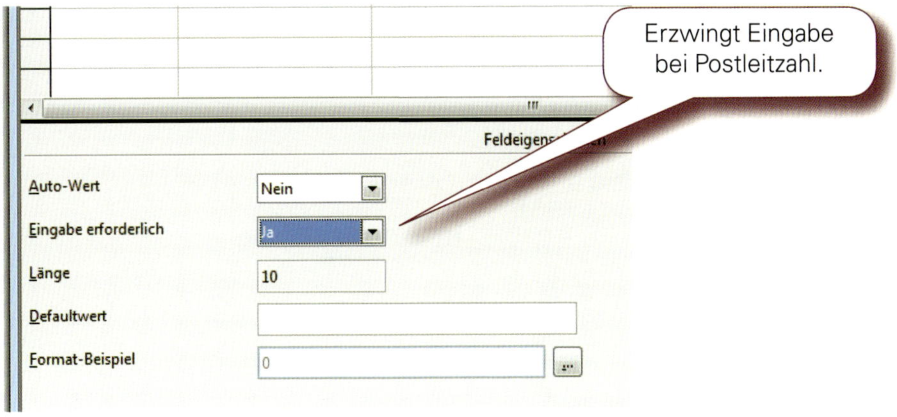


## 7.2 Beziehungen zwischen Tabellen erstellen

Unter `Extras-Beziehungen` kann die relationale Beziehung der beiden erstellten Tabellen festgelegt werden.

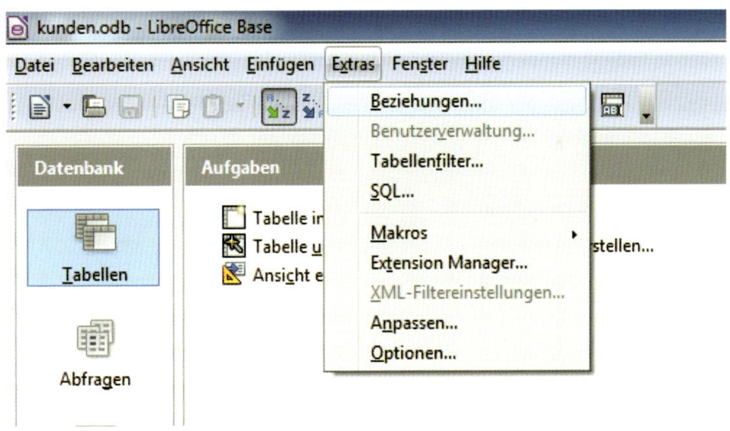


Die Auswahl der Tabellen erfolgt durch Anklicken der Tabellen und anschließendem Klick auf `Hinzufügen` oder durch Doppelklicken der benötigten Tabellennamen.

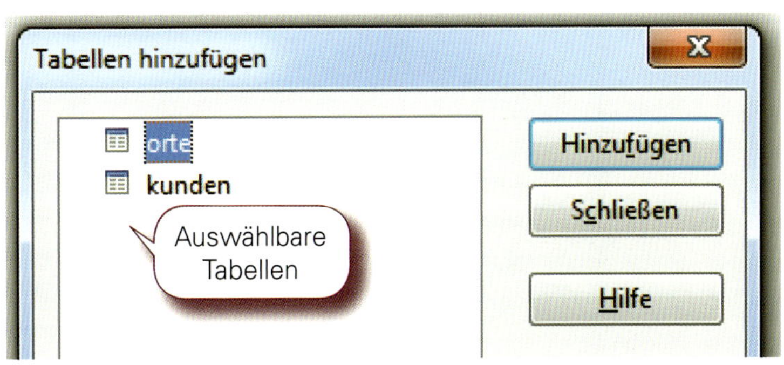


Mit gedrückter linker Maustaste (Drag and Drop) wird nun von `orte.plz` nach `kunden.plz` gezogen und bei `kunden.plz` die Maustaste wieder losgelassen. Die **Beziehungslinie** zwischen den Tabellen und die **Kardinalität** (1:n) wird automatisch ergänzt. Die Tabelle mit dem Primärschlüsselfeld erhält hierbei richtigerweise immer die Kardinalität 1.

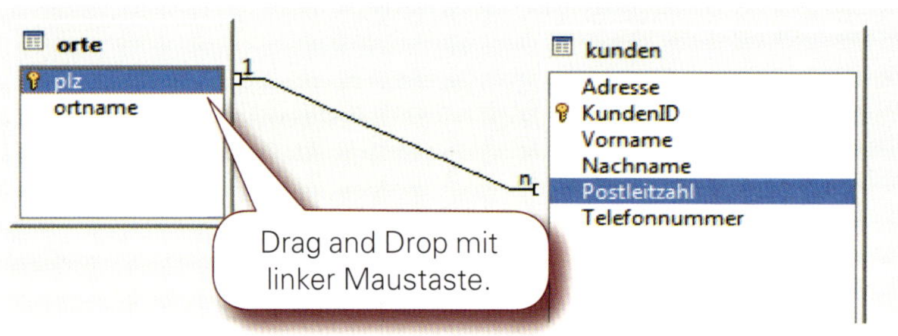


Durch Anklicken der Beziehungslinie mit der rechten Maustaste erscheint im Kontextmenü `Löschen` oder `Bearbeiten`.

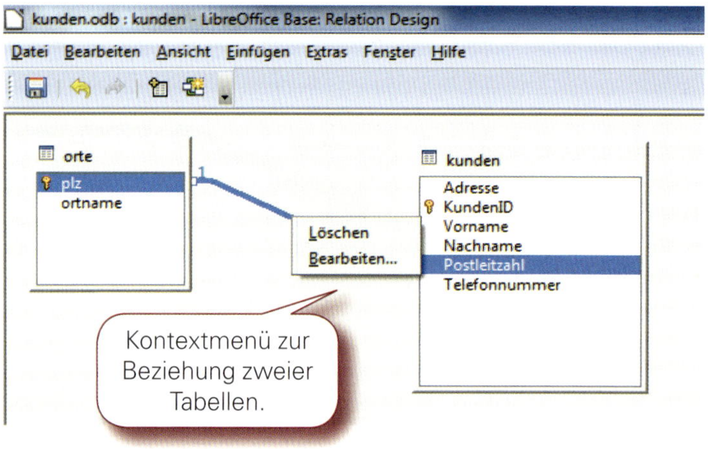


Wählt man `Bearbeiten...` aus, dann sieht man die `beteiligten Tabellen` und `Felder`. Außerdem können `Update-Optionen` (ON UPDATE) und `Löschoptionen` (ON DELETE) festgelegt werden.

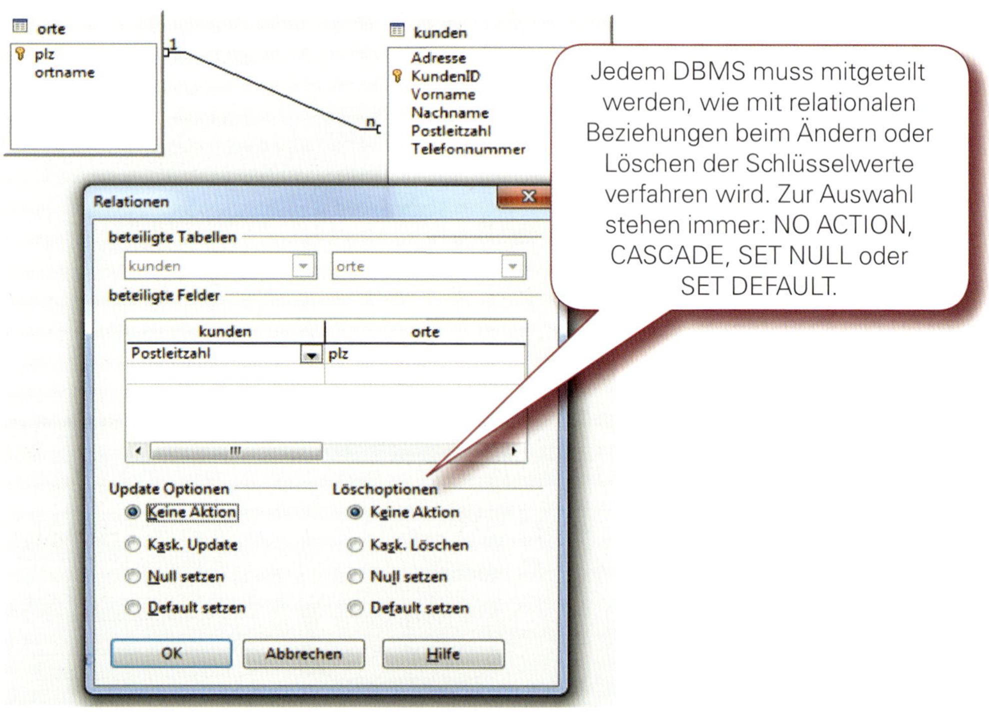


Ob das DBMS tatsächlich die Schlüsselbeziehung durchsetzt, soll nun durch Eingabe von Datensätzen überprüft werden.

## 7.3 Datensätze eingeben

Durch Doppelklick auf die Tabelle `orte` öffnet sich diese zum Bearbeiten.

Es können nun beliebige Datensätze eingegeben werden. Fehleingaben z. B. `plz` als Textdaten werden vom DBMS abgefangen und durch einen Defaultwert (z. B. 0) ersetzt.

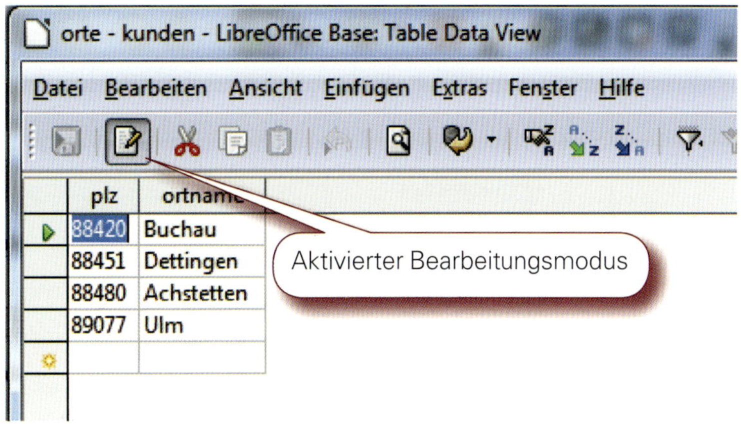


Beim Schließen der Tabelle fragt das DBMS nach, ob eine Speicherung erfolgen soll.

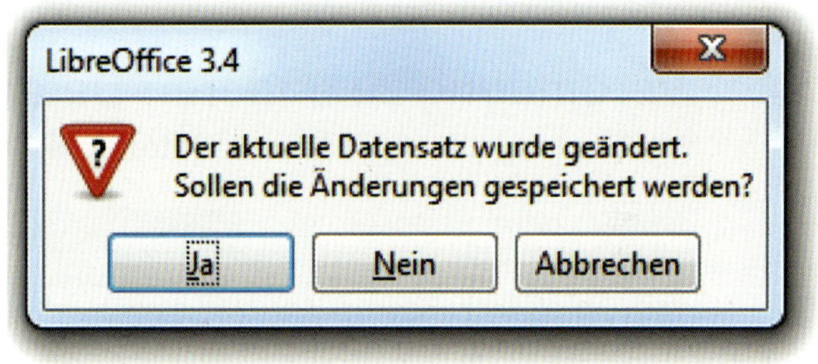


Da in der letzten Zeile noch keine Daten eingegeben wurden, das Feld `plz` aber die Eigenschaft `NN = NOT NULL` besitzt, weist eine Fehlermeldung darauf hin. Durch Entfernen der leeren Zeile lässt sich der Fehler beheben und die Speicherung durchführen.

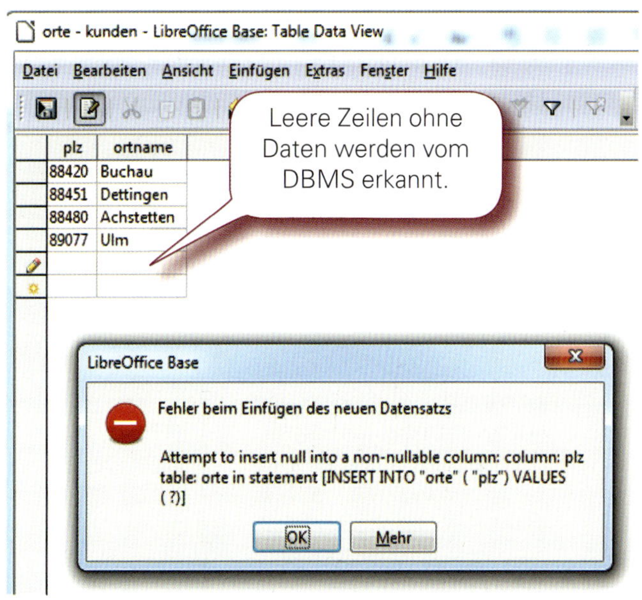


Nach Eingabe von Datensätzen in die Master-Tabelle `plz` werden anschließend Datensätze in die Child-Tabelle `kunden` eingegeben. Zur Durchsetzung der referenziellen Integrität dürfen aber nur Postleitzahlen vergeben werden, die bereits in der referenzierten Tabelle `plz` existieren.

Nach Eingabe eines beliebigen Datensatzes in die Tabelle `kunden` wird eine Postleitzahl die der referenziellen Integrität widerspricht (**Integrity constraint violation**) durch eine Fehlermeldung (**no parent FK** = foreign key) quittiert.

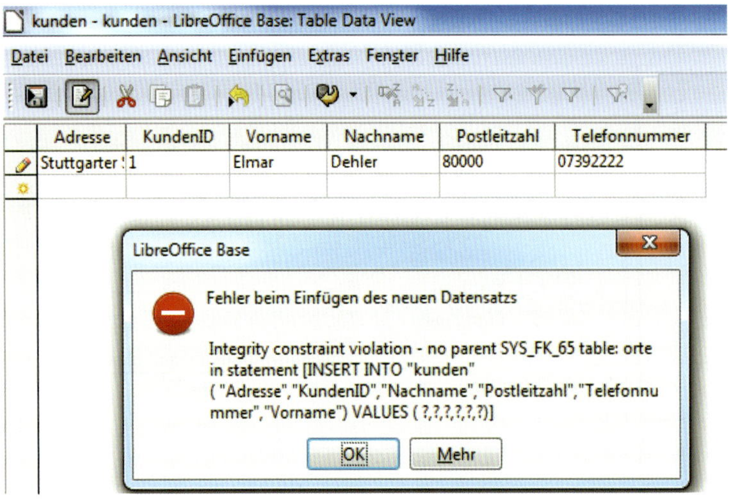


Eine Änderung der Postleitzahl in eine bestehende, z. B. 89077 erlaubt die Abspeicherung der Daten.

## 7.4 Verbindung zu anderen Datenbanken herstellen

**Verbindung mit einer Access-Datenbank**

Neben dem Erstellen eigener Datenbanken ist es mit LibreOffice Base auch möglich, eine Verbindung zu anderen Datenbanken zu erstellen. Über den Schnellstarter oder das Menü `Datei – Neu` oder die Symbolfläche `Neu` wird der Dokumententyp `Datenbank` benutzt.

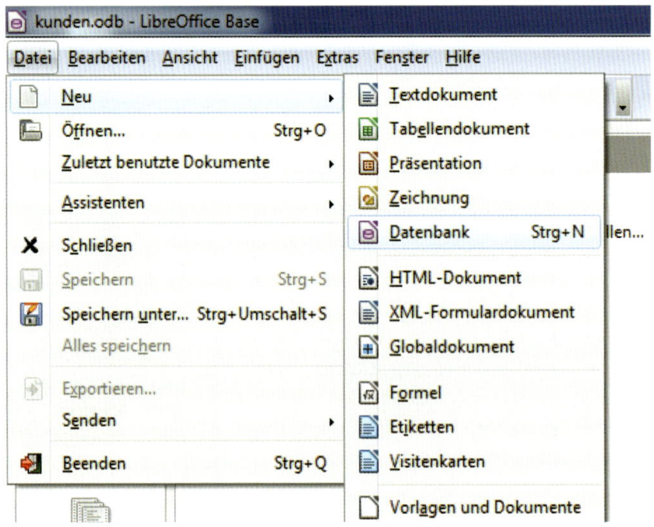


Der Datenbank-Assistent bietet drei verschiedene Auswahlmöglichkeiten. Im ersten Schritt wird `Verbindung zu einer bestehenden Datenbank herstellen` ausgewählt. Das Pulldown-Menü bietet zahlreiche Schnittstellen zu bekannten Datenbanksystemen. Wird nun Microsoft Access angeklickt, dann wird die Verbindung zur Datenbank hergestellt, indem man auf den Pfad der Datenbank verweist.

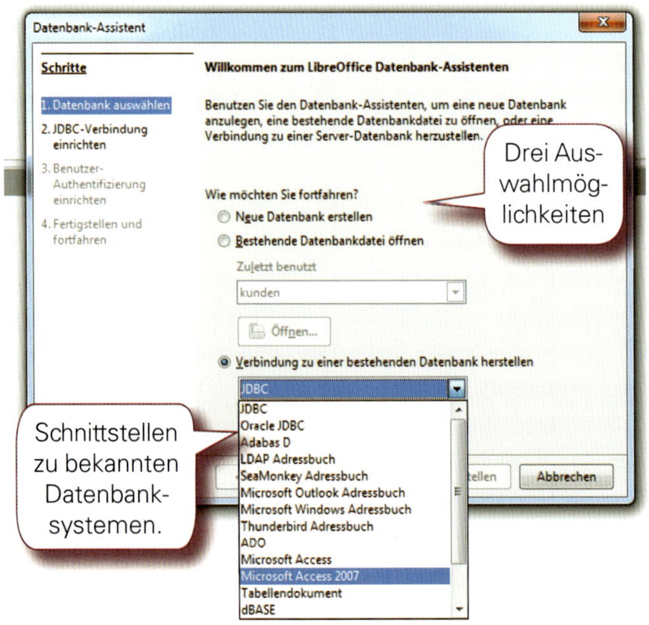

Nach Anklicken von `Weiter` fragt der Datenbank-Assistent nach dem Pfad zu der Access-Datenbank, mit der verbunden werden soll. Mithilfe von `Durchsuchen` kann man wie mit dem Explorer auf dem PC den Pfad finden.

Im dritten und letzten Schritt wählt man `Ja, die Datenbank soll angemeldet werden`. Damit die Einzelschritte besser erklärbar sind, wird nicht der `Tabellen-Assistent` benutzt, sondern die `Datenbank zum Bearbeiten öffnen` ausgewählt. Die leere Datenbankverbindung kann nun an einem beliebigen Ort gespeichert werden.

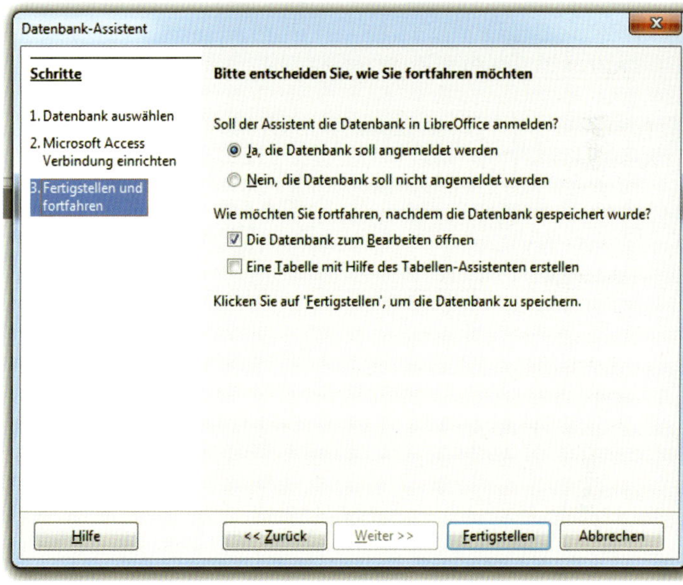


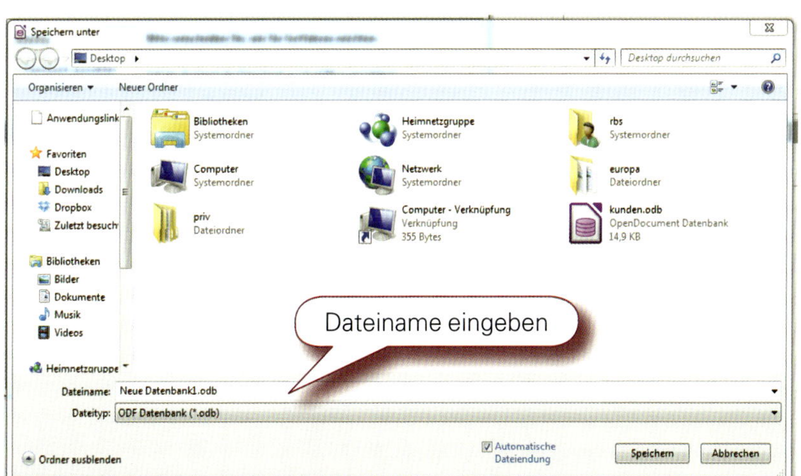


Nach Eingabe eines Dateinamens, z. B. faradiso_base, und Anklicken von `Speichern` befindet man sich im Datenbankdokumentfenster.

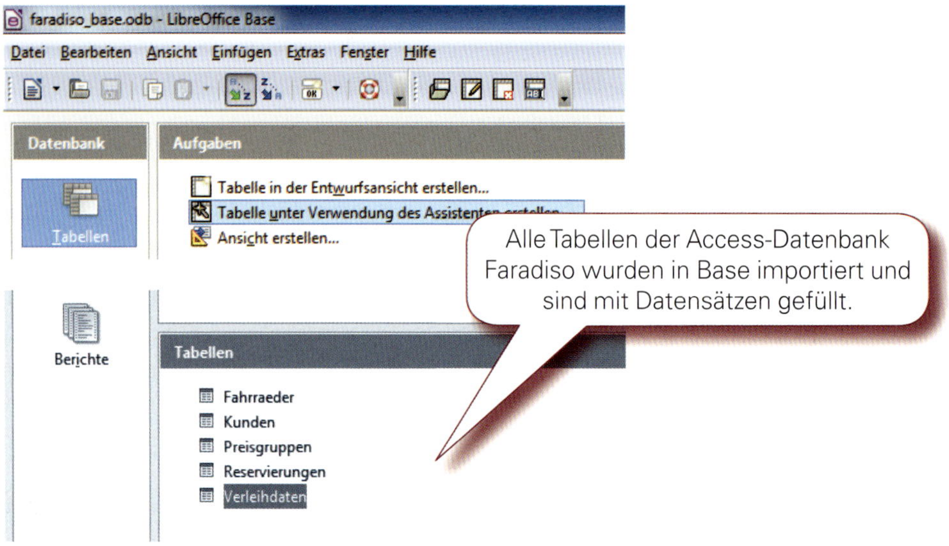


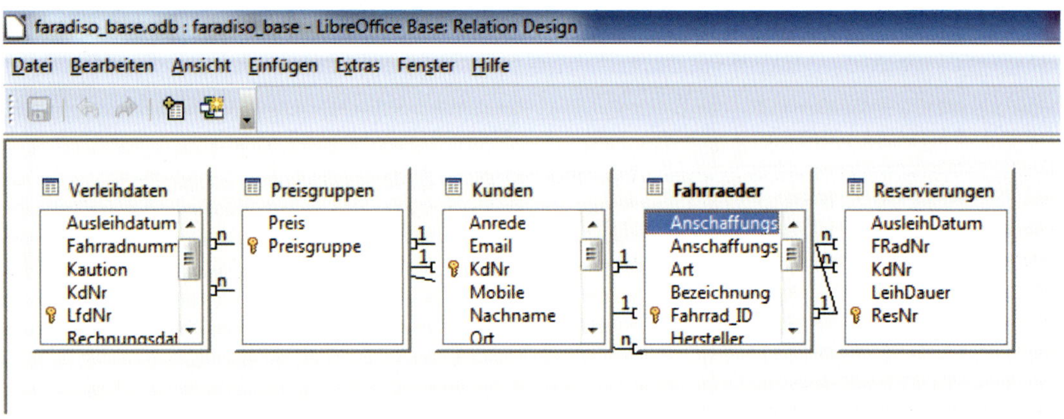


Auch die Beziehungen werden bei dem beschriebenen Import richtig übernommen, wie ein Anklicken von `Extras -> Beziehungen` bestätigt. Die Tabellen müssen hier nur noch geordnet werden, z. B. `Kunden` links, `Fahrraeder` rechts, restliche Tabellen in die Mitte.

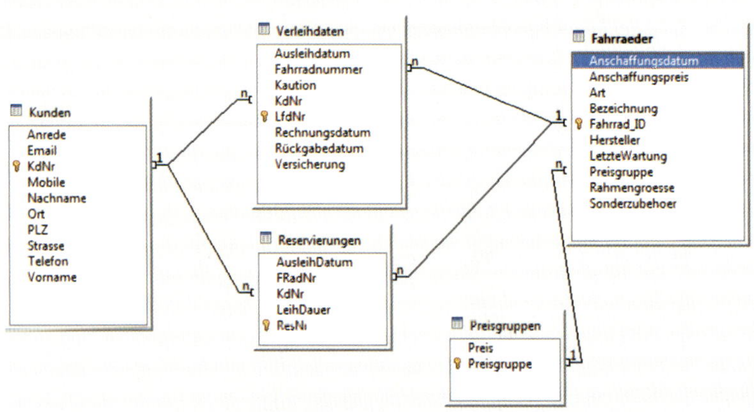

## 7.5 Abfragen erstellen

Durch Anklicken von `Abfragen` öffnet sich das Abfragenfenster. Hier können Abfragen wahlweise in einer **Entwurfsansicht**, mit einem **Assistenten** oder direkt als **SQL-Code** erstellt werden.

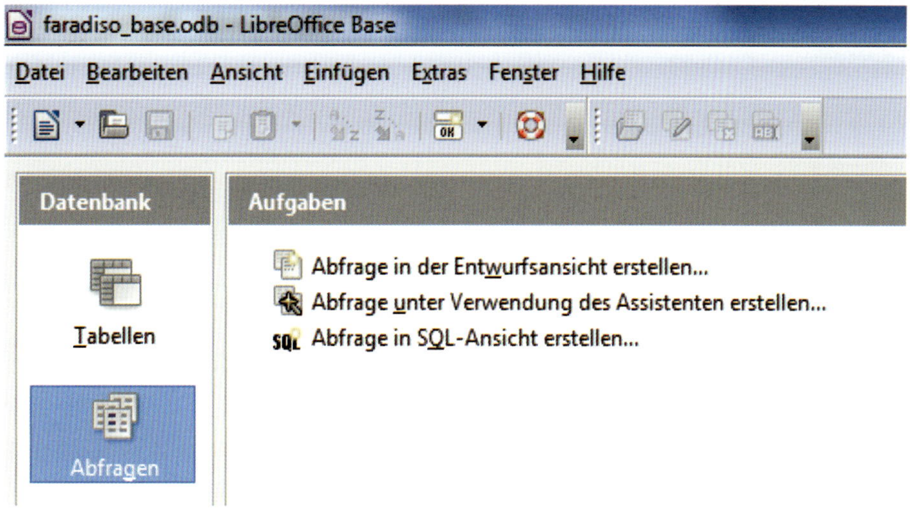


### Abfrage in der Entwurfsansicht erstellen

In der Entwurfsansicht werden Abfragen grafisch erstellt. Abfragen können sowohl auf Tabellen als auch auf bereits bestehende Abfragen durchgeführt werden. Durch Auswahl der Tabellennamen und anschließendem Anklicken von `Hinzufügen`, oder durch Doppelklick auf den Tabellennamen werden die entsprechenden Attribute in das untere **Auswahlfenster** übernommen.

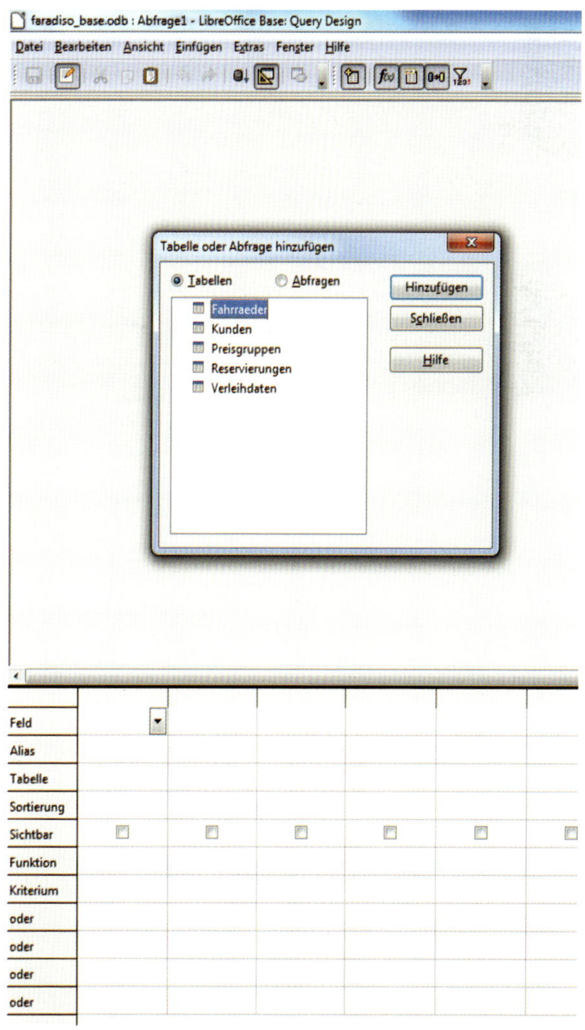


Im Auswahlfenster stehen folgende Zeilen zur Verfügung:

`Alias`: Der Alias ist ein Name, den das Feld abweichend von seinem Feldnamen für die Abfrage bekommt.

`Tabelle`: Legt die Zieltabelle fest und ist besonders dann sinnvoll, wenn z. B. das Feld `Name` in mehreren Tabellen existiert.

`Sortierung`: Legt aufsteigende (Ascending) oder absteigende (Descending) Sortierungen der Abfrageergebnisse fest.

`Sichtbar`: Ohne Häkchen wird diese Spalte im Abfrageergebnis unterdrückt.

`Funktion`: Bietet Rechenfunktionen, z. B. SUM (von Summe), zur Berechnung an.

`Kriterium`: Legt Filterkriterien für die Abfrage fest.

`Oder`: Ermöglicht ODER-Verschachtelung einzelner Kriterien.

Durch Doppelklick oder durch Anklicken der Tabelle und anschließendem Hinzufügen wählt man die an der Abfrage verwendeten Tabellen aus.

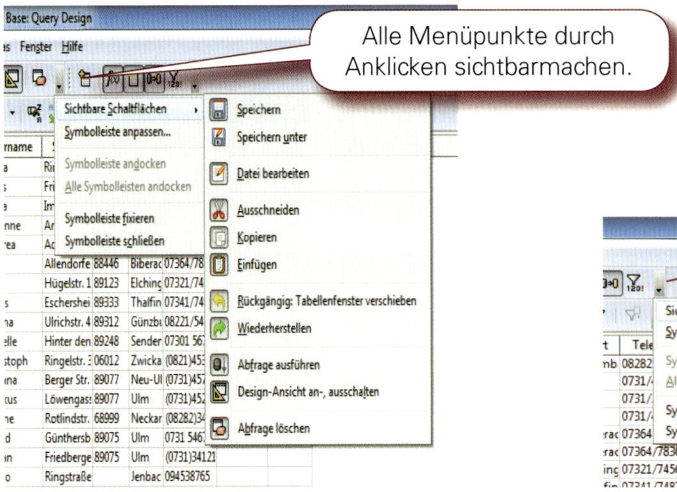


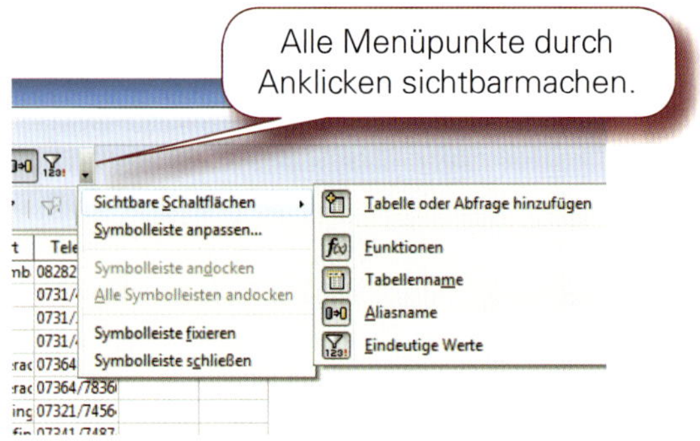


Durch Anklicken von `Sichtbare Schaltflächen` werden alle zur Verfügung stehenden Befehle dargestellt.

In einer ersten Abfrage sollen nun alle Daten aller Kunden dargestellt werden. Durch Doppelklick auf den Stern wird `Kunden.*` in der Zelle Feld ergänzt. Die Abfrage wird ausgeführt durch Drücken von F5 oder durch Anklicken des Icons `Abfrage ausführen`. Im Ergebnis sind alle Kunden in der Tabelle gelistet.

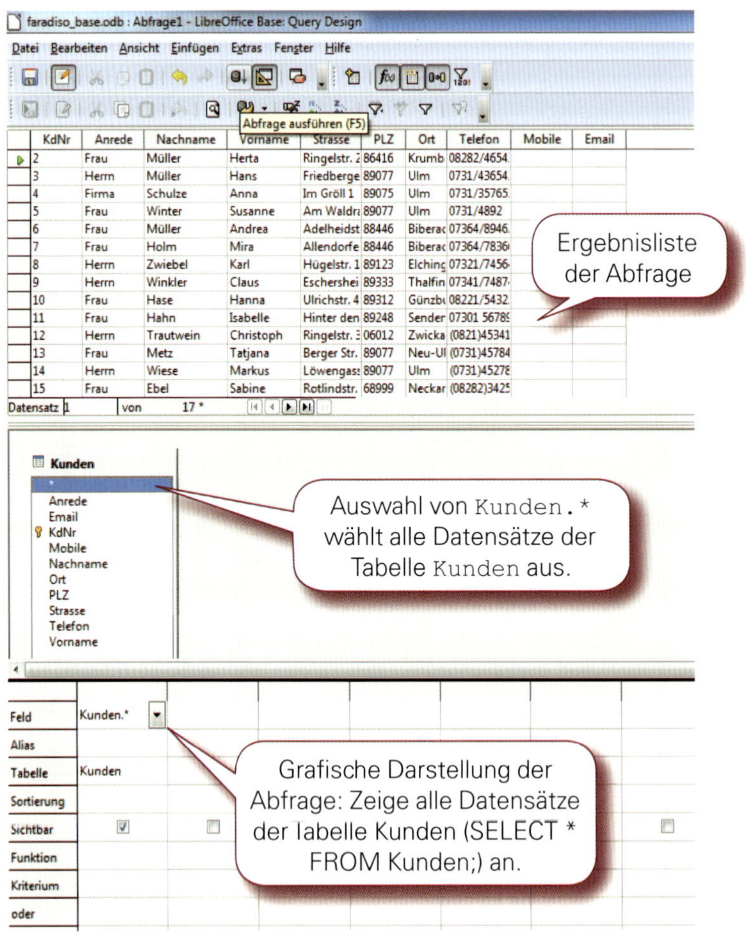

Sollen nun z. B. nur Kunden abgefragt werden, die als Ort die Bezeichnung Ulm haben, dann muss der Abfrage ein Kriterium zugefügt werden.

Durch Eingabe von `Ort` in die zweite Spalte der Zeile Feld und dem Kriterium `ulm` liefert die Abfrage als Ergebnis alle Kunden aus Ulm. Diese Abfrage kann nun z. B. unter dem Namen `kunden_aus_ulm` abgespeichert und geschlossen werden.

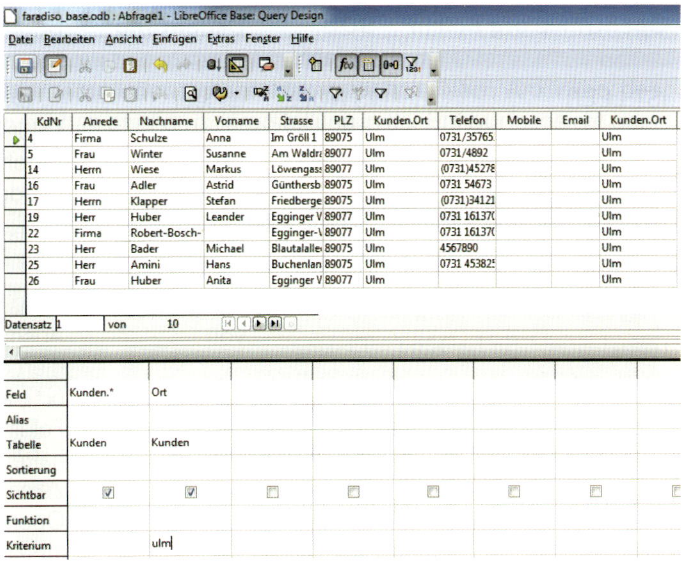


Durch Rechtsklick auf die Abfrage wird das Kontextmenü sichtbar.

Durch Auswahl von `In SQL-Ansicht bearbeiten`, wird der SQL-Quellcode der Abfrage dargestellt.

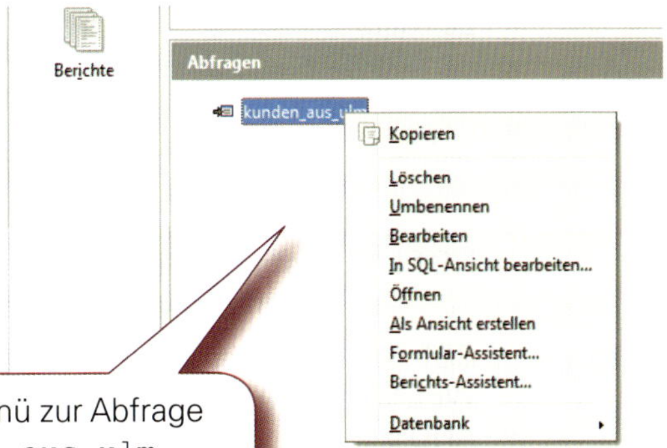


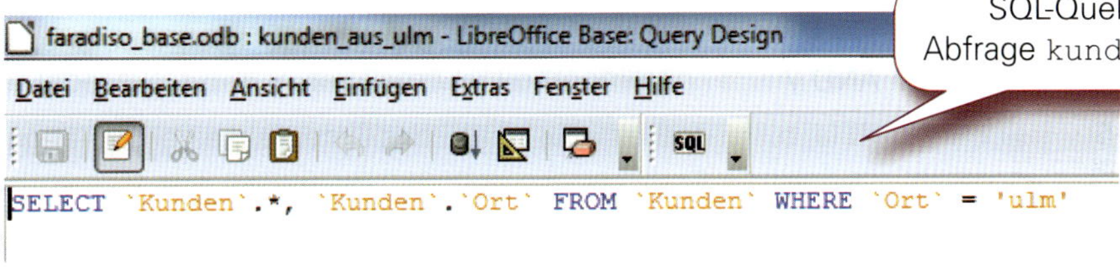


### Formulieren von Filterbedingungen

Für das Formulieren von Filterbedingungen stehen verschiedene Operatoren und Befehle zur Verfügung. Außer den relationalen Operatoren gibt es auch SQL-spezifische Befehle zum Abfragen der Inhalte von Datenbankfeldern. Wenn diese Befehle in der Entwurfsansicht grafisch erstellt werden, werden sie automatisch in die entsprechende SQL-Syntax übertragen. SQL-Befehle können auch direkt eingeben werden.

Die folgenden Tabellen bieten einen Überblick über die Operatoren und Befehle:

| Operator | Bedeutung | Bedingung ist erfüllt, wenn... |
|---|---|---|
| = | ist gleich | ... der Feldinhalt mit dem angegebenen Ausdruck identisch ist. Der Operator = wird in den Abfragefeldern nicht angezeigt. Gibt man einen Wert ohne Operator ein, wird der Operator = angenommen. |
| <> | ist ungleich | ... der Feldinhalt dem angegebenen Ausdruck nicht entspricht. |
| > | ist größer | ... der Feldinhalt größer ist als der angegebene Ausdruck. |
| < | ist kleiner | ... der Feldinhalt kleiner ist als der angegebene Ausdruck. |
| >= | ist größer gleich | ... der Feldinhalt größer oder gleich dem angegebenen Ausdruck ist. |
| <= | ist kleiner gleich | ... der Feldinhalt kleiner oder gleich dem angegbenen Ausdruck ist. |

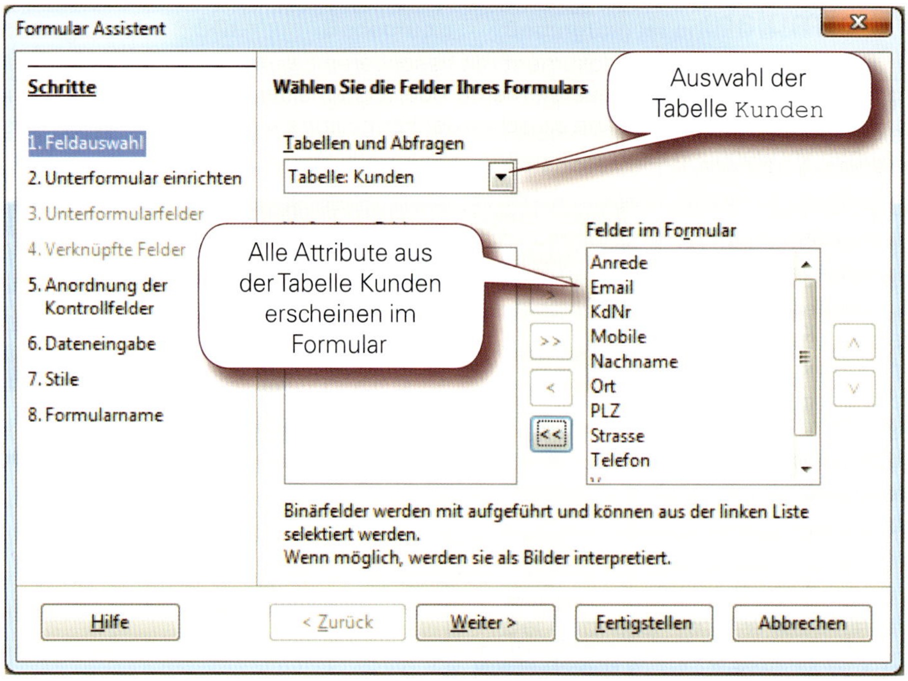


Im zweiten Schritt kann ein optionales Unterformular hinzugefügt werden. Mit einem Unterformular können z. B. zu jedem Kunden alle zugehörigen Auftragdaten angezeigt werden. Eine relationale Beziehung der beteiligten Tabellen ist notwendig.

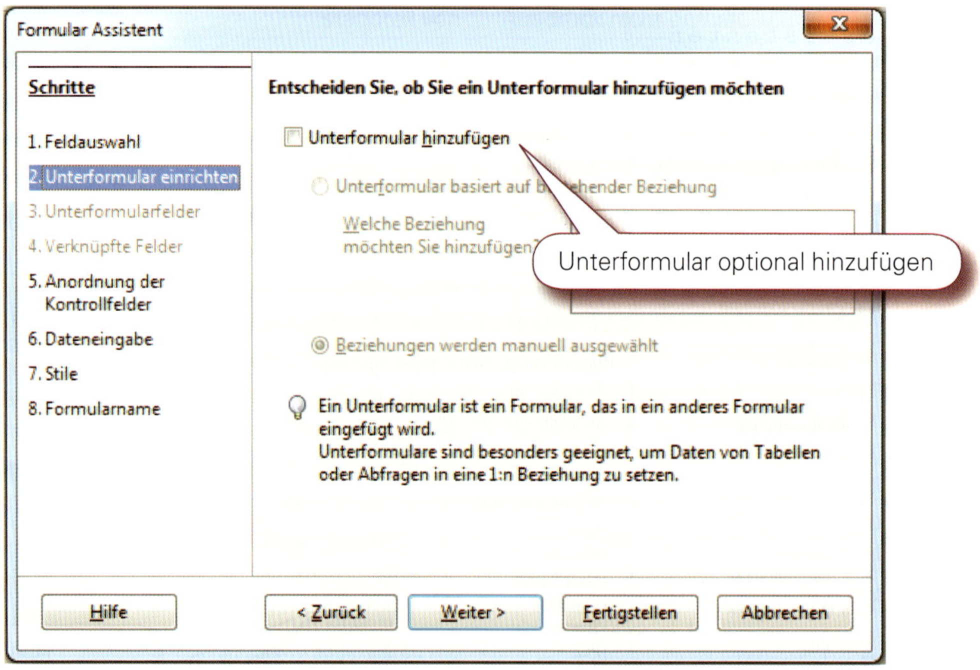


Da zur Eingabe von Kundendaten kein Unterformular benötigt wird, sind die Schritte 3 und 4 ausgegraut, sie stehen nicht zur Auswahl. Im 5. Schritt wird die Anordnung der Datenbankfelder festgelegt. Diese kann nachträglich noch verändert werden.

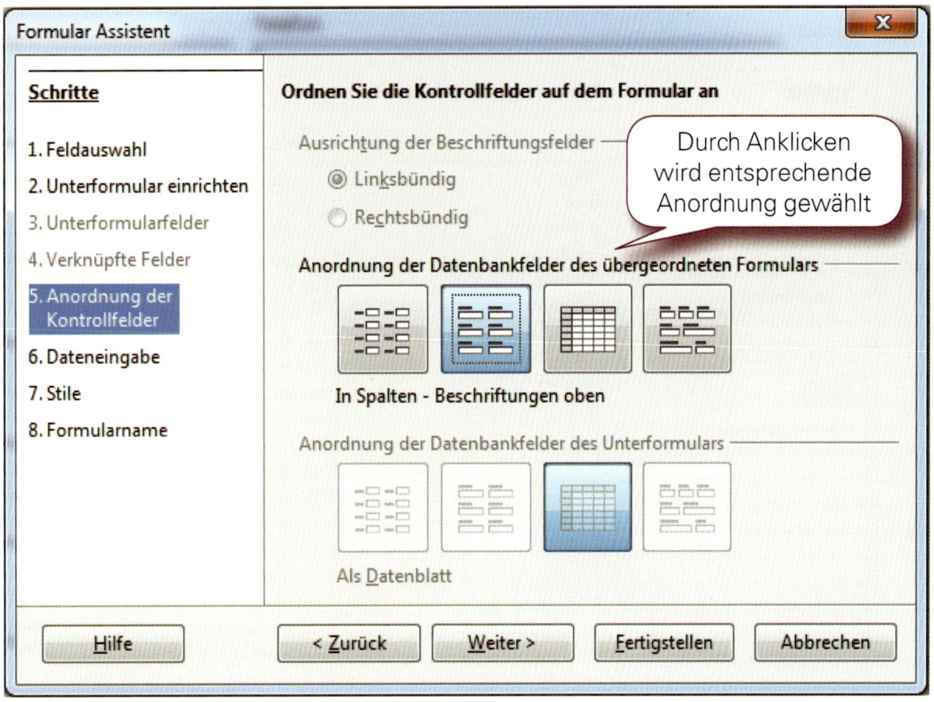


Unter `6. Dateneingabe` wird festgelegt, ob existierende Kundendaten dargestellt werden oder nicht. Außerdem wird festgelegt, ob Datenmanipulation z. B. Verändern, Löschen an vorhandenen Daten im Formular erlaubt ist. So kann gesteuert werden, ob es sich um ein reines Eingabeformular für neue Datensätze handelt, oder ob umfangreichere Aktionen möglich sind.

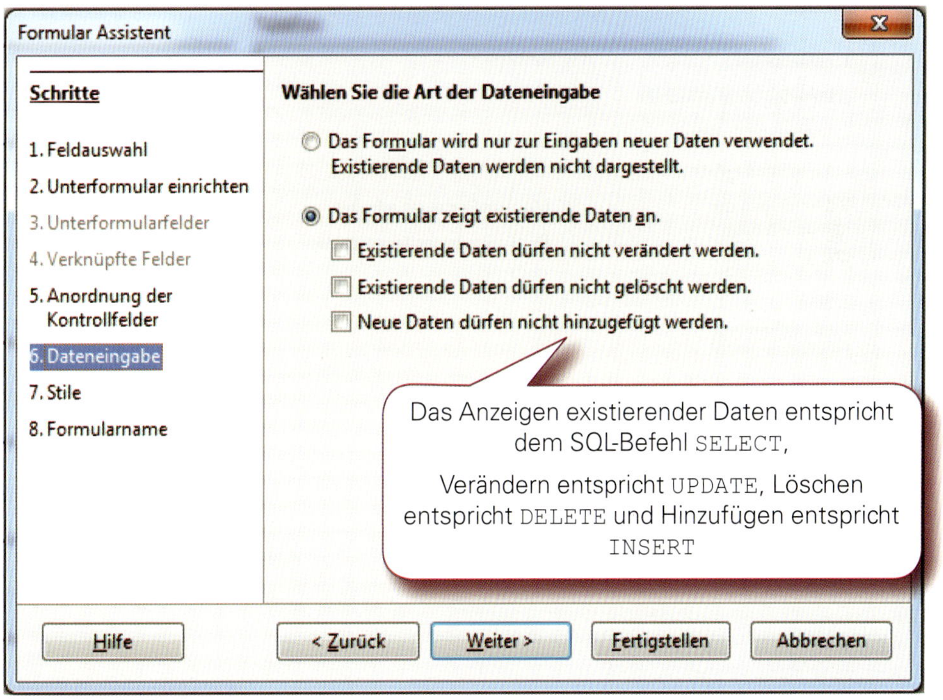


Zum Abschluss stehen verschiedene farbliche Stile und unterschiedliche Randgestaltungen zur Auswahl.

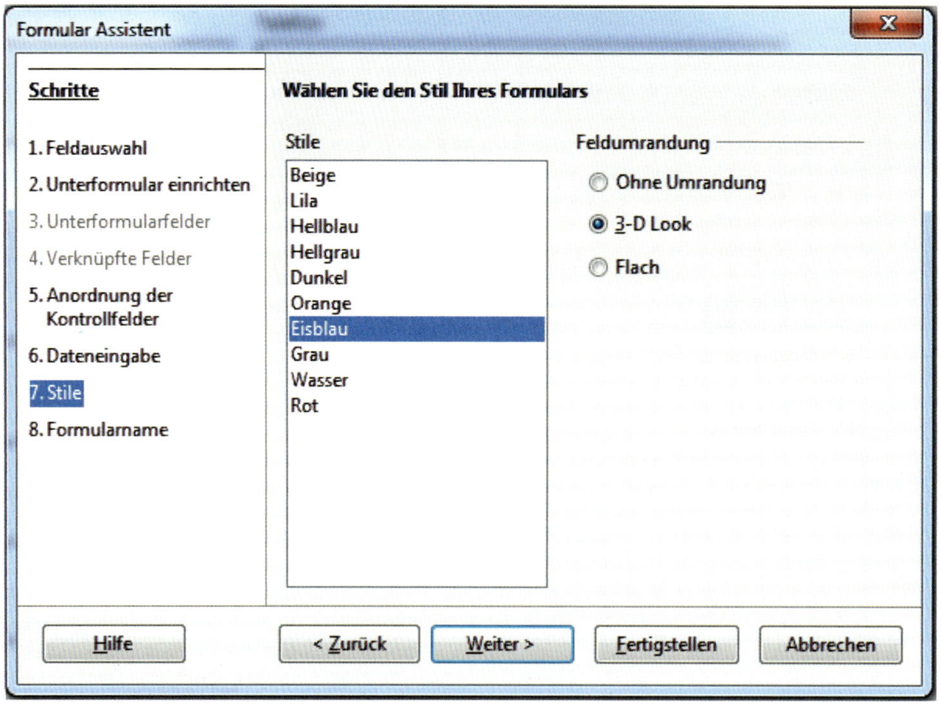


Nach Festlegung eines Formularnamens wird das Formular nach dem Fertigstellen standardmäßig zur Dateneingabe geöffnet.

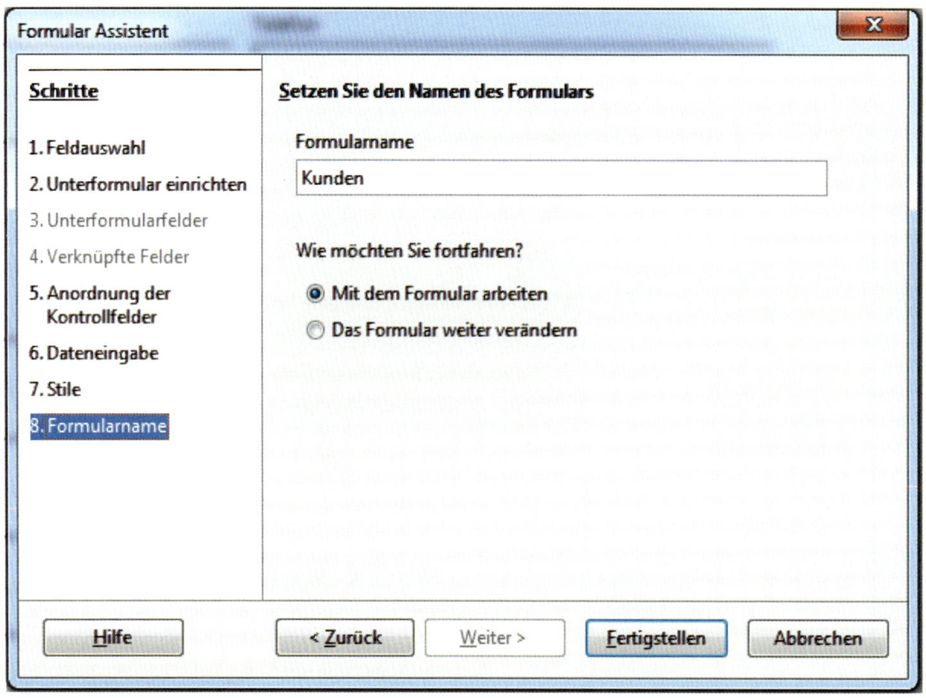

Das fertige Formular sieht folgendermaßen aus, die Steuerleiste wird automatisch angefügt.

Im Entwurfsmodus kann das Aussehen des Formulars auch nachträglich verändert werden.

# 8 Datenbanken im Internet

## 8.1 Entwicklungsumgebung XAMPP

Web-Datenbanken sind Datenbanken, die für den Einsatz im Internet geeignet sind, z. B. MySQL-Datenbanken. Zur Entwicklung einer Web-Datenbank benötigt man eine lokale Entwicklungsumgebung. Diese besteht z. B. aus

- dem **Webserver Apache**, der im Internet angeforderte Daten an den Client sendet,
- dem Datenbanksystem **MySQL** (von **My S**tructured **Q**uery **L**anguage), neu MariaDB,
- und der Programmiersprache **PHP** (von **P**HP **H**ypertext **P**reprocessor).

Diese Elemente sind z. B. in der Entwicklungsumgebung **XAMPP** zusammengefasst (siehe Bild).

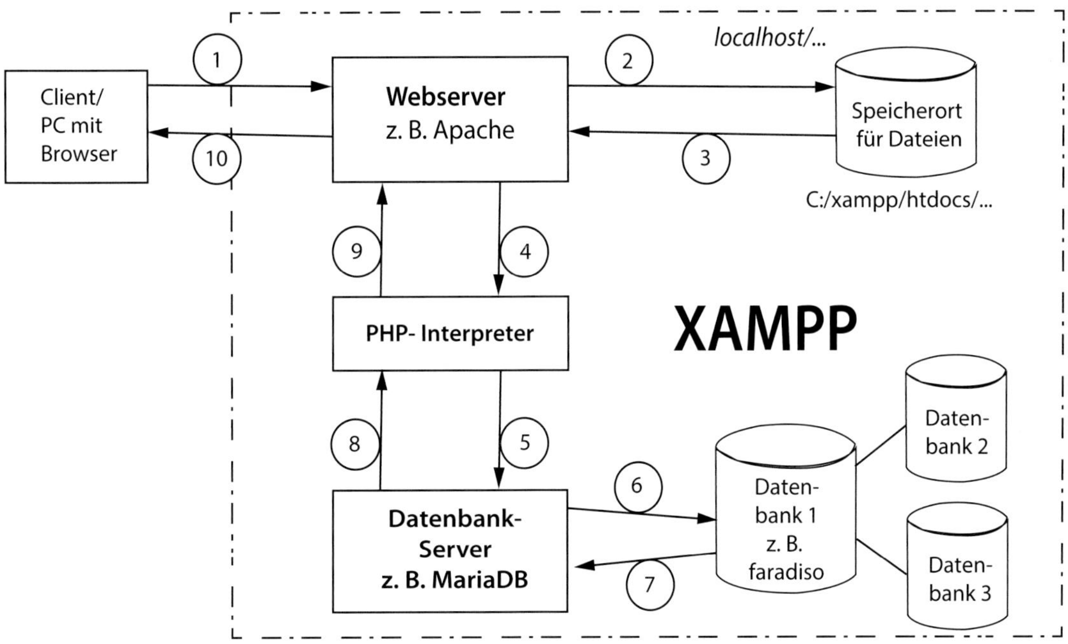


## 8.2 Funktionsweise der Komponenten

### 8.2.1 Der Webserver

Der Webserver, z. B. Apache, organisiert das Zusammenwirken der einzelnen Internet-Komponenten, z. B. des Browsers und des Servers, auf dem die Daten gespeichert sind.

Die vom Client (= Kunde) angeforderte URL (= Uniform Resource Locator, Bezeichnungsstandard für Netzwerkressourcen) ① wird vom Webserver als Adresse identifiziert und am Speicherort abgeholt ② und zurückgesendet ③. An der Dateiendung erkennt der Webserver, ob es sich um eine reine HTML-Seite handelt oder ob andere Dateitypen, z. B. PHP-Dateien, angefordert werden.

Dateien mit der Endung .PHP leitet der Webserver zunächst an das PHP-Programm zur Interpretation weiter ④. Dort werden alle PHP-Code-Anteile erkannt und interpretiert. Sind z. B. Anfragen an eine Datenbank enthalten, so werden diese vom PHP-Interpreter an das Datenbanksystem weitergegeben ⑤. Das Datenbanksystem führt die SQL-Anweisungen in der Datenbank aus (⑥ und ⑦) und liefert die Daten an den PHP-Interpreter ⑧. Diese Ergebnisse (z. B. einer SQL-Abfrage) werden in HTML-Code umgewandelt und an den Webserver zurückgeleitet ⑨. Von dort erhält der Client ein reines HTML-Dokument ⑩, das mit einem Browser, z. B. Mozilla Firefox, am Bildschirm dargestellt wird.

Webserver, Interpreter-Programme und Datenbankserver müssen nicht zwingend auf dem gleichen PC verfügbar sein, sondern können auf verschiedenen Servern im Internet weltweit verteilt sein.

### 8.2.2 Installation der Entwicklungsumgebung XAMPP

Nach Herunterladen der frei verfügbaren Entwicklungsumgebung (z. B. von www.apachefriends.org/de/xampp-windows.html) startet man die Datei XAMPP xampp-windows-x64.x.x-VCxx-installer.exe.

Die Sprache wird über das Auswahlmenü eingestellt:

Das Ziellaufwerk der Installation wird im Fenster `Zielverzeichnis auswählen` festgelegt.

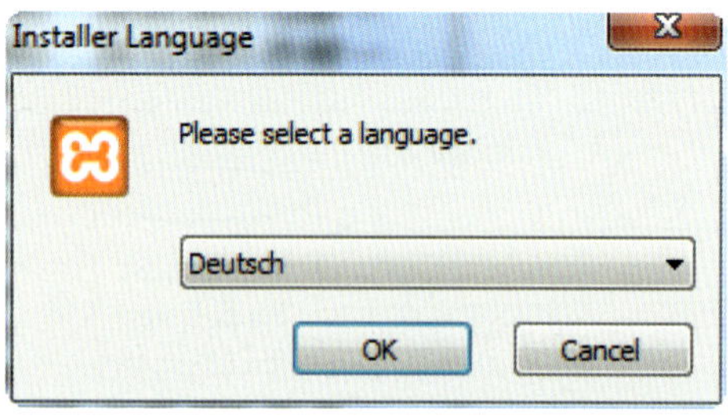


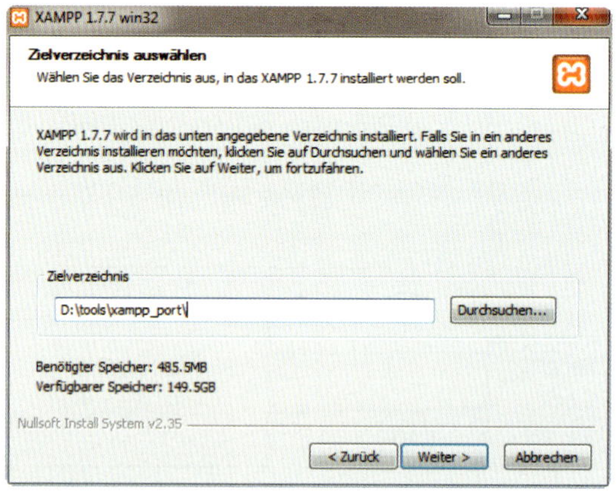


Um die Verzeichnispfade der Anwendung auf dieses Verzeichnis einzustellen, wird die Datei `setup_xampp.bat` durch Doppelklick ausgeführt.

### 8.2.3 Starten der Komponenten

Die Datei `xampp-control.exe` startet die XAMPP-Entwicklungsumgebung und es öffnet sich das Control Panel von XAMPP. Ein Klick auf die Schaltflächen `Start` startet jeweils den Webserver Apache sowie den Datenbankserver MariaDB.

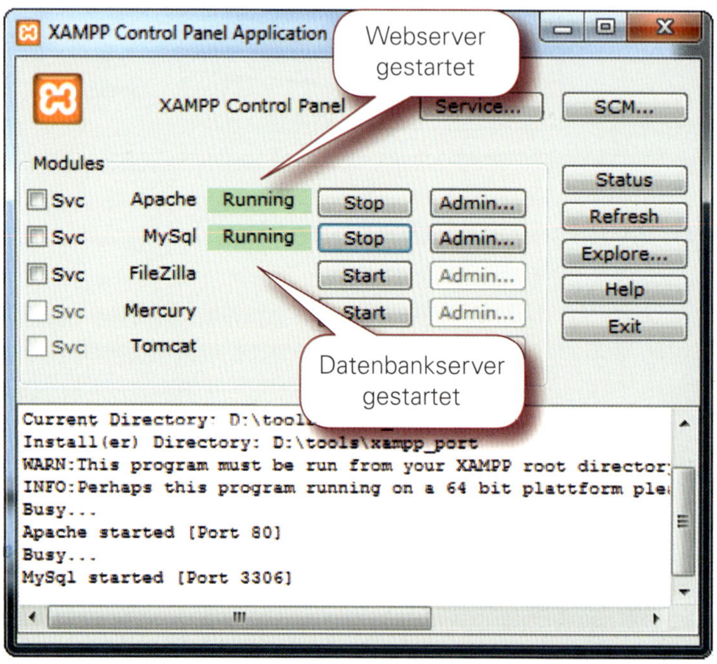

## 8.3 Die Skriptsprache PHP

### 8.3.1 Einführung

**PHP** ist eine Skriptsprache (von scriptum = Schriftstück, im Deutschen: Skript), die in HTML-Code eingebettet werden kann. Eine Skriptsprache wird nicht vorab compiliert, sondern das Skript wird zur Laufzeit interpretiert und ausgeführt. Im Unterschied zu JavaScript überträgt der Webserver diesen Code jedoch nicht zum Client, sondern führt ihn auf der Serverseite aus.

Der Client erhält das Ergebnis des Programmlaufes als HTML-Datei, die keinen PHP-Quellcode mehr enthält.

**Hinweis:**

PHP verhindert den Diebstahl von Code, indem der Quellcode (das Skript) nicht zum Client übertragen wird, sondern auf dem Server interpretiert wird.

Während zum Verarbeiten von Seiten mit Java-Code der HTML-Browser des Clients dafür geeignet und eingestellt sein muss, stellt PHP keine Anforderungen an den Browser.

In der Entwicklungsumgebung XAMPP ist der PHP-Interpreter enthalten.

Um PHP-Quellcode in der Testumgebung XAMPP auszuführen,

- müssen die Skripte im Unterverzeichnis C:\...\xampp\htdocs mit der Extension `.php` gespeichert sein,
- muss der Webserver gestartet sein und
- muss der Aufruf eines Skripts über den Webserver mit der IP 127.0.0.1/... oder der URL `localhost/...` erfolgen.

**Hinweis:**

Wird die Datei `test.php` direkt vom Browser an der Speicheradresse z. B. `C:\xampp\htdocs...` gelesen, so wird der PHP-Interpreter umgangen und der PHP-Quelltext wird direkt im Browser angezeigt. Datenbankzugriffe werden dann nicht durchgeführt.

### 8.3.2 Schreiben eines PHP-Skripts

Die Sprachelemente von PHP sind weitgehend von den Programmiersprachen C, Java und Perl abgeleitet.

**Beispiel:**

Ein Skript soll am Bildschirm den Inhalt einer Textvariablen, z. B. „Hallo, Datenbank-Experten!“, ausgeben.

```
<html>
      <head>
            <title>Übung 1</title>
      </head>
      <body>
```

HTML-Code

```
         <?php
            $daten = "Hallo, Datenbank-Experten!";
            //Deklaration der Variablen
            echo $daten;  // Ausgabe der Variablen
         ?>
```

**PHP-Skript**

```
      </body>
</html>
```

HTML-Code

**Vorgehensweise:**

Mit einem Texteditor oder einem HTML-Editor erstellt man zunächst das Grundgerüst einer HTML-Datei.

Das PHP-Skript wird zwischen die Tags (= Markierungen) <?php und ?> in den Body-Bereich des HTML-Skripts eingefügt.

Jede Anweisungszeile muss mit einem Semikolon beendet werden.

Kommentare werden mit // begonnen.

**Hinweis:**

PHP-Skripte sollten immer schrittweise erstellt und getestet werden, um Fehler rechtzeitig einzugrenzen, zu erkennen und zu beheben.

### 8.3.3 Variablen in PHP

Variablen werden in PHP durch ein vorangestelltes $-Zeichen benannt, z. B. `$daten`. Sie müssen nicht ausdrücklich deklariert werden, sondern werden durch die Wertzuweisung in das geeignete Datenformat gebracht. Die Ausgabe der Variablen `$daten` am Bildschirm erfolgt durch die Anweisung `print $daten` oder `echo $daten`.

Die Datei mit dem PHP-Skript muss mit der Erweiterung `.php`, z. B. `script1.php`, im Veröffentlichungsverzeichnis des Webservers gespeichert werden. Der Aufruf erfolgt im Browser nicht offline über das Öffnen der Datei im Pfad `C:\...\xampp\htdocs...`, sondern im Online-Modus, z. B. über die Adresse `http://localhost/script1.php`.

Damit PHP-Skripte in HTML-Seiten interpretiert werden, müssen die Dateien z. B. mit der Dateierweiterung .php gespeichert werden und über einen Webserver ausgeführt werden.

### 8.3.4 Arrays

Ein Array (= Feld) besteht aus einer bestimmten Anzahl von Feldelementen, die jedoch nicht vom gleichen Datentyp sein müssen. So können z. B. Zahlenfelder, Textfelder und Bildobjekte zu einem Array zusammengefasst werden.

Arrays können aus Feldelementen mit unterschiedlichen Datentypen bestehen.

Deshalb sind PHP-Arrays für die Bearbeitung von Datensätzen in Datenbanken besonders geeignet.

Ein Array besitzt, wie andere Variablen auch, einen Namen, z. B. `$kunden`. Die einzelnen Feldelemente werden bei numerischen Arrays durch einen fortlaufenden Index unterschieden , z. B. `$kunden[1] = "Huber"`. Der Index beginnt bei PHP standardmäßig bei `[0]`.

**Beispiel:**

Mit einem Skript wird ein numerisches Array angelegt mit den folgenden Daten des Kunden Huber:

Nr: 1;

Name: Huber;

Vorname: Wilhelm;

Strasse: Hauptstr. 345;

Land: D;

PLZ: 76567; Ort: Oberberg;

Tel: 07654-3210;
Fax: 07654-3211;

E-Mail: Wilhelm.Huber@mail.com;

```
<?php
$kunden[0]= 1;
$kunden[1]= "Huber";
$kunden[2]= "Wilhelm";
$kunden[3]= "Hauptstr. 345";
$kunden[4]= "D";
$kunden[5]= "76567";
$kunden[6]= "Oberberg";
$kunden[7]= "07654-3210";
$kunden[8]= "07654-3211";
$kunden[9]= "Wilhelm.Huber@mail.com";
?>
```

Die Ausgabe des Arrays am Bildschirm ergibt:

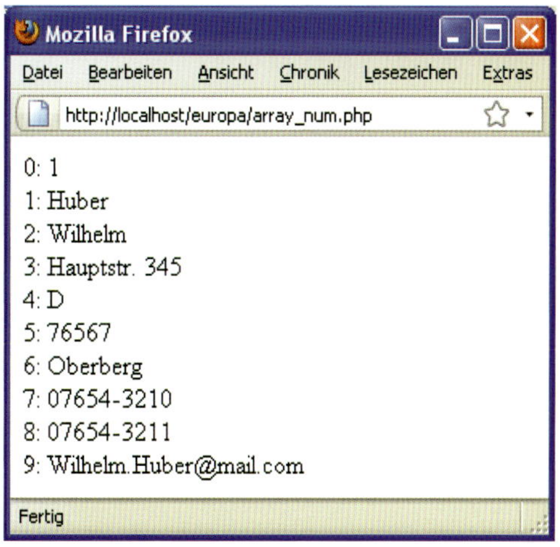


**Assoziative Arrays**

Assoziative (mit Vorstellungen verbindende) Arrays verwenden als Index ihrer Elemente nicht Zahlen, sondern Zeichenfolgen oder Worte, Keys genannt. Anstatt `$kunden[0]` und `$kunden[1]` erhalten die Arrayelemente die Bezeichnung `$kunden[Nr]` und `$kunden[Name]`.

Durch Indizierung mit diesem Key, z. B. `[Nr]` oder `[Name]`, wird die Bedeutung des einzelnen Elementes einfacher vermittelt.

**Beispiel:**

Mit einem PHP-Skript werden die Daten des Kunden Huber in einem assoziativen Array gespeichert und ausgegeben.

```
<?php
    $kunden[Nr]= 1;
    $kunden[Name]= "Huber";
    $kunden[Vorname]= "Wilhelm";
    $kunden[Strasse]= "Hauptstr. 345";
    $kunden[Land]= "D";
    $kunden[PLZ]= "76567";
    $kunden[Ort]= "Oberberg";
    $kunden[Tel]= "07654-3210";
    $kunden[Fax]= "07654-3211";
    $kunden[EMail]= "Wilhelm.Huber@mail.com";

    foreach($kunden as $key => $element)
       echo  $key,': ', $element,'<br>';
?>
```

Die Ausgabe am Bildschirm ergibt:

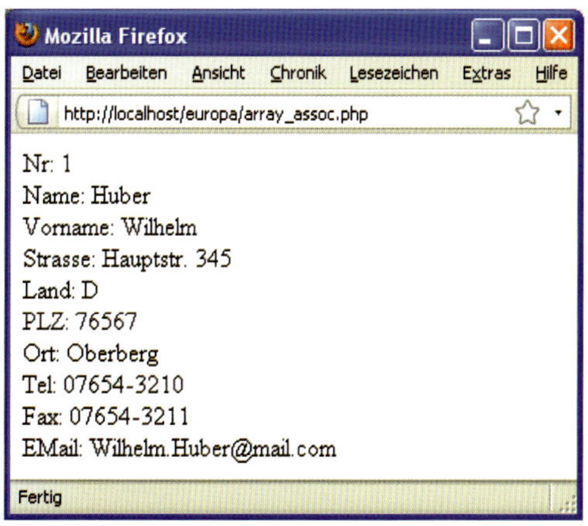

Im Beispiel erfolgt die Ausgabe der Feldinhalte durch eine `foreach`-Schleife. Die allgemeine Syntax dieser Schleife (bei assoziativem Array) lautet:

```
foreach($arrayname as $keyname => $elementname)
     Anweisung;
```

Bei numerischen Arrays entfällt die Angabe des Schlüssels. Die Syntax der Schleife lautet dann allgemein:

```
foreach($arrayname as $elementname)
      {
       Anweisung 1;
       Anweisung 2;
       Anweisung 3
      }
```

Anstelle einer einzelnen Anweisung können mehrere mit geschweiften Klammern umschlossene Anweisungen zu einem Anweisungsblock zusammengefasst werden.

Zur Vereinbarung assoziativer Arrays stellt man den Arraynamen voran und gibt das Schlüsselwort `array` an. Die Keys der einzelnen Elemente werden in Anführungszeichen genannt, z. B. `"Name"`, und nach dem Zuweisungsoperator **=>** mit Werten gefüllt:

```
$kunden=array(
      "Nr"=>1,
      "Name"=>"Huber",
      "Vorname"=>"Wilhelm",
      ...
      "EMail"=>"Wilhelm.Huber@mail.com");
```

**Mehrdimensionale Arrays**

Einfache numerische oder assoziative Arrays können beliebig erweitert werden. Um jedoch bei mehreren Kunden die Übersicht zu bewahren, empfiehlt es sich, für jeden Kunden ein neues Array anzulegen. Die Arrays der einzelnen Kunden (entsprechend den Datensätzen einer Datenbank) werden zu einem übergeordneten Array zusammengefasst.

Das Prinzip eines mehrdimensionalen Arrays sieht folgendermaßen aus:

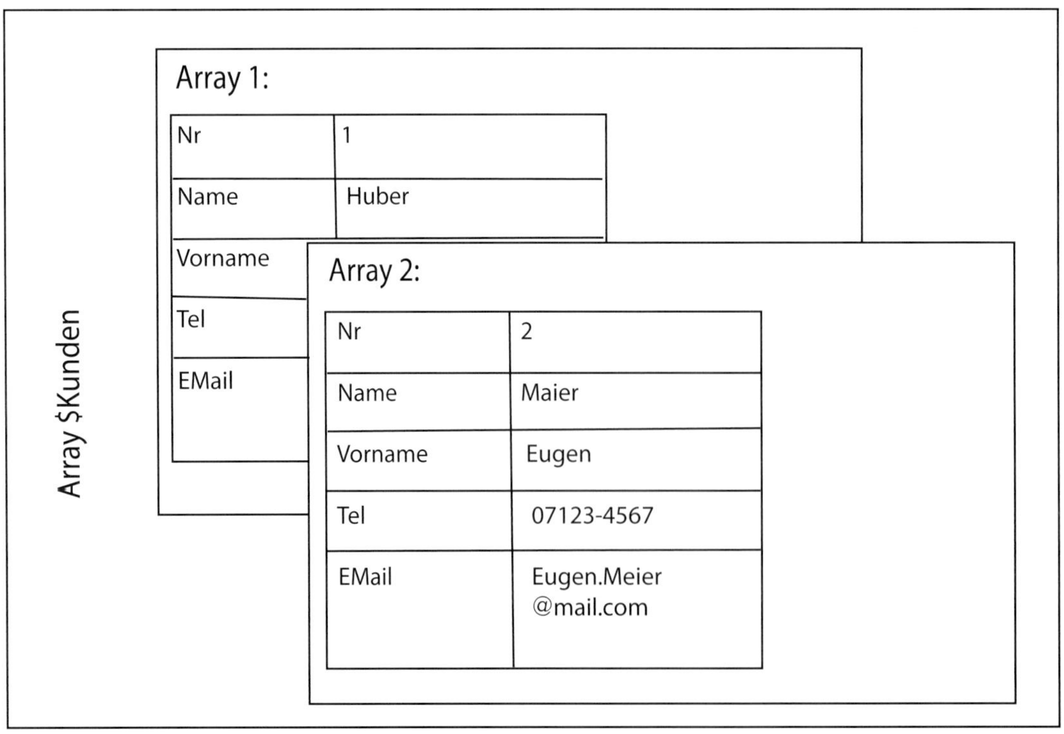


Mehrdimensionale Arrays sind ihres Aufbaus wegen geeignet, den Inhalt einer gesamten Tabelle einer relationalen Datenbank aufzunehmen.

**Beispiel:**

Durch ein PHP-Script werden zwei Datensätze mit zwei Adressen gespeichert und am Bildschirm ausgegeben.

```
<html>
     <head>
          <title>Mehrdimensionales Array</title>
     </head>
     <body text=#000000    bgcolor=#00FFFF
          <?php
               $kunde[1] = array(
                  "Nr"=> 1,
                  "Name"=> "Huber",
                  "Vorname"=> "Wilhelm",
                  "Tel"=> "07654-3210",
                  "EMail"=> "Wilhelm.Huber@mail.com"
                  );
               $kunde[2] = array(
                  "Nr"=> 2,
                  "Name"=> "Maier",
                  "Vorname"=> "Eugen",
                  "Tel"=> "07123-4567",
                  "EMail"=> "Eugen.Maier@mail.com"
                  );
               foreach($kunde as $zaehler => $datensatz)  {
                  echo 'Datensatz ',$zaehler,':','<br>';
                    foreach($datensatz as $index=>$feldinhalt)
{
                        echo $index,':     ', $feldin-
halt,'<br>';
                        }
                  echo '<br>';}
          ?>
     </body>
</html>
```

**Erläuterung:**

Nach der Festlegung der beiden Arrays `$kunde[1]` und `$kunde[2]` werden die Daten über eine doppelt verschachtelte `foreach`-Schleife ausgegeben. Dabei wird in der äußeren Schleife zunächst der interne Zähler `$zaehler` auf das erste Element gesetzt. Dieses erste untergeordnete Array `$kunde[1]` wird nun der Variablen `$datensatz` übergeben. Nach der Ausgabe von „Datensatz 1:" wird die innere Schleife begonnen. Hier wird der Zähler `$index` gestartet und das erste Element des aktiven Arrays `$datensatz` der Variablen `$feldinhalt` übergeben. Mit `echo ...` werden der Index und der Feldinhalt am Bildschirm angezeigt:

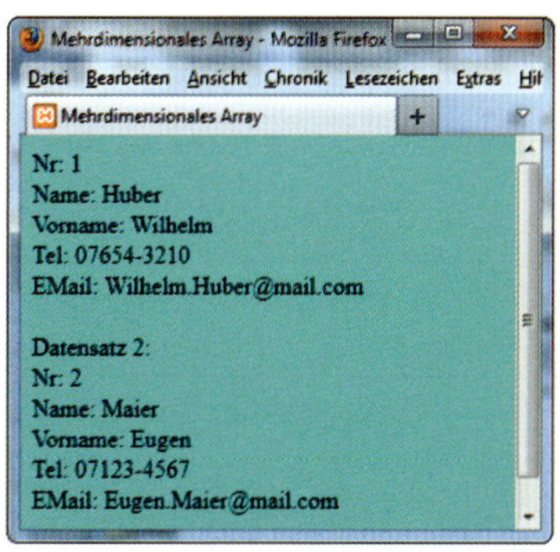


Wenn der Zähler `$index` die gesamten Arrayelemente eines Datensatzes durchlaufen hat, wird der Zähler der übergeordneten Schleife `$zaehler` um 1 erhöht und der Vorgang wiederholt sich mit dem nächsten Sub-Array `$kunde[2]`.

### 8.3.5 Arbeiten mit Arrays

PHP bietet für die Verarbeitung von Arrays spezielle Funktionen:

| Funktion | Beispiel | Wirkung |
|---|---|---|
| array_walk | $ergebnis = array_walk($zahlen, 'quadrat'); | Verändert die Elemente des Arrays, indem eine benutzerdefinierte Funktion (z. B. ‚quadrat') auf die einzelnen Elemente angewendet wird. |
| key | $schluessel = key($array); | Gibt den Schlüssel der aktuellen Position des Arrayzeigers zurück. |
| array_pop | array_pop($kunden); | Entfernt das letzte Element eines Arrays. |
| array_push | array_push($kunden, $elem); | Fügt $elem als weiteres Element an ein Array an. |

**Beispiel:**

In einem Array werden die Zahlen 10 bis 20 gespeichert. Anschließend werden die Elemente dieses Arrays mithilfe einer selbstdefinierten Funktion quadriert und die Ergebnisse am Bildschirm ausgegeben.

```
<?
    function quadrat (&$x)  {
        $x=$x*$x;
    }
    $zahlen=array(10,11,12,13,14,15,16,17,18,19,20);
    $ergebnis = array_walk($zahlen, 'quadrat');
    foreach ($zahlen as $element)  {
        echo $element,'  ' ;
    }
?>
```

Zunächst wird die Funktion zum Quadrieren der Elemente definiert.

Nach dem Festlegen des ursprünglichen Arrays `$zahlen` quadriert die Anweisung `array_walk($zahlen, 'quadrat')` die Elemente des Arrays und schreibt sie jeweils an ihren ursprünglichen Speicherplatz. Die Ausgabe erfolgt über die Anweisungen in der `foreach`-Schleife.

Das Ergebnis sieht folgendermaßen aus:

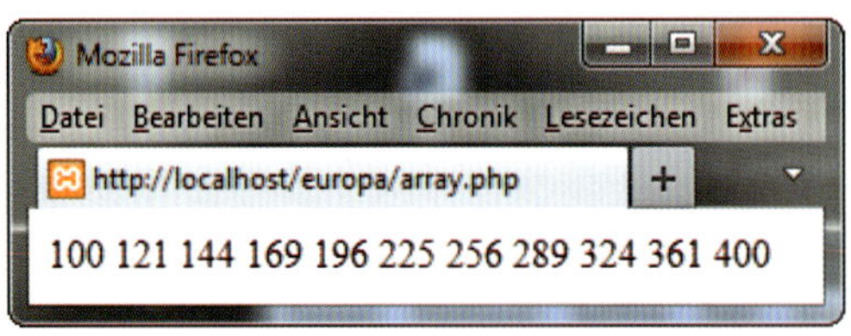


### 8.3.6 Bearbeiten von Zeichenketten

PHP stellt verschiedene Funktionen zur Bearbeitung von Zeichenketten zur Verfügung (siehe Tabelle).

Z. B. kann die Groß- und Kleinschreibung in Datenbanken gesteuert werden:

| Funktion | Beispiel | Beschreibung |
|---|---|---|
| strtolower() | $name = strtolower($name); | Wandelt in Kleinbuchstaben um. |
| strtoupper() | $name = strtoupper($name); | Wandelt in Großbuchstaben um. |
| ucfirst() | $name = ucfirst($name); | Wandelt das erste Zeichen in Großbuchstaben um. |
| ucwords() | $str1 = strtolower($str); | Wandelt das erste Zeichen eines jeden Wortes in Großbuchstaben um. |
| ord() | $wert = ord("A") | Gibt den ASCII-Wert eines Zeichens zurück. |

**Beispiel:**

Unabhängig von der Groß- und Kleinschreibung sollen die Daten des Kunden Huber in einem Array gespeichert werden. Bei der Ausgabe soll der erste Buchstabe von Textelementen groß geschrieben werden, alle anderen Buchstaben klein.

```
<?
    $kunden = array(
      "Nr"=> 1,
      "Name"=> "HubEr",
      "Vorname"=> "WilHelm",
      "Strasse"=> "hauptstr. 345",
      "Land"=> "d",
      "PLZ"=> "76567",
      "Ort"=> "OberBerg",
      "Tel"=> "07654-3210",
      "Fax"=> "07654-3211",
      "EMail"=> "Wilhelm.Huber@mail.com"
      );
    foreach($kunden as $zaehler => $feldinhalt)  {
      $feldinhalt = strtolower($feldinhalt);
      $feldinhalt = ucfirst($feldinhalt);
      echo $zaehler,':     ', $feldinhalt,'<br>';
    }
?>
```

Innerhalb der `foreach`-Schleife wandelt die Funktion `strtolower($feldinhalt)` den Inhalt der Variablen in Kleinbuchstaben um und speichert ihn wieder unter gleichem Namen. Zahlenvariablen werden nicht bearbeitet.

Mit der Funktion `ucfirst()` wird der erste Buchstabe in einen Großbuchstaben umgewandelt und anschließend der Feldinhalt am Bildschirm ausgegeben:

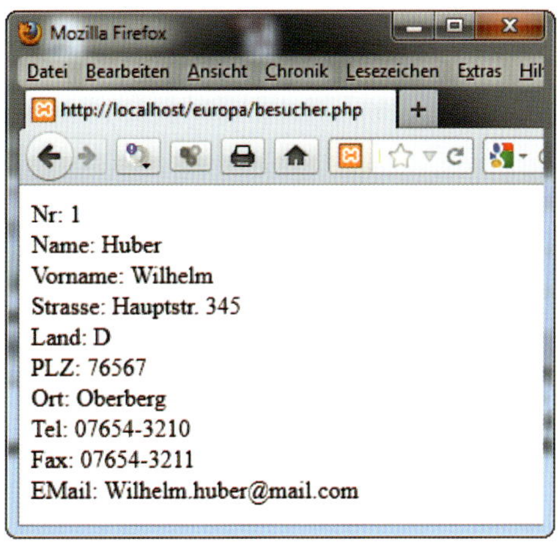


### 8.3.7 Dateioperationen mit PHP

Für Dateioperationen stehen verschiedene Funktionen zur Verfügung:

| Funktion | Beispiel | Bedeutung |
|---|---|---|
| fopen() | $fp =fopen('filename', $mode); | Öffnet eine Datei in einer bestimmten Zugriffsart |
| fclose() | fclose($fp); | Schließt eine geöffnete Datei |
| fgets() | fgets($fp,12); | Liest eine Zeile mit maximaler Länge 12 aus einer Datei. |
| fgetc() | fgetc($fp); | Liest ein einzelnes Zeichen einer Datei. |
| fwrite() | fwrite($fp,$zaehler); | Schreibt eine Zeichenkette $str in eine Datei. |
| file_exists() | if(!file_exists($zaehldatei) ...; | Prüft, ob eine Datei existiert. |

| Funktion | Beispiel | Bedeutung |
|---|---|---|
| rewind() | rewind($fp); | Setzt den Dateizeiger auf den Anfang einer Datei. |
| unlink() | unlink('filename'); | Löscht eine Datei. |
| require() | require($zaehldatei); | Fügt eine Datei in das PHP-Skript ein. |

**Beispiel:**

Um die Besucher einer Homepage zu zählen, wird ein Zähler programmiert, der den Zählerstand in einer Textdatei `counter.txt` speichert und am Bildschirm ausgibt.

```
<html>
<head>
    <title>PHP-Zähler</title>
</head>
<body bgcolor="#87ceff">
    <?php
          $zaehldatei="counter.txt";
               if(!file_exists($zaehldatei))  {
                  $fp=fopen($zaehldatei,"w+");
                  fwrite($fp,"0");
                  fclose($fp);
               }
          $fp=fopen($zaehldatei,"r+");
          $zaehler=(int)fgets($fp,12);
          $zaehler++;
          rewind($fp);
          fwrite($fp,$zaehler);
          fclose($fp);
    ?>
<div align="Center">
 <font size="+2">Sie sind der
      <?  require($zaehldatei); ?>
          . Besucher!!</font></div>
</body>
</html>
```

In der Datei `counter.txt` wird nur der Zählerstand als Ganzzahl abgelegt. Der Name dieser Datei wird in einer Variablen festgelegt.

Wenn diese Datei (noch) nicht existiert, wird die `if`-Anweisung durchlaufen. Es wird diese Datei erzeugt und im Modus `w+` geöffnet. Diese Betriebsart der Datei legt fest, dass sie zum Lesen und Schreiben geöffnet wird und – falls sie nicht existiert - zunächst erstellt wird. Mit der Funktion `fwrite()` wird die Zahl 0 in die Datei geschrieben. `fclose()` schließt die Datei wieder.

Die Funktion `fopen()` öffnet die nun sicher existierende Datei im Modus `r+` zum Lesen und Schreiben. Mit `fgets()` wird die maximal 12 Zeichen lange Zahl als String ausgelesen und mit `int()` in eine Ganzzahl umgewandelt. Sie wird in der Variablen `$zaehler` zwischengespeichert und mit `$zaehler++` um Eins erhöht. Die Funktion `rewind()` setzt den internen Zeiger auf den Anfang der Datei. Dorthin wird nun die um Eins erhöhte Zahl mit `fwrite()` geschrieben und die Datei wieder geschlossen.

Die Ausgabe erfolgt im HTML-Format, wobei der Zählerstand durch Einbinden der Datei mittels der Funktion `require($zaehlerstand)` angezeigt wird.

Dateien können mit der Funktion `fopen()` in verschiedenen Modi geöffnet werden. Die Betriebsart `a` öffnet die Datei und setzt den internen Dateizeiger auf das Ende der Datei. Dort sind jedoch nur Schreibvorgänge zugelassen. In der Betriebsart `a+` ist diese Einschränkung nicht vorhanden, es kann auch gelesen werden. In beiden Betriebsarten wird die gewählte Datei erstellt, falls sie noch nicht existiert.

Hier eine Übersicht über die möglichen Betriebsarten für Dateioperationen:

| Betriebsart | Erläuterung |
|---|---|
| "r" | Öffnet eine Datei nur zum Lesen. |
| "r+" | Öffnet eine Datei zum Lesen und zum Schreiben. |
| "w" | Öffnet eine Datei nur zum Schreiben. |
| "w+" | Öffnet eine Datei zum Lesen und Schreiben. Der Inhalt wir zunächst gelöscht. Falls die Datei nicht existiert, wird sie erstellt. |
| "a" | Öffnet die Datei nur zum Schreiben und setzt den Dateizeiger auf das Ende der Datei. Falls die Datei nicht existiert, wird sie erstellt. |
| "a+" | Öffnet die Datei zum Lesen und Schreiben und setzt den Dateizeiger auf das Ende der Datei. |

### 8.3.8 Zugriffsrechte auf Dateien

Eine wichtige Information bei der Arbeit mit Dateien, speziell mit Datenbanken, sind die Zugriffsrechte. Sie informieren über die Berechtigungen verschiedener Benutzer bezüglich dieser Dateien.

PHP bietet für die Verwaltung von Dateien und Zugriffsrechten geeignete Funktionen an:

| Funktion | Beschreibung |
|---|---|
| filegroup(); | Gibt die Gruppe des Dateibesitzers zurück. |
| fileowner(); | Ermittelt den Besitzer der Datei. |
| fileperms(); | Ermittelt die Zugriffsrechte der Datei. |
| filesize(); | Ermittelt die Größe der Datei. |
| filetype(); | Gibt den Dateityp zurück. |
| decoct(); | Wandelt eine Dezimalzahl in eine Oktalzahl um. |

**Beispiel:**

Mit einem PHP-Skript sollen die Zugriffsberechtigungen und der Dateityp, z. B. für die Datei `D:\tools\xampp_port\htdocs\europa\array.php`, ermittelt werden.

```
<?php
    $datei = "d:/tools/xampp_port/htdocs/europa/array.php";
    $erg=fileperms($datei);
    echo "Zugriffsrechte der Datei $datei: ", decoct($erg),
    "<br>";
        echo "Dateityp:  ", filetype($datei);
    ?>
```

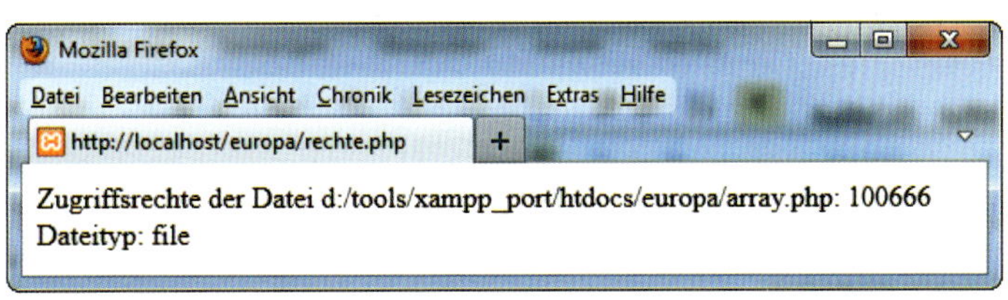


Nach der Festlegung des Pfades der Datei in einer Variablen ermittelt die Funktion `fileperms()` die Zugriffsrechte auf diese Datei. Da das Ergebnis in dezimaler Schreibweise vorliegt, aber erst in oktaler Schreibweise richtig interpretiert werden kann, muss es mithilfe der Funktion `decoct()` umgewandelt werden. Die ersten drei Ziffern, hier `100`, informieren über den Dateityp. Die Funktion `filetype()` gibt diesen Dateityp in einer Textvariablen als `file` aus.

Mögliche Filetypen sind:

- block: block special device
- char: character special device
- dir: directory
- fifo: FIFO (named pipe)
- file: regular file
- link: symbolic link
- unknown: unknown file type

Die Ziffernfolge `666` informiert über die Rechte des Besitzers, der Gruppe und der Anderen. Dabei bedeutet die erste Ziffer `6`, dass der Besitzer der Datei lesen (4) und schreiben (2), aber nicht ausführen darf. Die zweite Ziffer `6` informiert über die – hier gleichen – Rechte der Gruppe und die letzte Ziffer über die aller anderen Benutzer.

Die möglichen Rechte der einzelnen Benutzer sind:

| **Besitzer** | | | **Gruppe** | | | **Andere** | | |
|---|---|---|---|---|---|---|---|---|
| r | w | x | r | w | x | r | w | x |
| 4 | 2 | 1 | 4 | 2 | 1 | 4 | 2 | 1 |

r von read = lesen, w von write = schreiben,
x von execute = ausführen

**Beispiel:**

Für eine Datei wird als Schlüssel für die Zugriffsrechte die Zahl 754 geliefert. Die einzelnen Berechtigungen werden folgendermaßen ermittelt:

7 = Besitzer: lesen (4) + schreiben (2) + ausführen (1);

5 = Gruppe: lesen (4) + ausführen (1);

4 = Andere: lesen (4).

### 8.3.9 Arbeiten mit Formularen

Mit PHP-Skripten können Daten aus HTML-Formularen verarbeitet werden.

**Beispiel:**

In einem HTML-Formular wird die Adresse (Name, Vorname, Straße, PLZ, Ort) eingetragen. Über eine Befehlsschaltfläche sollen die Daten an ein PHP-Skript gesendet und dort angezeigt werden.

Das Listing des Eingabeformulars lautet z. B.:

```
<html>
    <head><title>Eingabeformular</title></head>
    <body text="#000000" bgcolor="#00E0FF">
        <h4>Bitte geben Sie Ihre Adresse ein:</h4>
        <form action="form_aus.php" method="POST">
            Name:<br><input type="Text" name="Name"
            size="35"><br>
            Vorname:<br><input type="Text" name="Vorname"
            size="35"><br>
            Straße:<br><input type="Text" name="Strasse"
            size="35">
            <br>
            PLZ : Ort :<br><input type="Text" name="PLZ"
            size="5" >
                     <input type="Text" name="Ort"
                     size="28"><br><br>
            <input type="Submit" name="submit" value="ab
```

```
                schicken">
                <input type="reset"  name=loeschen value=löschen>
            </form>
        </body>
    </html>
```

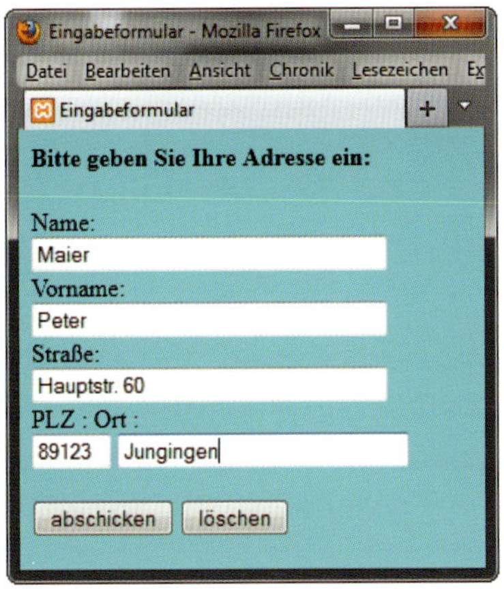


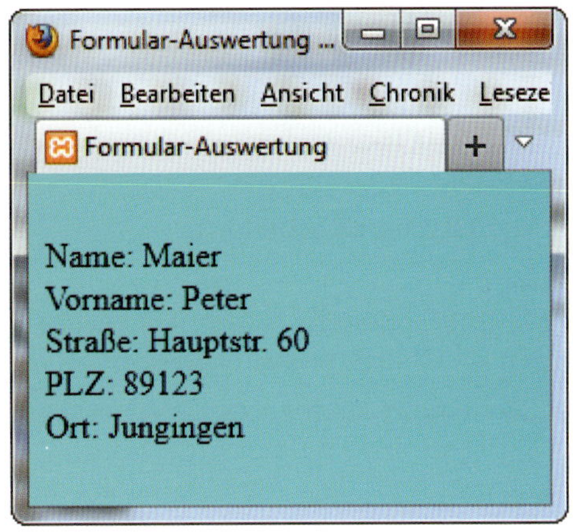


Zunächst erstellt man ein Formular im HTML-Code. Dort wird festgelegt, dass z. B. durch die Methode `POST` die Formulardaten an ein PHP-Skript, z. B. `form_aus.php`, gesendet werden. Dies geschieht durch die HTML-Anweisung

`<form action="form_aus.php" method="post">`.

Durch Betätigen der Schaltfläche `abschicken` werden die Daten an die Datei `form_aus.php` gesendet.

Das Listing der Datei `form_aus.php` lautet z. B.:

```
<html><head>
      <title>Formular-Auswertung</title></head>
<body text="#000000" bgcolor="#00E0FF">
    <?php
       $name      =$_POST["Name"];
       $vorname    =$_POST["Vorname"];
       $strasse    =$_POST["Strasse"];
       $plz       =$_POST["PLZ"];
       $ort       =$_POST["Ort"];
       echo "<br>Name:       ", $name;
       echo "<br>Vorname:    ", $vorname;
       echo "<br>Straße:     ", $strasse;
       echo "<br>PLZ:        ", $plz;
       echo "<br>Ort:        ", $ort;
    ?>
</body></html>
```

Die Standardvariable `$_POST[]` überträgt die Daten im Datenformat eines Arrays. Die Elemente werden z. B. mit `$vorname=$_POST["Vorname"]` ausgelesen und einer lokalen Variablen zugewiesen. Mithilfe des Befehls `echo...` können sie angezeigt werden.

## 8.4 Das Datenbanksystem Maria DB

**Hinweis:**

Die Datenbanksysteme MariaDB und MySQL sind nahe zu gleichwertig zu verwenden.

MariaDB ist ein relationales Datenbanksystem. Es wird eine Client-Server-Architektur benutzt, wobei der Datenbankserver `mysqld.exe` als Hintergrundprozess auf einem Server läuft. Es können beliebig viele Clients auf den Server zugreifen. Das Multithreading-Konzept ermöglicht, verschiedene Anfragen an den Server abzuarbeiten.

Eine MariaDB-Distribution ist in dem freien Datenbank-Entwicklungstool XAMPP enthalten. Starten lässt sich der Server-Prozess z. B. über das XAMPP Control Panel durch Betätigen der Schaltfläche `Start` neben dem Eintrag `MariaDB`.

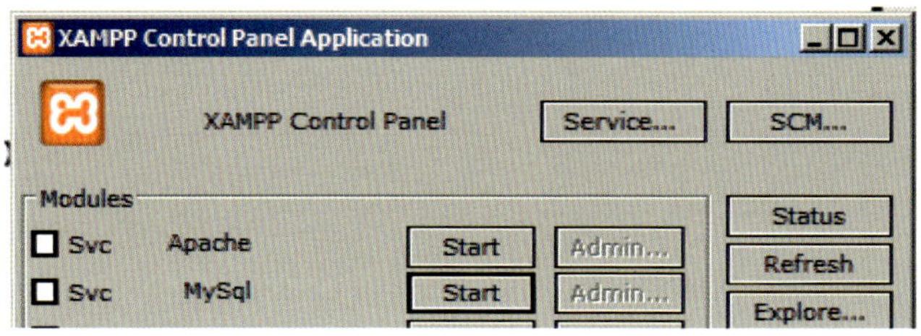


## 8.4.1 Mit MySQL-Clients arbeiten

### Der Client mysql

Das Client-Programm mysql (Kleinschreibung im Unterschied zum Datenbanksystem MySQL) verbindet mit dem MariaDB-Server und erlaubt Befehle an den Server zu senden.

Der Client mysql startet über die Windows-Eingabeaufforderung im Installationsverzeichnis von XAMPP mit dem Dateinamen `mysql`. Die Verbindungsparameter werden beim Aufruf angegeben. Nach dem Attribut `-h` folgt der Ort des Datenbankservers, z. B. `localhost`, nach `-u` der Benutzer, z. B. `root` . Ein Passwort folgt hinter dem Schalter `-p`. Standardmäßig ist für den Benutzer `root` kein Passwort festgelegt. Um die Sicherheit zu erhöhen, ist es sinnvoll ein Passwort einzurichten.

```
Eingabeaufforderung - mysql -hlocalhost -uroot -p
Microsoft Windows [Version 10.0.18363.778]
(c) 2019 Microsoft Corporation. Alle Rechte vorbehalten.

C:\Users\User>cd\

C:\>cd xampp/mysql/bin

C:\xampp\mysql\bin>mysql -hlocalhost -uroot -p
Enter password:
Welcome to the MariaDB monitor.  Commands end with ; or \g.
Your MariaDB connection id is 67
Server version: 10.4.11-MariaDB mariadb.org binary distribution

Copyright (c) 2000, 2018, Oracle, MariaDB Corporation Ab and others.

Type 'help;' or '\h' for help. Type '\c' to clear the current input statement.

MariaDB [(none)]>
```

Nach einem Begrüßungstext können Befehle an den Client eingegeben werden. Monitorbefehle enden immer mit dem Zeichen `';'`. Der Aufruf der Hilfe erfolgt durch den Befehl `\h`.

```
Eingabeaufforderung - mysql -hlocalhost -uroot -p
Type 'help;' or '\h' for help. Type '\c' to clear the current input statement.

MariaDB [(none)]> \h

General information about MariaDB can be found at
http://mariadb.org

List of all client commands:
Note that all text commands must be first on line and end with ';'
?         (\?) Synonym for `help'.
clear     (\c) Clear the current input statement.
connect   (\r) Reconnect to the server. Optional arguments are db and host.
delimiter (\d) Set statement delimiter.
ego       (\G) Send command to MariaDB server, display result vertically.
exit      (\q) Exit mysql. Same as quit.
go        (\g) Send command to MariaDB server.
help      (\h) Display this help.
notee     (\t) Don't write into outfile.
print     (\p) Print current command.
prompt    (\R) Change your mysql prompt.
quit      (\q) Quit mysql.
rehash    (\#) Rebuild completion hash.
source    (\.) Execute an SQL script file. Takes a file name as an argument.
status    (\s) Get status information from the server.
tee       (\T) Set outfile [to_outfile]. Append everything into given outfile.
use       (\u) Use another database. Takes database name as argument.
charset   (\C) Switch to another charset. Might be needed for processing binlog with multi-byte charsets.
warnings  (\W) Show warnings after every statement.
nowarning (\w) Don't show warnings after every statement.

For server side help, type 'help contents'

MariaDB [(none)]>
```

Am Prompt `mysql` werden Anweisungen an den Datenbankserver eingegeben.

Der Befehl `show databases;` gibt z. B. alle auf dem Server liegenden Datenbanken aus. Im Bild sind dies 11 Datenbanken.

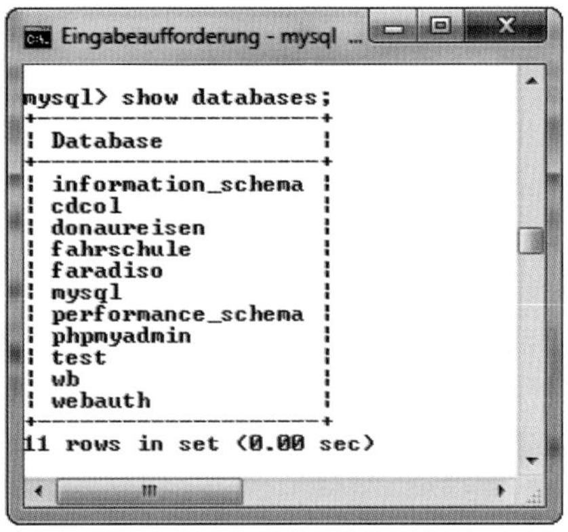


### Der Client mysqladmin

Der Client mysqladmin ermöglicht z. B. Administrationsaufgaben am Datenbankserver zu erledigen.

**Beispiel:**

Für den Benutzer `root` wird das Passwort `Hus89adRBSiU` eingerichtet.

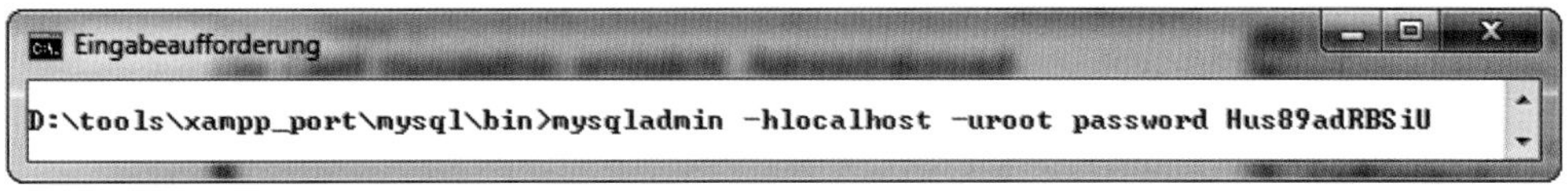


In der Eingabeaufforderung des mysql-Verzeichnisses ruft man das Programm mysqladmin auf, mit den Attributen für den Server `localhost` und dem Benutzer `root`. Der Schlüsselbegriff `password` legt das nachgestellte Passwort für den Datenbankserver fest.

**Beispiel:**

Das Passwort wird in das neue Passwort `geheim` geändert.

Die zweite Anmeldung am Datenbankserver erfordert das vorher festgelegte Passwort hinter dem Attribut `-p`, um anschließend dieses Passwort ändern zu können.

### Der Client mysqldump

Der Client mysqldump wird zur Datensicherung verwendet. Das Programm schreibt den Inhalt von Datenbanken in eine Textdatei.

**Beispiel:**

Der Inhalt der Datenbank `faradiso` wird in der Datei `backup_file.sql` gesichert.

Nach den Anmeldeattributen gibt man die Datenbank an und legt nach dem Zeichen > den Namen der Exportdatei, z. B. `backup_file.sql`, fest. In diese Textdatei werden SQL-Befehle geschrieben, die beim Ausführen wieder die Tabellen erzeugen und die Daten einfügen.

Mit der Option `--all-databases` werden alle Datenbanken des Datenbankservers z. B. in der Datei `sicherung.sql` gesichert:

**Der Client phpMyAdmin**

Die Entwicklungsumgebuung XAMPP bietet standardmäßig den Client phpMyAdmin an. Er startet durch Aufruf der Adresse `localhost/phpmyadmin` im Browser. Mit diesem Werkzeug können nahezu alle Administrationsaufgaben am MySQL-Datenbankserver komfortabel durchgeführt werden. Deshalb wird im Weiteren vor allem mit diesem Client gearbeitet.

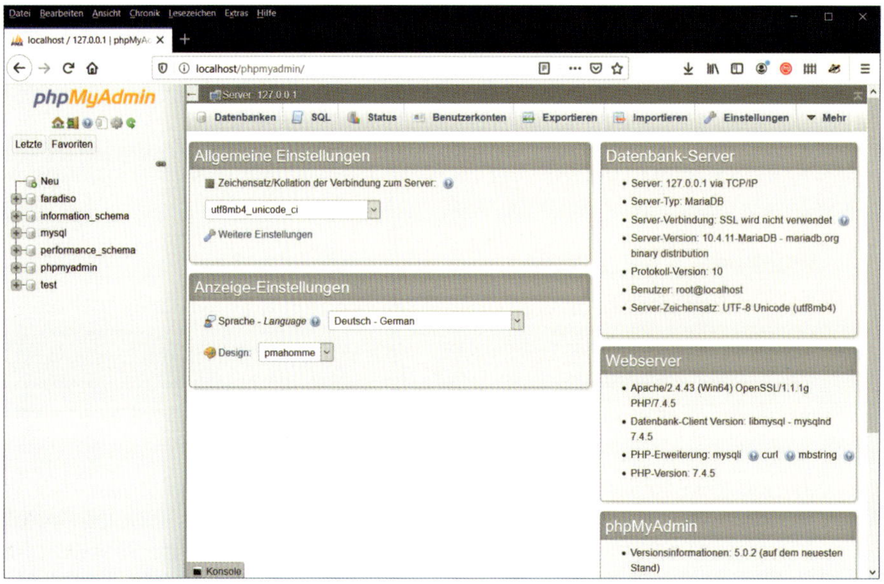


## 8.4.2 Zugriffsrechte gewähren und widerrufen

MySQL speichert Rechte der Benutzer sehr differenziert in der Datenbank mysql.

**Beispiel:**

Mit dem Client phpMyAdmin wird z. B. ein neuer Benutzer mit dem Benutzernamen `'Angestellter'` und dem Passwort `'Angestellter'` eingerichtet. Er soll sich nur von Hosts der Domäne 212.211.130.xxx anmelden können.

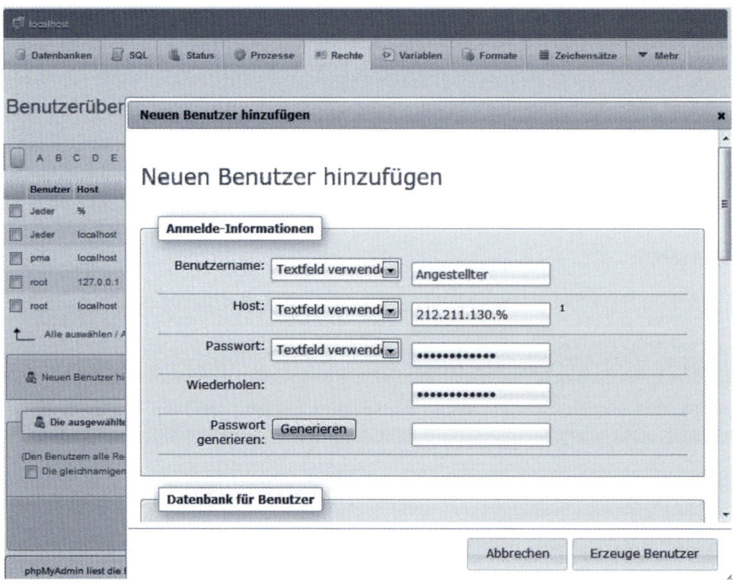

Über die Karteikarte `Rechte` auf der Startseite gelangt man zur Ansicht der in der Datenbank mysql bestehenden Benutzer. Hier wählt man `Neuen Benutzer hinzufügen`, wodurch sich obige Eingabemaske öffnet. Dort werden die gewünschten Anmelde-Informationen eingegeben. In der Zeile `Host` muss im Pulldown-Fenster die Option `Textfeld verwenden` eingestellt sein, um einen konkreten Host einzugeben, von dem aus sich der Benutzer am Datenbankserver anmelden darf. Soll sich der neue Benutzer von allen Rechnern eines bestimmten Netzes anmelden können, so legt man z. B. für das letzte Byte der Adresse den Platzhalter `%` fest.

Im Bereich Globale Rechte werden die Rechte des Benutzers ausgewählt, z. B. `SELECT` zum Lesen von Daten, `INSERT` zum Einfügen von Datensätzen in Tabellen und `UPDATE` zum Verändern vorhandener Daten. Mit Klick auf die Schaltfläche `Erzeuge Benutzer` wird der neue Benutzer durch eine CREATE-Anweisung angelegt und seine Benutzerrechte vergeben. Die erfolgreiche Ausführung wird gemeldet, indem der ausgeführte Befehl im SQL-Code angezeigt wird.

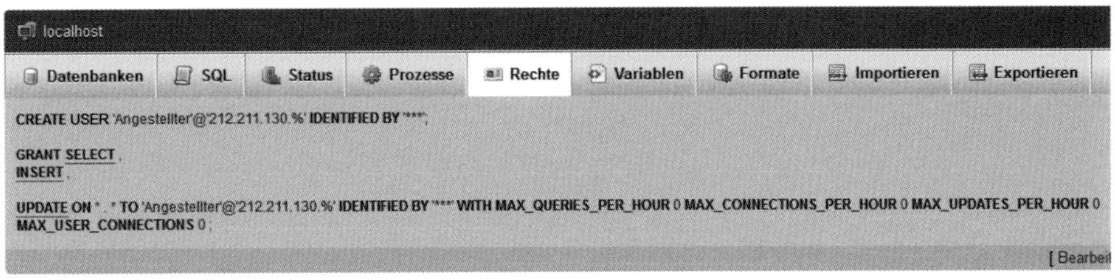


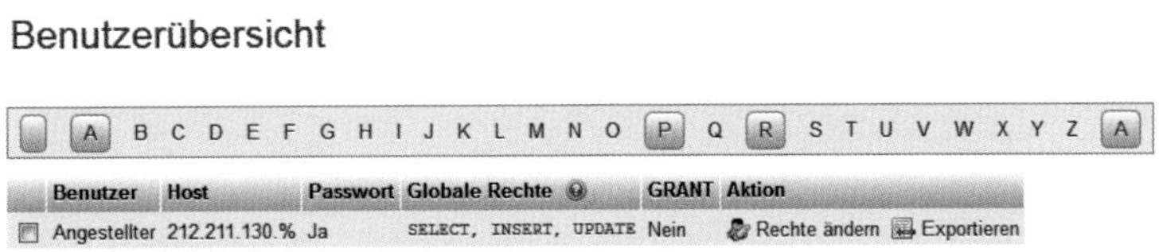


**Beispiel:**

Mittels eines SQL-Befehls wird ein neuer Benutzer `schueler` mit dem Passwort `schueler2012` anlegt. Er soll sich nur von Hosts der Domäne `rbs-ulm.de` anmelden können und nur die Datenbank `faradiso` mit allen Rechten bearbeiten können.

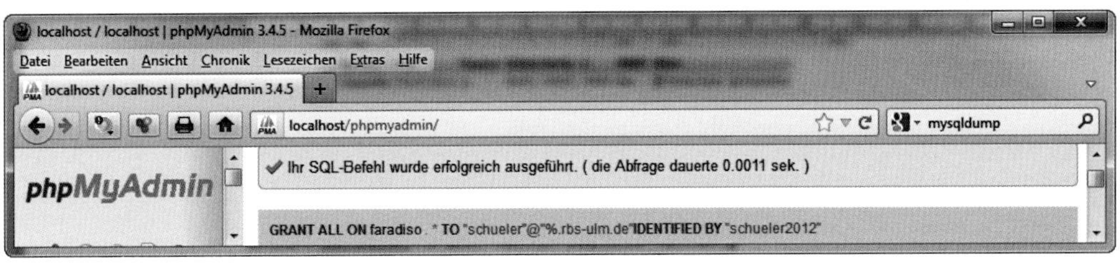


Das Schlüsselwort `GRANT` leitet den SQL-Befehl zur Gewährung von Benutzerrechten ein. Das Wort `ALL` legt alle Rechte für den Benutzer fest. Mit dem Attribut `ON faradiso.*` werden diese gewährten Rechte auf alle Tabellen der Datenbank faradiso begrenzt. Mit `*.*` könnte der Benutzer alle vorhandenen Datenbanken bearbeiten. Nach dem Begriff `TO` steht der Anmeldename des neuen Benutzers, z. B. `schueler` und nach dem Zeichen `@` der Host oder der Netzbereich, von dem aus der Benutzer sich anmelden darf. Das Anmeldepasswort folgt nach dem Schlüsselbegriff `IDENTIFIED BY`.

Der Vorteil dieser Methode der Rechtefestlegung mit SQL-Befehlen gegenüber der direkten Bearbeitung der Rechtedatenbank mysql ist, dass der Administrator die Inhalte der Tabellen dieser Rechtedatenbank nicht kennen muss und nicht entscheiden muss, in welche dieser Tabellen die Einträge verteilt werden müssen.

Die Rechte der einzelnen Benutzer können in der Benutzerübersicht des Clients phpmyadmin eingesehen werden.

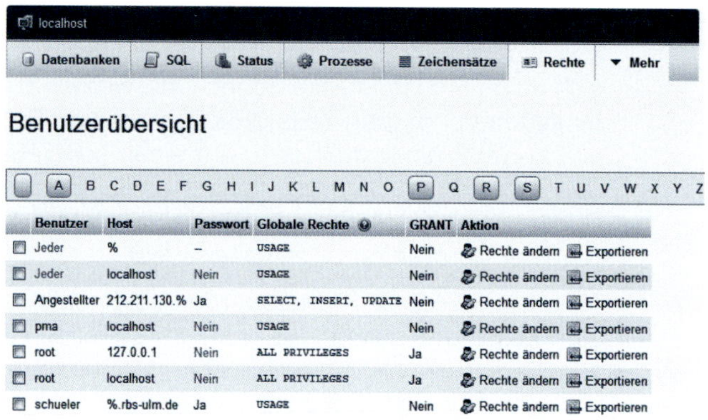


| Benutzer | Host | Passwort | Globale Rechte | GRANT | Aktion |
|---|---|---|---|---|---|
| Jeder | % | – | USAGE | Nein | Rechte ändern Exportieren |
| Jeder | localhost | Nein | USAGE | Nein | Rechte ändern Exportieren |
| Angestellter | 212.211.130.% | Ja | SELECT, INSERT, UPDATE | Nein | Rechte ändern Exportieren |
| pma | localhost | Nein | USAGE | Nein | Rechte ändern Exportieren |
| root | 127.0.0.1 | Nein | ALL PRIVILEGES | Ja | Rechte ändern Exportieren |
| root | localhost | Nein | ALL PRIVILEGES | Ja | Rechte ändern Exportieren |
| schueler | %.rbs-ulm.de | Ja | USAGE | Nein | Rechte ändern Exportieren |

Die Rechte des Benutzers `schueler` des Beispiels sind mit dem Begriff `USAGE` beschrieben. Dieses Schlüsselwort sagt aus, dass der Benutzer `schueler` keine globalen Rechte innerhalb dieses Datenbankservers besitzt.

Seine Rechte auf die Datenbank `faradiso` sind in der Tabelle `db` der Datenbank `mysql` hinterlegt. Hier ein Ausschnitt der Einträge in dieser Tabelle:

| Host | Db | User | Select_priv | Insert_priv | Update_priv | Delete_priv | Create_priv | Drop_priv | Grant_priv |
|---|---|---|---|---|---|---|---|---|---|
| % | test | | Y | Y | Y | Y | Y | Y | N |
| % | test_% | | Y | Y | Y | Y | Y | Y | N |
| localhost | phpmyadmin | pma | Y | Y | Y | Y | N | N | N |
| %.rbs-ulm.de | faradiso | schueler | Y | Y | Y | Y | Y | Y | N |

Der Schüler hat z. B. nicht das Recht `Grant_priv` erhalten (Eintrag ist `N`), da er sonst anderen Benutzern Rechte zuweisen könnte und somit seine Beschränkungen umgehen könnte.

Damit der Benutzer `schueler` z. B. keine Tabellen oder Datenbanken löschen kann, wird ihm das Recht `Drop_priv` entzogen. Dies geschieht durch Bearbeiten seiner Rechte im Client phpmyadmin. Dort wird der Button `N` in der Zeile `Drop_priv` ausgewählt und bestätigt.

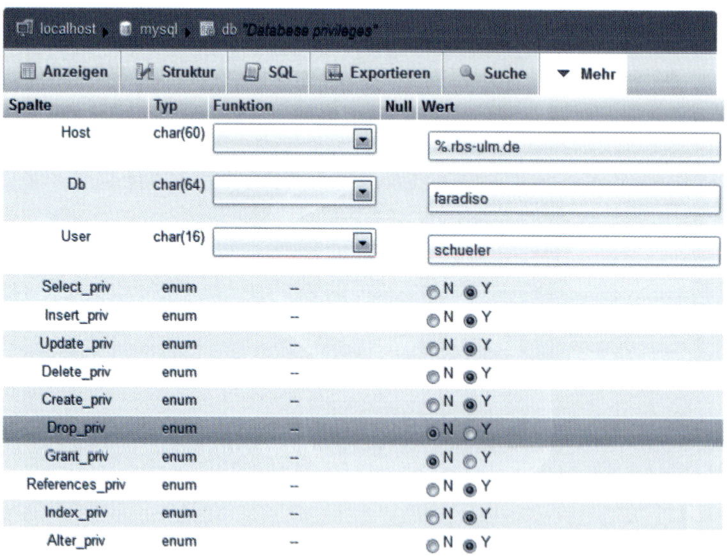


| Spalte | Typ | Funktion | Null | Wert |
|---|---|---|---|---|
| Host | char(60) | | | %.rbs-ulm.de |
| Db | char(64) | | | faradiso |
| User | char(16) | | | schueler |
| Select_priv | enum | -- | | N ● Y |
| Insert_priv | enum | -- | | N ● Y |
| Update_priv | enum | -- | | N ● Y |
| Delete_priv | enum | -- | | N ● Y |
| Create_priv | enum | -- | | N ● Y |
| Drop_priv | enum | -- | | ● N Y |
| Grant_priv | enum | -- | | ● N Y |
| References_priv | enum | -- | | N ● Y |
| Index_priv | enum | -- | | N ● Y |
| Alter_priv | enum | -- | | N ● Y |

**Hinweis:**

Globale Berechtigungen gelten für alle Datenbanken auf einem Server.

### 8.4.3 Bearbeiten einer MySQL-Datenbank mit PHP

PHP stellt verschiedene Funktionen zur Arbeit mit MariaDB zur Verfügung:

| PHP-Funktion | Beschreibung | Beispiel |
|---|---|---|
| mysql_connect() | Stellt eine Verbindung zum Datenbankserver her. | $erg=mysql_connect ($host, $user, $password); |
| mysql_db_query() | Schickt eine SQL-Abfrage an den Datenbankserver. | $erg=mysql_db_query ('faradiso', 'select * from kunden'); |
| mysql_num_rows() | Liefert die Anzahl der Datensätze einer Abfrage zurück. | $anzahl= mysql_ num_rows($erg); |
| mysql_num_fields() | Liefert die Anzahl der Felder eines Datensatzes der Abfrage. | $anzahl= mysql_num_ fields($erg); |
| mysql_close() | Schließt eine Verbindung zum Datenbankserver. | mysql_close(); |
| mysql_fetch_array() | Liefert einen Datensatz als Array. | $liste=mysql_fetch_array ($ergebnis, $typ) |

Eine Verbindung zum Datenbankserver herzustellen und Daten abzufragen, erfolgt in mehreren Schritten:

1. Anmeldung des Benutzers am Datenbankserver
2. Festlegen der Datenbank
3. Absenden der Abfrage an den Datenbankserver, speichern des Ergebnisses in einer Variablen
4. Schließen der Verbindung

Die Anmeldung des Benutzers am Datenbankserver geschieht mit der Funktion `mysql_connect($host, $user, $passwd)`.

Eine SQL-Abfrage wird mit der Funktion `mysql_db_query ($db, $sql)` abgeschickt. Die Funktion `mysql_num_rows($erg_sql)` liest z. B. die Anzahl der Datensätze einer Tabelle aus und speichert sie in der Variablen `$anz`. Die Funktion `mysql_close()` trennt die Verbindung zum Datenbankserver.

Das Skript zur Ausgabe der Anzahl der Datensätze lautet:

Herstellen einer Verbindung zum Datenbankserver

```
<?
   $db  = mysql_connect('localhost','root','');
   $erg_sql = mysql_db_query('faradiso', 'select * from kunden');
   $anz = mysql_num_rows($erg_sql);
   echo $anz;
   mysql_close();
?>
```

Absenden der SQL-Anweisung

Anzeigen des Ergebnisses

Auslesen des Ergebnisses der SQL-Anweisung

Schließen der DB-Verbindung

**Beispiel:**

Es wird ein PHP-Skript entworfen, welches die Tabelle `Kunden` der Datenbank `faradiso` am Bildschirm als HTML-Tabelle ausgibt.

Das Skript baut zunächst die Verbindung auf und schickt die SQL-Anweisung ab. Die Anzahl der benötigten Spalten wird mit der PHP-Funktion mysql_num_fields($erg_sql) ermittelt und der Variablen $anzahl übergeben. Mit einer for-Schleife wird der Tabellenkopf erzeugt, der mittels der Funktion `mysql_field_name($erg_sql,$i)` mit den Feldnamen beschriftet wird.

Innerhalb einer While-Schleife wird mithilfe der Funktion `mysql_fetch_array ($erg_sql, MYSQL_ASSOC)` bei jedem Durchlauf ein Datensatz des Abfrageergebnisses in ein assoziatives Array `$zeile` eingelesen. Eine Foreach-Schleife ermöglicht für jeden einzelnen Datensatz den Zugriff auf die einzelnen Felder des Datensatzes und die Ausgabe innerhalb der HTML-Tabelle. Nachdem die Tags für das Tabellenende angegeben worden sind, wird die Verbindung zum Datenbankserver durch `mysql_close()` geschlossen.

Das Skript lautet somit:

```
<?php
    $db = mysql_connect('localhost','root','');
    $erg_sql = mysql_db_query('faradiso', 'select * from kunden');
?>
    <table width=80% border=1>
      <tr bgcolor='#CFCFCF'>
      <? $anzahl=mysql_num_fields($erg_sql) ;
      for ($i=0;$i<$anzahl; $i++)    {
              ?> <th> <?
               echo mysql_field_name($erg_sql,$i);
              ?> </th> <?            }    ?>
      </tr>
      <tr>   <?
      while ($zeile = mysql_fetch_array ($erg_sql, MYSQL_ASSOC))  {
           foreach ($zeile as $elem)   {
           echo "<td bgcolor='#EFEFEF'><font size='-1'> $elem
</font></td>";
           }
           ?></tr><?
      }   ?>
    </table> <?
    mysql_close();
?>
```

Ausgabe der Spaltenüberschriften

Auslesen der einzelnen Datensätze

Ausgabe der einzelnen Feldinhalte eines Datensatzes

## 8.5 Daten über ODBC-Schnittstellen austauschen

Der direkte Austausch von Daten aus Datenbanken verschiedener Formate ist in der Regel nicht möglich. Deshalb wurde ein ODBC-Standard (von Open Database Connectivity = offene Datenbankverbindung) geschaffen, der über spezielle ODBC-Treiber den Austausch ermöglicht. Dabei übergibt das Datenbanksystem, z. B. MariaDB, die Daten an den ODBC-Treiber, der sie dann in das Format des zweiten Datenbanksystems, z. B. Access, umsetzt.

**Hinweis:**

Über ODBC-Schnittstellen können verschiedene Datenbanksysteme zusammenarbeiten.

Für den Informationsaustausch zwischen Access und MariaDB stehen im Internet passende Treiber für Linux und für Windows zur Verfügung, z. B. als Installationsdatei `mariadb-connector-odbc-3.x.x-win64.msi`.

### Installation des MyODBC-Treibers

Die Installation erfolgt durch Starten der Installationsdatei. Der Begrüßungsbildschirm wird mit `Next >` bestätigt. Anschließend fordert das Programm zur Auswahl der gewünschten Installationsart auf (siehe Bild). Hier klickt man auf die Checkbox `Typical` und bestätigt mit `Next >`. Das anschließende Fenster zeigt den Verlauf der Installation und bestätigt den erfolgreichen Abschluss.

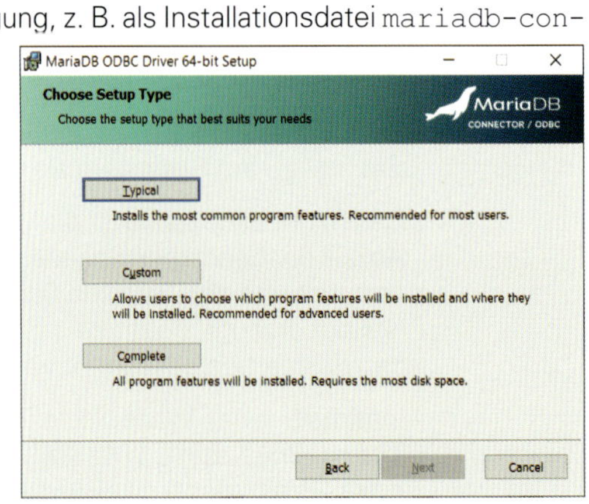

### Bearbeitung einer MariaDB-Datenbank mit Access

Nach dem Start von Access und dem Anlegen einer neuen Datenbank kann über die ODBC-Schnittstelle auf die Tabellen einer bestehenden MariaDB-Datenbank zugegriffen werden.

**Beispiel:**

Die Tabelle `Kunden` der MariaDB-Datenbank `faradiso` wird mit dem Datenbanksystem Access bearbeitet.

Dazu wählt man nach dem Start des Datenbanksystems Access im Menü `Externe Daten` die Option `ODBC-Datenbank`.

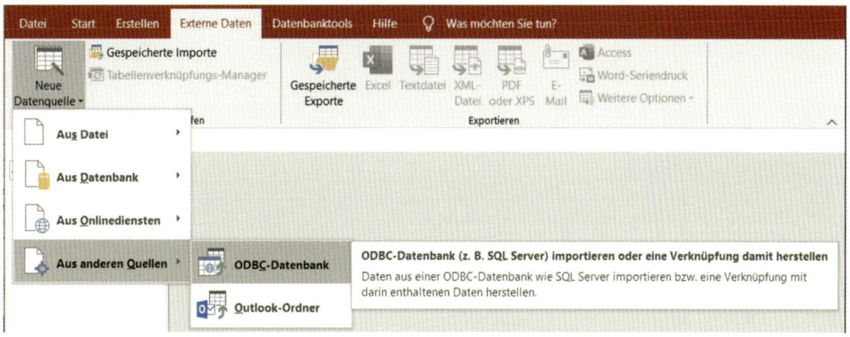


Der folgende Bildschirm lässt die Auswahl zu zwischen dem Import von Daten und dem Erstellen einer Verknüpfung. Man klickt auf die Auswahl `Erstellen Sie eine Verknüpfung` ... und bestätigt mit `OK`.

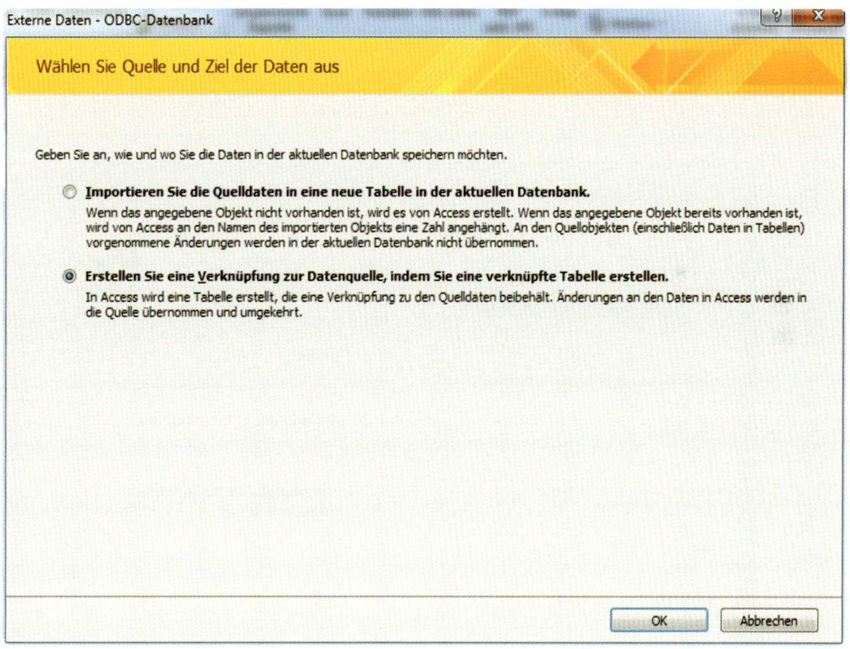


Die Daten werden dadurch nicht in die Access-Datenbank importiert, sondern bleiben in der MariaDB-Datenbank, können aber über die ODBC-Schnittstelle von Access aus bearbeitet werden. Würde die Option `Importieren...` gewählt, so würden die Daten als eigenständige Tabellen in die Access-Datenbank kopiert werden. Die MariaDB-Datenbank würde durch Bearbeitungen nicht mehr verändert werden.

Das folgende Fenster stellt einen Dialog zur Auswahl der Datenquelle zur Verfügung. Auf der Registerkarte `Computerdatenquelle` wird die Schriftflächr `Neu...` gewählt.

Im nächsten Fenster wird die Verbindung als `Systemdatenquelle` festgelegt und im anschließenden Fenster als Treiber `MariaDB ODBC 3.1 Driver` bestimmt.

Der Name kann z. B. MariaDB-Verbindung sein.

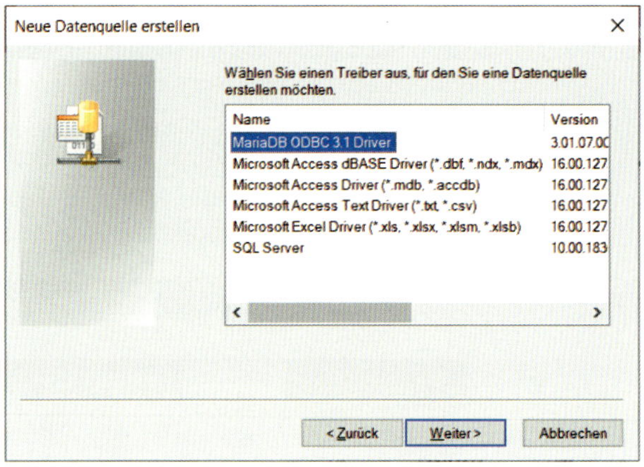


Als Servername wird `localhost` eingetragen, der Standardbenutzer ist `root` (gegebenenfalls mit Passwort). Als Datenbank wird z. B. `faradiso` gewählt.

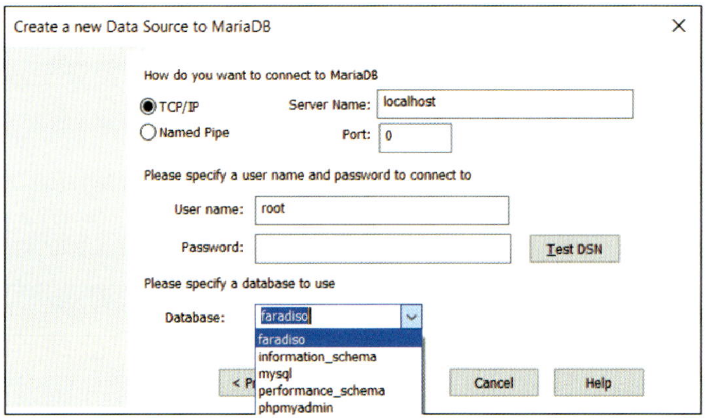


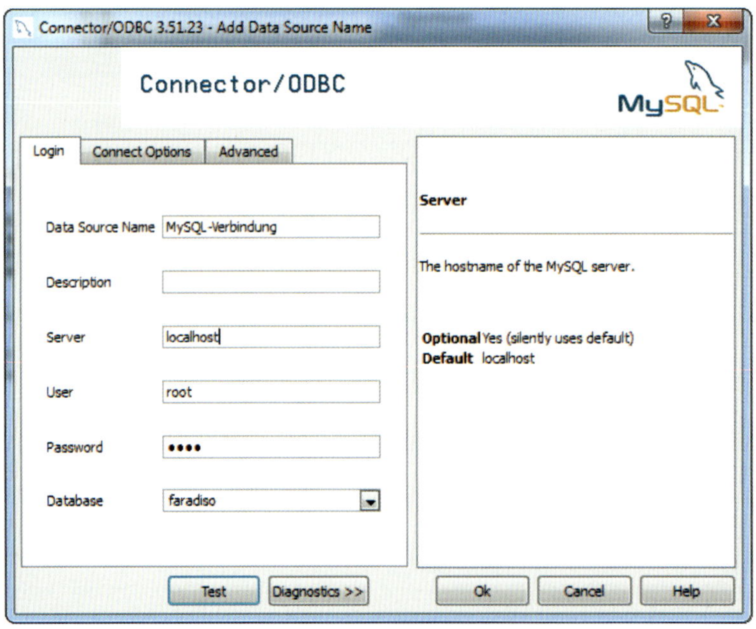


Nach Bestätigung mit `Ok` ist Access am MariaDB-Datenbankserver angemeldet und zeigt die in der MySQL-Datenbank `faradiso` vorhandenen Tabellen. Nach Betätigen der Schaltfläche `Alle auswählen` und Bestätigung mit `Ok` stehen alle Tabellen der MariaDB-Datenbank zur Bearbeitung zur Verfügung.

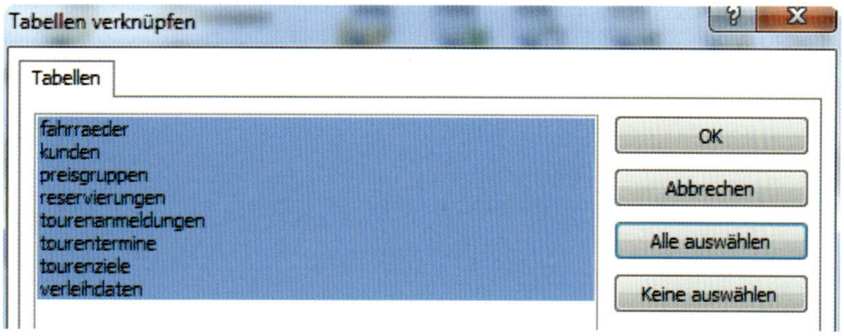


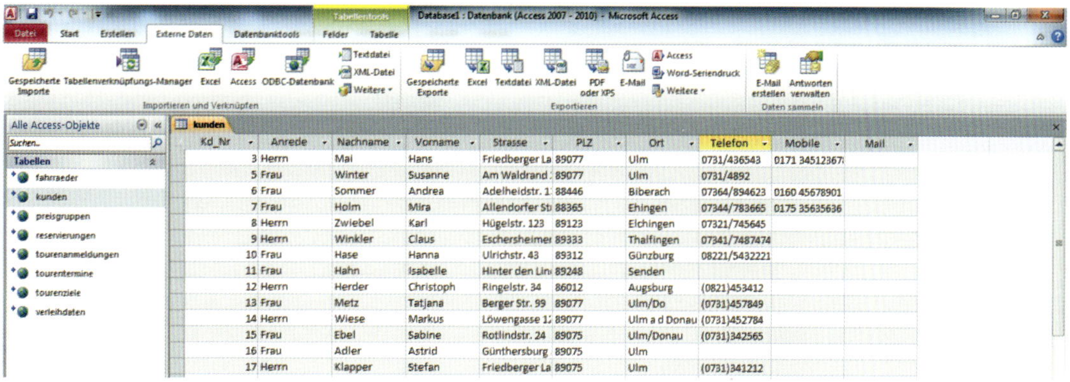


Änderungen, die nun z. B. in der Tabelle `Kunden` durchgeführt werden, werden nicht in der Access-Datenbank gespeichert, sondern werden über die ODBC-Schnittstelle an die MariaDB-Datenbank weitergegeben und dort gespeichert. Diese verknüpften Tabellen der MariaDB-Datenbank werden durch das Symbol vor dem Tabellennamen gekennzeichnet.

## 8.6 Aufgaben Kapitel 8

**Aufgabe 1. Arbeiten mit php-Funktionen**

Erzeugen Sie im Ordner 'htdocs' des Webservers einen Unterordner 'testordner'.

In diesem Ordner speichern Sie eine Datei mit Namen 'zugriffsrechte.php', die den Datentyp und die Zugriffsrechte für den Odner 'testordner' und für die Datei 'zugriffsrechte.php' ausgibt.

Verwenden Sie dazu die php-Funktionen fileperms() und filetype().

**Aufgabe 2.**

a) Exportieren Sie eine Ihrer Datenbanken in eine sql-Exportdatei mit Hilfe der Oberfläche phpMyAdmin.

Verwenden Sie dazu die Exportmethode „angepasst" und informieren Sie sich über die verschiedenen Einstellmöglichkleiten.

b) Importieren Sie eine Datenbank eines Ihrer KollegInnen.

# 8.7 Digitale Inhalte zu Kapitel 8

**Aufgabe 1**

Spielen Sie selbst oder im Klassenverband das Kahoot!-Quiz mit dem Titel „Datenbanken 36087 Kapitel 8 MariaDB".

Quelle: Kahoot-App oder www.kahoot.com

**Aufgabe 2**

https://vel.plus/mXHB

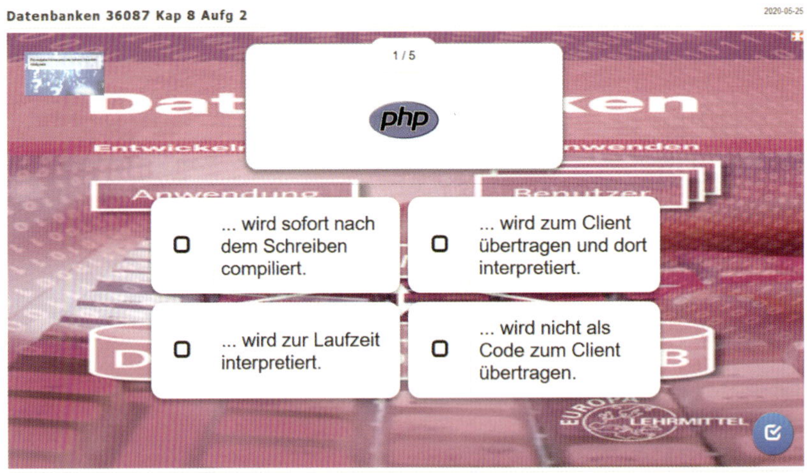


**Aufgabe 3**

https://vel.plus/NAjk

# 9 Datenbankzugriff mit Java

## 9.1 Datenbankzugriff mit Java

Das Speichern von Daten ist eine elementare Aufgabe von Anwendungsprogrammen. Natürlich kann eine Anwendung das Speichern von Daten mithilfe von Dateioperationen selbst durchführen. Für wenige Daten ist das wahrscheinlich auch die beste Wahl bei der Entwicklung einer Anwendung, weil sie damit relativ unabhängig ist. Wenn allerdings viele Daten (oder Datensätze) zu speichern sind und die Daten zusätzlich einen komplizierten Aufbau haben, dann ist die Speicherung in einer Datenbank in Betracht zu ziehen. Der große Vorteil bei einer Datenbankanbindung ist die Unabhängigkeit der Anwendung von der technischen Umsetzung der Datenspeicherung. Das erledigt die Datenbank im Hintergrund. Auch das Ändern oder Löschen von Daten ist bequem durch die entsprechenden Datenbankbefehle zu realisieren. Die bereits ausführlich behandelte Abfragesprache **SQL** spielt hierbei eine wichtige Rolle.

### 9.1.1 Datenbankanbindung mit JDBC

Java bietet eine Vielzahl von Klassen, um die Anbindung an eine Datenbank zu realisieren. Diese Klassen sind unter dem Oberbegriff **JDBC** (**J**ava **D**ata**b**ase **C**onnectivity) gesammelt. Für die meisten Datenbanken existieren ***JDCB-Schnittstellen***, die den Datenbankzugriff aus einer Java-Anwendung in die entsprechenden Befehle der Datenbank umwandeln. Damit ist es für den Java-Programmierer im Prinzip egal, mit welchem Datenbanksystem im Hintergrund gearbeitet wird – der Zugriff ist gleich. Die folgende Abbildung zeigt das Grundprinzip dieses Zugriffs:

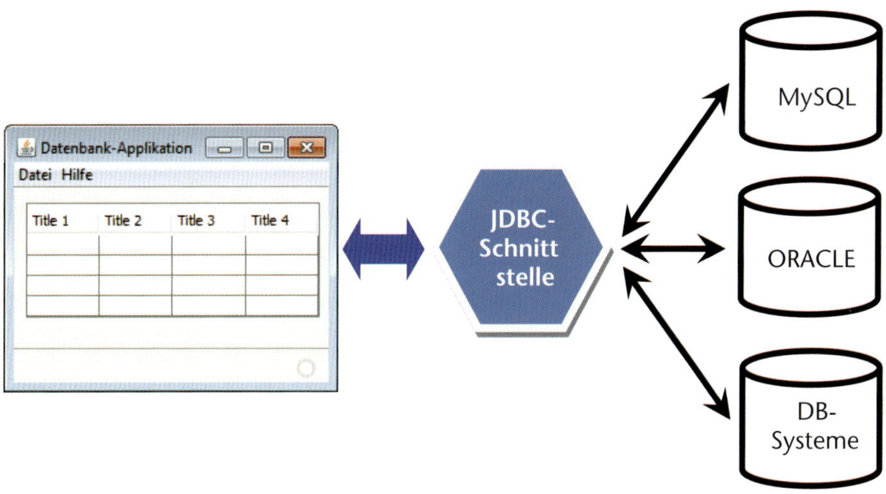


### 9.1.2 JDBC-Treiber laden und eine Verbindung aufbauen

Um eine Verbindung zu einer Datenbank aufzubauen, muss der entsprechende Treiber vorliegen. Das Laden des Treibers in den Speicher kann dann mit einer Methode der Klasse **`DriverManager`** erfolgen. Diese Klasse ist Bestandteil des **`java.sql`**-Paketes, welches in das Java-Projekt importiert werden sollte. Nach dem erfolgreichen Laden des Treibers kann dann eine Verbindung zur Datenbank aufgebaut werden. Das geschieht mithilfe der Klasse **`Connection`**, die über den **`DriverManager`** eine Verbindung zur Datenbank erhält. Je nach Datenbank sind Nutzername und Passwort anzugeben. Über ein **`Statement`**-Objekt kann dann eine Abfrage gestartet und mit einem **`ResultSet`**-Objekt ausgelesen werden.

Die folgende Abbildung soll den Zusammenhang noch einmal darstellen:

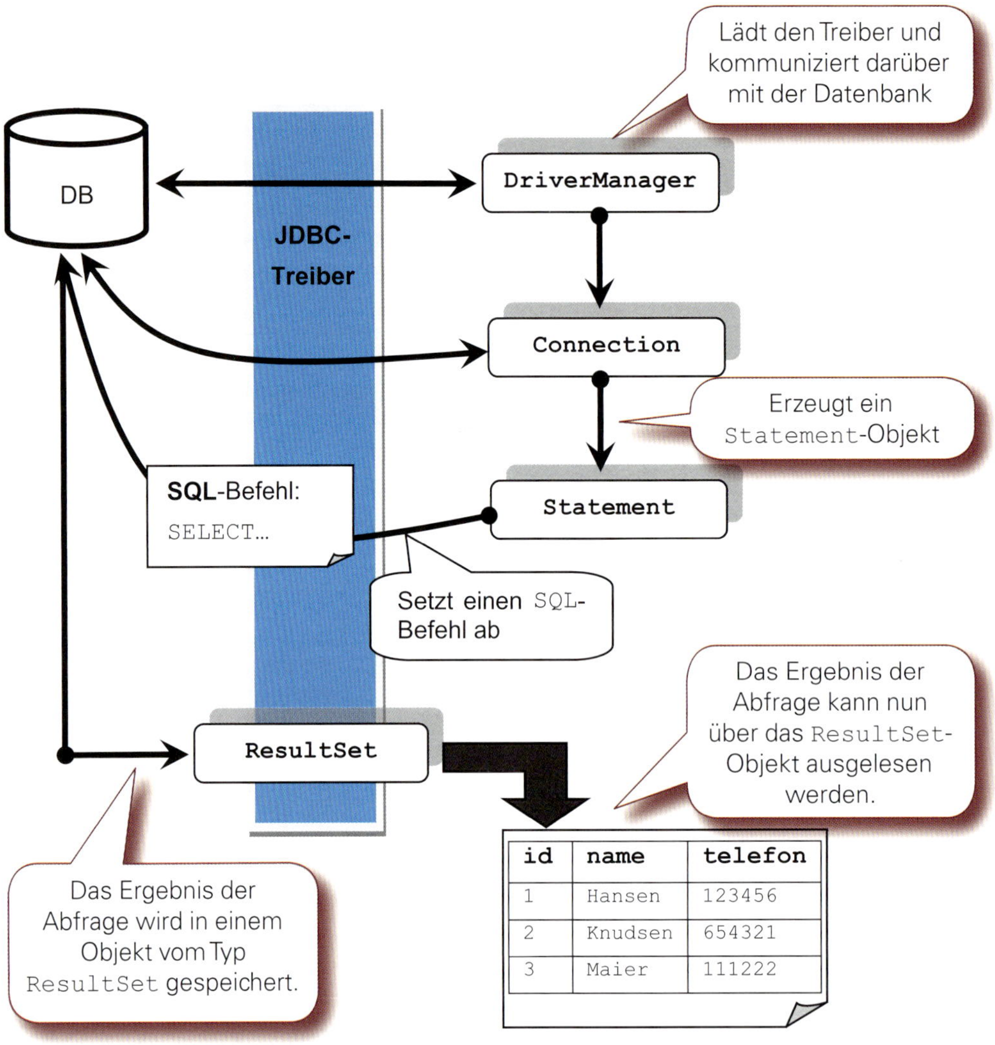


### 9.1.3 Zugriff auf eine SQLite-Datenbank

Im Folgenden wird der Zugriff auf eine SQLite-Datenbank vorgestellt. Das Prinzip ist aber übertragbar auf andere relationale Datenbanken wie beispielsweise MySQL-/Maria- oder Oracle-Datenbanken. Dabei muss das Paket **`java.sql`** importiert werden. In diesem Paket sind alle relevanten Klassen, um auf eine Datenbank zuzugreifen.

In den folgenden Beispielen wird die Entwicklungsumgebung **`NetBeans`** verwendet. Das Prinzip ist aber auf andere Umgebungen (wie **`Eclipse`**) übertragbar. Nach dem Download des gewünschten Treibers (beispielsweise *sqlite-jdbc-XXX.jar*) wird die Datei vom Typ Java-Archive in das Projekt integriert:

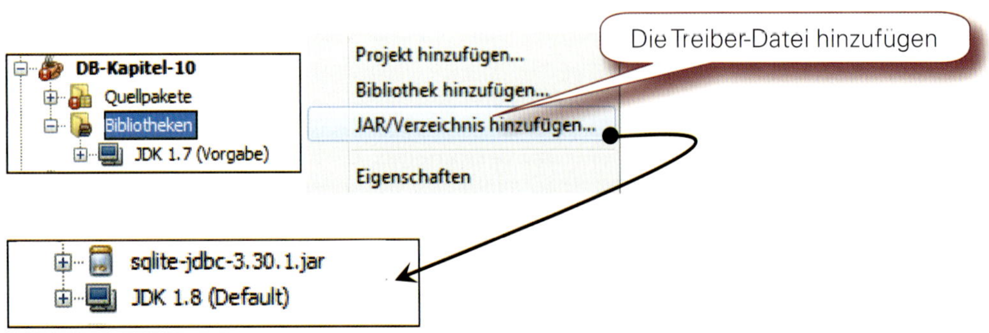

Nach dem erfolgreichen Hinzufügen des Treibers kann die Verbindung mit der Klasse **Class** erzeugt werden:

```
String datenbank = "jdbc:sqlite:/Pfad/Datenbank";
```

Den Pfad und die Datenbankdatei angeben.

```
Class.forName("org.sqlite.JDBC");
```

Den Treiber laden.

Die Verbindung herstellen

```
Connection verbindung;
verbindung = DriverManager.getConnection(datenbank,"","");
```

**Tipp:**

| ID | Name |
|---|---|
| Filter | Filter |
| 1 | Maier |
| 2 | Knudsen |
| 3 | Kaiser |
| 4 | Franzen |
| 5 | Knobloch |
| 6 | Laufer |

Die Datenbank SQLite ist eine kostenfreie und portable Datenbank, die eine komplette Datenbanklogik und die Daten selbst in einer Datei kapselt. Damit ist die Weitergabe von Java-Programmen mit einer eigenen Datenbank möglich. Für kleine Projekte mit relativ wenig Datenvolumen ist es eine hervorragende Alternative zu den großen Datenbanken wie Oracle oder auch MySQL / MariaDB. Mit kostenfreien Tools wie dem „DB-Browser für SQLite" können die Datenbanken einfach administriert werden.

---

Die zugrunde liegende Datenbank *Kunden.sqlite* liegt für das folgende Beispiel in dem Ordner "*C:\temp*". Sie verfügt über eine Beispieltabelle `Kunden` mit den Attributen `ID` (Typ `Zahl`) und `Name` (Typ `VARCHAR`):

```
package db_zugriff_java;
import java.sql.*;

public class DBZugriff {
   public static void main(String[] args) {
      try {
```

Den Verbindungsstring mit Treiberangabe und der Datenquelle festlegen.

```
         String datenbank = "jdbc:sqlite:/c:/temp/kunden.sqlite";
```

Den Treiber laden.

```
         Class.forName("org.sqlite.JDBC");
```

Ein Verbindungsobjekt mithilfe der statischen Methode `getConnection` anfordern.

```
         Connection verbindung =
               DriverManager.getConnection(datenbank,"","");
```

Über das Verbindungsobjekt wird ein Objekt für den SQL-Befehl erstellt.

```
         Statement sqlBefehl = verbindung.createStatement();
```

> Die Methode `executeQuery` führt die SQL-Abfrage (bzw. den *SELECT*-Befehl) aus und gibt das Ergebnis als Objekt vom Typ `ResultSet` zurück.

```
            ResultSet ergebnis =
               sqlBefehl.executeQuery("SELECT * FROM Kunden;");
```

> Das Ergebnisobjekt bietet Methoden an, um die Ergebnistabelle abzufragen. Die Methode `next` zeigt an, ob weitere Einträge vorhanden sind und die Methode `getString` liest den nächsten Eintrag aus der gewünschten Spalte (hier *Name*).

```
            while (ergebnis.next() == true) {
                System.out.println("Name: " + ergebnis.
                                        getString("Name"));
            }
            verbindung.close();
        }
        catch (Exception e) {
            System.out.println(e.getMessage());
        }
    }
}
```

> **WICHTIG:** Datenbankverbindungen sollten wieder geschlossen werden.

> **ACHTUNG**: Bei der Abfrage von Datenbanken ist es besonders wichtig, dass die Ausnahmebehandlung eingesetzt wird!

Nach dem Starten erscheint dann die folgende Bildschirmausgabe:

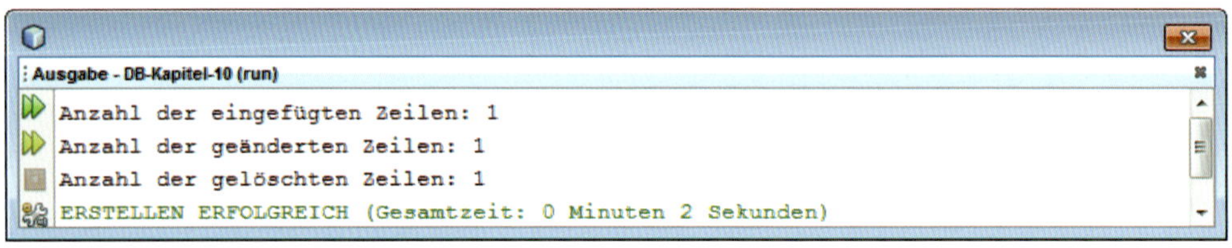


Die Datenbank wurde einwandfrei abgefragt und alle Namen der Kunden ausgelesen und angezeigt.

**Hinweis:**

Der Zugriff auf die Spaltenwerte einer Tabelle mit dem Ergebnisobjekt erfolgt in Abhängigkeit vom jeweiligen Datentyp. Für jeden Datentyp steht eine geeignete Methode zu Verfügung, die entweder den Spaltenindex oder den Spaltennamen übernimmt:

- `getString( int spaltenindex )`
- `getString ( String spaltenname )`
- `getDouble( int spaltenindex )`
- `getDouble ( String spaltenname )`
- `getInt( int spaltenindex )`
- `getInt ( String spaltenname )`
- ... weitere Typen

Beispielsweise könnte die erste Spalte der Kunden-Tabelle mit der Methode `getInt` ausgelesen werden, da es sich um einen ganzzahligen numerischen Typen handelt:

```
while (ergebnis.next() == true){
 System.out.println("ID: " +
         ergebnis.getInt(0));
}
```

### 9.1.4 Nicht-Select-Befehle absetzen

Das Auslesen einer beliebigen Tabelle kann mithilfe der oben beschriebenen Anweisungen erfolgen. Möchte man hingegen nicht selektieren, sondern einfügen, ändern oder löschen, so kann ein so genannter **`executeUpdate`**-Befehl abgesetzt werden. Vorher sollte der gewünschte SQL-Befehl in einer Zeichenkette erstellt werden. In dem folgenden Beispiel wird eine neue Zeile in die Kundentabelle eingefügt, eine bestehende Zeile geändert und eine Zeile gelöscht:

```
package db_zugriff_java;
import java.sql.*;

public class DBZugriff {
    public static void main(String[] args) {
      try {
            String datenbank = "jdbc:sqlite:/c:/temp/kunden.sqlite";
            Class.forName("org.sqlite.JDBC");
            Connection verbindung =
                  DriverManager.getConnection(datenbank,"","");
            Statement sqlBefehl = verbindung.createStatement();
```

SQL-Befehl absetzen und die Anzahl der betroffenen Zeilen zurückerhalten.

Der SQL-Befehl, um eine Zeile einzufügen.

```
            int anzahl = sqlBefehl.executeUpdate("INSERT INTO
                                                  Kunden VALUES
                                                  (7,'Koenig');");

            System.out.println("Anzahl der eingefügten Zeilen: "
                                + anzahl);
```

Ein `UPDATE`-Befehl

```
            anzahl = sqlBefehl.executeUpdate("UPDATE Kunden SET
                                              Name = 'Knoblauch'
                                              WHERE Name =
                                              'Knobloch';");

            System.out.println("Anzahl der geänderten Zeilen: "
                                + anzahl);
```

Ein `DELETE`-Befehl

```
            anzahl = sqlBefehl.executeUpdate("DELETE FROM Kunden
                                              WHERE Name =
                                              'Knudsen';");
```

```
                System.out.println("Anzahl der gelöschten Zeilen: "
                                    + anzahl);
                verbindung.close();
            }
            catch (Exception e) {
                System.out.println(e.getMessage());
            }
        }
}
```

Nach dem Starten werden die drei *Nicht-Select-SQL-Befehle* abgesetzt und die Anzahl der betroffenen Zeilen ausgegeben:

```
Ausgabe - DB-Kapitel-10 (run)
Anzahl der eingefügten Zeilen: 1
Anzahl der geänderten Zeilen: 1
Anzahl der gelöschten Zeilen: 1
ERSTELLEN ERFOLGREICH (Gesamtzeit: 0 Minuten 2 Sekunden)
```

Zum Vergleich: Die Kundentabelle vor und nach den SQL-Befehlen:

**Vorher:**

| ID | Name |
|---|---|
| Filter | Filter |
| 1 | Maier |
| 2 | Knudsen |
| 3 | Kaiser |
| 4 | Franzen |
| 5 | Knobloch |
| 6 | Laufer |

**Nachher:**

| ID | Name |
|---|---|
| Filter | Filter |
| 1 | Maier |
| 2 | Kaiser |
| 3 | Franzen |
| 4 | Knobloch |
| 5 | Laufer |
| 6 | Koenig |

### 9.1.5 Metadaten ermitteln

Für einen flexiblen Datenbankzugriff ist es oftmals wichtig, Informationen zur Datenbank, zum Treiber und auch zu den Tabellen der Datenbank zu erhalten. Diese Informationen können mithilfe von Datenbank-Metadatenklassen ermittelt werden. Aufgrund dieser Informationen kann das Programm dann weitere Entscheidungen treffen. Beispielsweise könnte es sein, dass eine Tabelle der Datenbank ständig neue Spalten erhält. Damit muss der Zugriff auf diese Tabelle flexibel gestaltet werden, sonst führt er zu einem Fehler oder zu einem Abbruch. Für das Auslesen der Metadaten sind zwei Klassen wichtig: **`DatabaseMetaData`** und **`ResultSetMetaData`**

Das folgende Beispiel zeigt die Verwendung der beiden Klassen, um die SQLite-Datenbank aus dem obigen Beispiel auszulesen:

```
package db_zugriff_java;
import java.sql.*;

public class DBZugriff {
    public static void main(String[] args) {
      try {
          String datenbank = "jdbc:sqlite:/c:/temp/kunden.sqlite";
```

```
        Class.forName("org.sqlite.JDBC");
        Connection verbindung =
                DriverManager.getConnection(datenbank,"","");
```

Über das Connection-Objekt werden die Metadaten der Datenbank abgefragt.

```
        //Datenbank Metadaten
        DatabaseMetaData dbinfos = verbindung.getMetaData();

        System.out.println("Metadaten der Datenbank:");
        System.out.println("Name der Datenbank: "
                        + dbinfos.getDatabaseProductName());
        System.out.println("Name des Treibers : "
                        + dbinfos.getDriverName());
        System.out.println();

        //Tabellen Metadaten
        Statement sqlBefehl = verbindung.createStatement();
        ResultSet ergebnis =
                sqlBefehl.executeQuery("SELECT * FROM
                                        Kunden;");
```

Über das ResultSet-Objekt werden die Metadaten der Tabelle abgefragt.

```
        ResultSetMetaData tbinfos = ergebnis.getMetaData();

        System.out.println("Metadaten der Tabelle Kunden:");
        for ( int i = 1; i <= tbinfos.getColumnCount(); i++ )
                                                              {
```

Anzahl der Spalten erfragen.
**ACHTUNG**: Index startet mit 1!

```
        System.out.println("Spaltenname: " +
                        tbinfos.getColumnLabel(i));
        System.out.println("Spaltentyp : " +
                        tbinfos.getColumnTypeName(i));
        }
        verbindung.close();
    }
    catch (Exception e) {
        System.out.println(e.getMessage());
    }
}
```

Nach dem Starten unter ***NetBeans*** erscheint dann die folgende Bildschirmausgabe:

```
Ausgabe - DB-Kapitel-10 (run)
Metadaten der Datenbank:
Name der Datenbank: ACCESS
Name des Treibers : JDBC-ODBC Bridge (odbcjt32.dll)

Metadaten der Tabelle Kunden:
Spaltenname: id
Spaltentyp : INTEGER
Spaltenname: name
Spaltentyp : VARCHAR
Spaltenname: strasse
Spaltentyp : VARCHAR
Spaltenname: ort
Spaltentyp : VARCHAR
Spaltenname: telefon
Spaltentyp : VARCHAR
ERSTELLEN ERFOLGREICH (Gesamtzeit: 0 Minuten 1 Sekunde)
```

# 9.2 Weitere Datenbanken ansprechen

Für die meisten Datenbanken existieren Treiber, so dass mit Java und JDBC darauf zugegriffen werden kann. In der Regel muss der Treiber nur heruntergeladen und dem Projekt hinzugefügt werden. Danach kann der Treiber wie gewohnt registriert werden.

## 9.2.1 Einen Treiber hinzufügen

Nach dem Download des gewünschten Treibers (beispielsweise *mysql-connector-java-XXX-bin.jar*) wird die Datei vom Typ Java-Archive in das Projekt integriert:

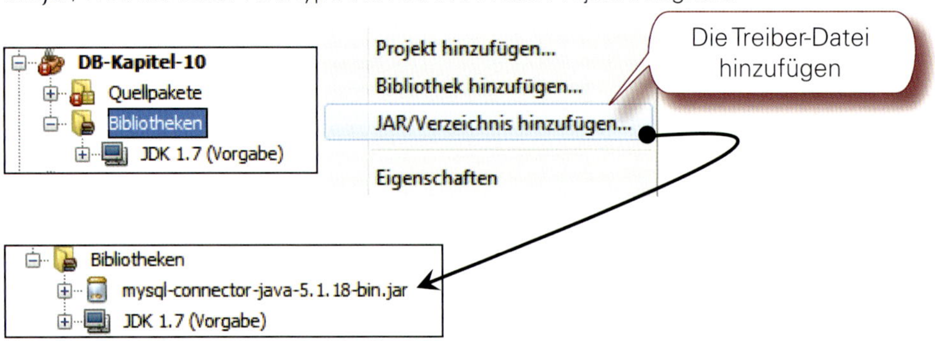


Nach dem erfolgreichen Hinzufügen des MySQL-Treibers kann die Verbindung mit der Klasse `Class` erzeugt werden:

```
String datenbank = "jdbc:mysql://Servername/Datenbank";
```

Den Namen des Servers der MySQL-/Maria-DB-Datenbank angeben. Bei lokaler Installation einfach `localhost` eintragen.

Den Datenbanknamen angeben.

```
Class.forName("com.mysql.jdbc.Driver");
```

Den Treiber laden.

Eine Verbindung zur Datenbank herstellen (mit Angabe von Benutzer und Passwort).

```
Connection verbindung;
verbindung = DriverManager.getConnection(datenbank,"Benutzer","Pwd");
```

### 9.2.2 Weitere Datenbanktreiber

Die folgende Tabelle zeigt eine Übersicht gängiger Datenbanken und den zugehörigen Java-Treibernamen. Die entsprechende Treiberdatei muss wie oben beschrieben von der Web-Seite des Anbieters heruntergeladen werden oder auf anderem Wege vorhanden sein.

| Datenbank | Java-Treibername |
|---|---|
| **Firebird** (freie DB, Nachfolger von Borland Interbase) | org.firebirdsql.jdbc |
| **DB2** (IBM) | db2jcc4.jar |
| **Informix** (IBM) | com.informix.jdbc.IfxDriver |
| Microsoft **SQL-Server** | com.microsoft.sqlserver.jdbc.SQLServerDriver |
| **MySQL** | com.mysql.jdbc.Driver |
| **MariaDB** | mariadb-java-client-2.6.0-sources.jar |
| **Oracle** | oracle.jdbc.OracleDriver |
| **SQLite** | org.sqlite.JDBC |

**Hinweis:**

Vor dem Einbinden einer Datenbank bleibt in der Regel keine Alternative zu einer umfassenden Internetrecherche oder der Sichtung entsprechender Fachliteratur zu der Datenbank.

## 9.3 Aufgaben zu Kapitel 9

**Aufgabe 1**

In einer Firma werden die Provisionen der Vertriebsmitarbeiter in einer einfachen Datenbank (in diesem Beispiel einer *SQLite*-Datenbank) gespeichert. Erstellen Sie eine solche Datenbank mit einer Tabelle und dem entsprechenden Inhalt. Anschließend sollen folgende statistische Kenndaten aus der Tabelle ausgelesen werden:

- Den Vertriebsmitarbeiter mit der höchsten Provision
- Den Vertriebsmitarbeiter mit der geringsten Provision
- Die Summe aller Provisionen
- Den Durchschnitt aller Provisionen

Die Tabelle in der *SQLite*-Datenbank sieht so aus:

| Name | Provision |
|---|---|
| Filter | Filter |
| Maier | 1200.0 |
| Knudsen | 800.0 |
| Laufer | 600.0 |
| Kaufhold | 1400.0 |
| Mager | 350.0 |
| Kaiser | 1900.0 |
| Lehmberg | 950.0 |
| Katernberg | 700.0 |

Die Verwaltung einer SQLite-Datenbank kann komfortabel über ein kostenfreies Tools wie „DB-Browser für SQLite" erfolgen.

**Hinweis:**

Die Berechnung der Kenndaten kann entweder mit den entsprechenden SQL-Funktionen (wie `SUM`, `AVG`, `MIN` und `MAX`) geschehen oder mithilfe von Java-Programmlogik umgesetzt werden.

Nach dem Starten könnte die Bildschirmausgabe so aussehen:

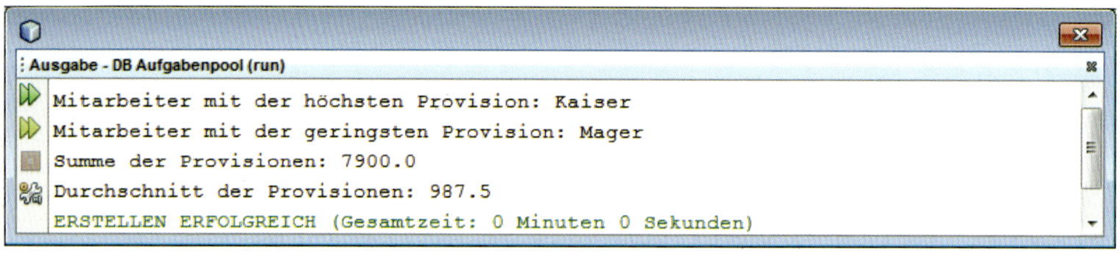


**Aufgabe 2**

**Ausgangssituation:**

In einer Firma sind die Bestelldaten der Kunden in zwei Datenbanktabellen (beispielsweise mit *SQLite*) abgelegt. Für die Mitarbeiter soll eine einfache Java-GUI-Anwendung geschrieben werden, mit der die Bestelldaten eines Kunden übersichtlich dargestellt werden können.

Die zugrunde liegenden Tabellen sehen so aus:

**Kundentabelle:**

| ID | Name |
|---|---|
| Filter | Filter |
| 1 | Maier |
| 2 | Knudsen |
| 3 | Kaiser |
| 4 | Franzen |
| 5 | Knobloch |
| 6 | Laufer |

Beziehung der Tabellen:

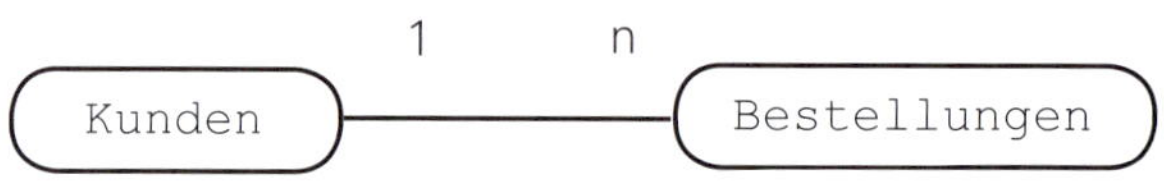


**Bestellungen-Tabelle:**

| Kunden_ID | Bestellnummer | Datum | Infotext | Sachbearbeiter | Erledigt |
|---|---|---|---|---|---|
| Filter | Filter | Filter | Filter | Filter | Filter |
| 1 | 10 | 10-05-2021 | Eilbestellung | Kracher | true |
| 3 | 11 | 10-06-2021 | gefährliche Fr... | klauber | true |
| 4 | 12 | 10-07-2021 | guter Kunde | Hütter | false |

Die Bestellungen-Tabelle hat einen Fremdschüssel `Kunden_ID`, der die "1:n" – Beziehung der beiden Tabellen umsetzt.

**Aufgabenstellung:**

Legen Sie die beiden Tabellen in einer geeigneten Datenbank an (beispielsweise *SQLite*) und füllen Sie die Tabellen mit den entsprechenden Werten. Implementieren Sie dann eine Java-Anwendung, die auf die Datenbank zugreift und die Tabellen ausliest. Die Oberfläche der Anwendung sollte so aussehen:

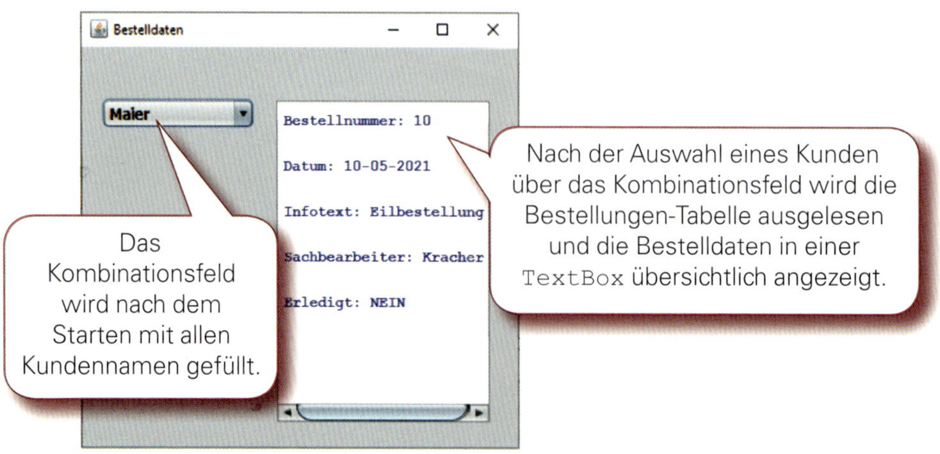

## 9.4 Digitale Inhalte zu Kapitel 9:

**Hinweis:**

Um die Aufgaben online zu bearbeiten, bitte den QR-Code scannen oder den Link eingeben.

**Aufgabe 1: Den Ablauf einer Datenbank-Verbindung rekonstruieren**
https://vel.plus/hvoX

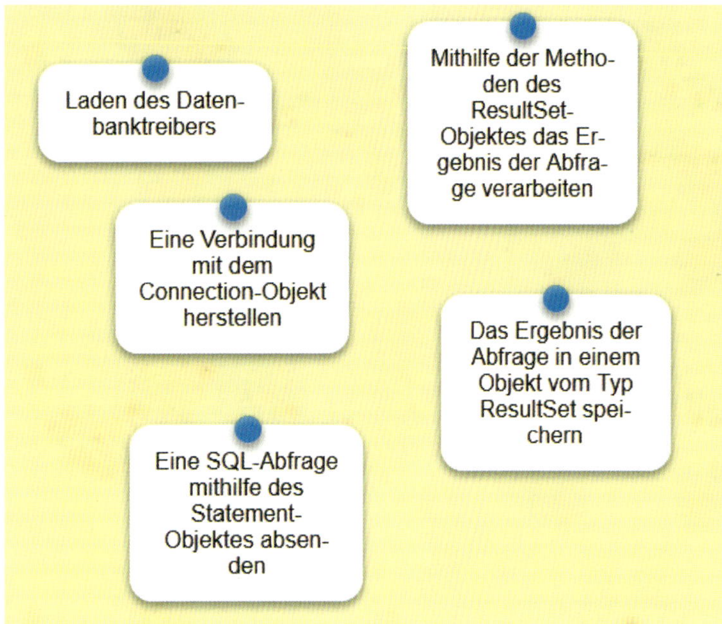


**Aufgabe 2: JDBC-Begriffe finden**
https://vel.plus/BV5T

| | | | | | | | | | | | | | | | | | | | | | | | | | |
|---|---|---|---|---|---|---|---|---|---|---|---|---|---|---|---|---|---|---|---|---|---|---|---|---|---|
| T | Y | M | I | U | E | M | Y | A | Ö | H | D | T | H | T | R | W | L | C | T | M | M | M | Ö | Q | I |
| H | S | R | T | C | U | E | N | C | Y | K | H | J | S | Y | A | U | Ü | O | U | L | Ü | A | T | A | S |
| E | K | W | N | I | D | C | F | O | W | R | S | T | A | T | E | M | E | N | T | S | Ö | K | O | Ä | M |
| B | N | F | V | P | I | Y | N | Q | V | D | R | I | V | E | R | M | A | N | A | G | E | R | P | Z | I |
| N | Ö | B | Q | W | R | E | X | E | E | A | Ü | Y | P | L | D | I | R | E | S | U | L | T | S | E | T |
| T | D | N | G | J | Q | G | Ü | C | S | F | O | T | L | L | X | V | F | C | Ä | O | Ü | Q | Ü | J | Ü |
| J | A | V | A | D | A | T | A | B | A | S | E | C | O | N | N | E | C | T | I | V | I | T | Y | C | Ö |
| F | Ü | U | W | K | V | L | C | D | N | T | R | Ä | K | V | W | I | E | I | D | U | I | K | D | J | F |
| T | V | Y | P | D | I | H | H | V | F | R | L | T | Ö | Ü | M | U | P | O | Ö | Z | S | X | N | U | U |
| H | T | Ö | D | U | P | T | G | S | E | Z | G | R | Z | B | Q | M | Q | N | J | Ü | Z | K | H | U | G |

# 10 Datenbankzugriff mit .NET und C#

## 10.1 Datenbankzugriff mit .NET und C#

Die Programmiersprache C# bietet eine Vielzahl von Dateioperationen, um Daten dauerhaft zu speichern oder zu lesen. Bei vielen oder auch komplexen Daten ist es sinnvoll, die Speicherung in einer Datenbank in Betracht zu ziehen (wie bei der Programmiersprache Java im vorherigen Kapitel). Das .NET-Framework bietet dazu komfortable Möglichkeiten. Die Abfragesprache **SQL** spielt auch hier wieder eine wichtige Rolle.

### 10.1.1 Datenbankanbindung unter dem .NET-Framework

Das .NET-Framework bietet eine Vielzahl von Klassen, um die Anbindung an eine Datenbank zu realisieren. Diese Klassen sind unter dem Oberbegriff **ADO.NET** gesammelt. Dabei steht ADO für *ActiveX Data Objects* und ist eine Erweiterung der bereits vorhandenen Technik von Microsoft. Mit ADO.NET kann ein Zugriff auf Datenquellen wie **SQL-Server** oder auch auf **OLE DB**- und **ODBC**-Datenquellen erfolgen. Die folgende Abbildung zeigt das Grundprinzip von ADO.NET:

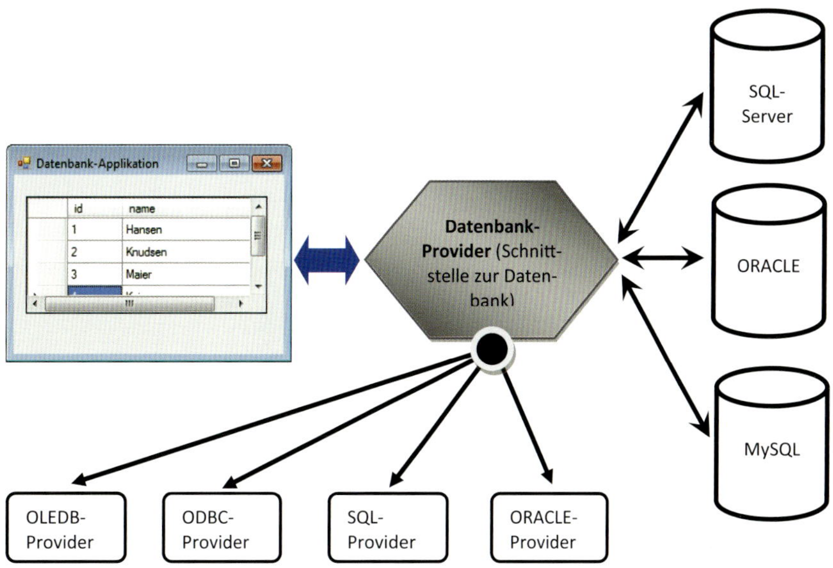


Die einzelnen Provider (Datenanbieter) stehen dabei für bestimmte Datenbankanbindungen:

- **OLE DB–Provider**: OLE DB steht für **Object Linking and Embedding Database** und ist eine Technik, die bei den Microsoft-Office-Anwendungen zum Einsatz kommt. Beispielsweise ist es möglich eine Excel-Tabelle in ein Word-Dokument so einzubinden, dass Änderungen an der Original-Tabelle auch immer in der Word-Tabelle sichtbar sind (und umgekehrt). Der OLE DB-Provider kann immer dann angewendet werden, wenn für eine Datenbank ein solcher Provider zu Verfügung steht (z. B. ACCESS).
- **ODBC–Provider**: ODBC steht für **Open Database Connectivity** und war eine der ersten Schnittstellen, die eine Vereinheitlichung des Datenbankzugriffs umsetzte. Jede Datenbank braucht nur eine ODBC-Schnittstelle mitzuliefern und ist damit für eine Windows-Anwendung einsetzbar.
- **SQL–Provider**: Dieser Provider stellt die Funktionalitäten für einen Zugriff auf den Microsoft SQL-Server zu Verfügung.
- **ORACLE–Provider**: Dieser Provider stellt die Funktionalitäten für einen Zugriff auf die ORACLE-Datenbank zu Verfügung.

### 10.1.2 Provider nutzen und eine Verbindung aufbauen

Um eine Verbindung zu einer Datenbank aufzubauen, muss der entsprechende Datenbankprovider vorliegen. Einige Treiber sind bereits in der Standard-Installation von **Visual C#** vorhanden (wie der *OLE DB-Provider*). Andere Provider müssen von den jeweiligen Herstellern bezogen und installiert werden. Die eigentliche Verbindung wird dann mit einem Objekt der Klasse **`Connection`** `hergestellt.` Je nach Datenbank sind Nutzername und Passwort anzugeben. Über ein **`Command`**-Objekt kann dann eine Abfrage gestartet und mit einem **`DataReader`**-Objekt ausgelesen werden. Die folgende Abbildung stellt den Zusammenhang dar:

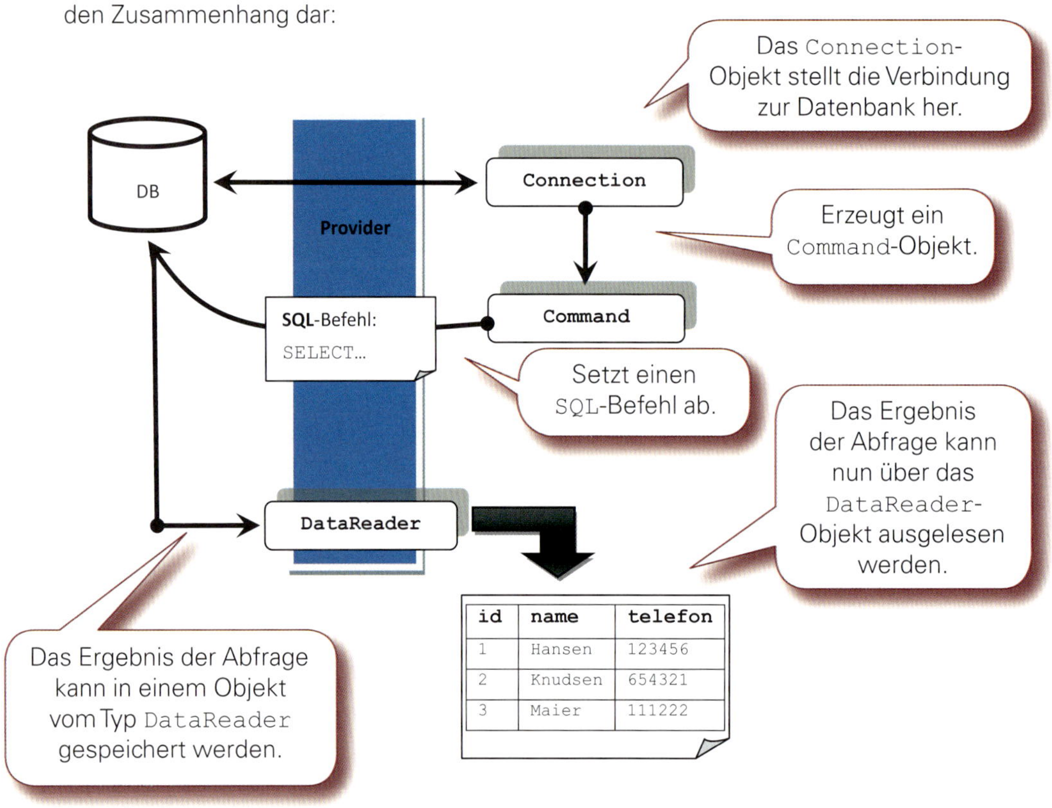


### 10.1.3 Beispiel eines Zugriffs auf eine ACCESS-Datenbank

- Im Folgenden wird der Zugriff auf eine ACCESS-Datenbank mit dem **OLE DB-Provider** vorgestellt. Das Prinzip ist übertragbar auf andere relationale Datenbanksysteme wie beispielsweise den Microsoft-SQL-Server oder MySQL/MariaDB. Die Verbindung zur Datenbank wird mit einem **`OleDbConnection`**`-Objekt aufgebaut,` ein SQL-Befehl mit einem **`OleDBCommand`**-Objekt abgesetzt und das Ergebnis mit einem Objekt vom Typ **`OleDbDataReader`** `ausgelesen.`
- Als Entwicklungsumgebung wird in den folgenden Beispielen die kostenfreie Edition **Visual Studio Community** von Microsoft verwendet.

Der folgende Quellcode zeigt den Verbindungsaufbau zu einer ACCESS-Datenbank *„Kunden.accdb"*, die in einem Ordner (hier: `C:\temp`) zur Verfügung steht. Sie verfügt über eine Beispieltabelle `Kunden` mit den Attributen `id` (Typ `Zahl`) und `name`, `strasse`, `ort` und `telefon` (jeweils `Text`):

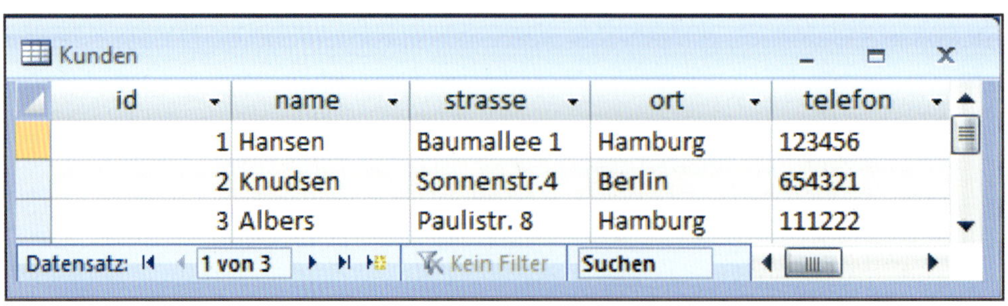
Kunden

| id | name | strasse | ort | telefon |
|---|---|---|---|---|
| 1 | Hansen | Baumallee 1 | Hamburg | 123456 |
| 2 | Knudsen | Sonnenstr.4 | Berlin | 654321 |
| 3 | Albers | Paulistr. 8 | Hamburg | 111222 |

Datensatz: 1 von 3 · Kein Filter · Suchen

```
using System;
using System.Data;
using System.Data.OleDb;

namespace DB_Zugriff_CSharp
{

    class CDBZugriff
    {

    static void Main(string[] args)
    {

        string verbindungsstring =
                "Provider=Microsoft.ACE.OLEDB.12.0;
                 Data Source=C:\\Temp\\Kunden.accdb";

        OleDbConnection dBVerbindung = null;
        OleDbCommand befehl = null;
        OleDbDataReader datenleser = null;
        bool offen = false;

        try
        {
            dBVerbindung =
                new OleDbConnection(verbindungsstring);
            dBVerbindung.Open();
            offen = true;

           befehl = dBVerbindung.CreateCommand();
           befehl.CommandText = "SELECT * FROM Kunden";

           datenleser = befehl.ExecuteReader();

           while (datenleser.Read())
           {
                Console.WriteLine("Name: "
                        + datenleser.GetString(1));

           }
        }
```

Einbinden der benötigten Namensräume!

Den Verbindungsstring mit der Provider-Angabe und der Datenquelle festlegen.

Ein Verweis auf eine OLEDB-Verbindung.

Ein Verweis auf ein OLE DB-Kommando.

**WICHTIG:** Fehlerbehandlung

Ein Verweis auf einen OLE DB-Datenleser.

Eine Verbindungs-Instanz

Datenbank öffnen

Flag setzen

Ein Befehlsobjekt erstellen lassen.

SQL-Befehl (alles aus der Tabelle auswählen) zuweisen.

Eine Datenleser-Instanz auf der Grundlage des SQL-Befehls erstellen lassen.

Sequenzielles Auslesen des Datenlesers

Die Methode `GetString()` liefert den Wert der aktuellen Zeile und vom übergebenen Spaltenindex.

```
                catch(Exception ausnahme)
                {
                    Console.WriteLine("Datenbankfehler: "
                                + ausnahme.Message);
                }
                finally
                {
                    if (offen == true) dBVerbindung.Close();
                }
        }
        }
}
```

Falls die boolesche Variable `offen` den Wert `true` hat, wird die Verbindung geschlossen.

Nach dem Starten wird die Kundentabelle ausgelesen und mithilfe des Datenlesers werden Schritt für Schritt die Werte der 2. Spalte (Index 1) ausgegeben:

```
C:\WINDOWS\system32\cmd.exe
Name: Hansen
Name: Knudsen
Name: Albers

Drücken Sie eine beliebige Taste . . .
```

**Hinweise:**

Der Zugriff auf die Spaltenwerte einer Tabelle mit dem Datenleser erfolgt in Abhängigkeit vom jeweiligen Datentyp. Für jeden Datentyp steht eine geeignete Methode zur Verfügung:

- `GetDateTime( Spaltenindex )`
- `GetString( Spaltenindex )`
- `GetInt32( Spaltenindex)`
- ... `weitere Typen`

Beispielsweise kann die erste Spalte der Kunden-Tabelle mit der Methode `GetInt32()` ausgelesen werden, da es sich um einen ganzzahligen numerischen Typen (ACCESS-Typ Zahl) handelt:

```
while (datenleser.Read())
{
        Console.WriteLine("Erste Spalte: "
                        + datenleser.GetInt32(0));
}
```

Die erste Spalte vom ACCESS-Felddatentyp `Zahl` auslesen.

### 10.1.4 Nicht-Select-Befehle absetzen

Das Auslesen einer beliebigen Tabelle kann mithilfe der oben beschriebenen Anweisungen erfolgen. Möchte man hingegen nicht selektieren, sondern einfügen, ändern oder löschen, so kann ein **ExecuteNonQuery**-Befehl abgesetzt werden. Vorher wird der gewünschte SQL-Befehl in einer Zeichenkette erstellt. In dem folgenden Beispiel wird eine neue Zeile in die Kundentabelle eingefügt, eine bestehende Zeile geändert und eine Zeile gelöscht:

Den Verbindungsstring mit der Provider-Angabe und der Datenquelle festlegen.

```
using System;
using System.Data;
using System.Data.OleDb;


namespace DB_Zugriff_CSharp
{

    class CDBZugriff
    {

    static void Main(string[] args)
    {

            string verbindungsstring =
                        "Provider=Microsoft.ACE.OLEDB.12.0;
                         Data Source=C:\\Temp\\Kunden.accdb";
            OleDbConnection dBVerbindung = null;
            OleDbCommand befehl = null;
            bool offen = false;
            int anzahl=0;
            try
            {
                dBVerbindung = new
                      OleDbConnection(verbindungsstring);
                dBVerbindung.Open();
                offen = true;
                befehl = dBVerbindung.CreateCommand();
```

Der SQL-Befehl, um eine Zeile einzufügen.

```
                befehl.CommandText = "INSERT INTO Kunden
                                     VALUES(4,'König','Seestr. 5',
                                     'Hamburg','45621' );";
```

SQL-Befehl absetzen und die Anzahl der betroffenen Zeilen zurückerhalten.

```
                anzahl = befehl.ExecuteNonQuery();
                Console.WriteLine("Anzahl der eingefügten Zeilen: "
                                     + anzahl);
```

Ein UPDATE-Befehl

```
                befehl.CommandText = "UPDATE Kunden SET telefon =
                                     '11111' WHERE name = 'Hansen';";
```

```
                anzahl = befehl.ExecuteNonQuery();
                Console.WriteLine("Anzahl der geänderten Zeilen: "
                                  + anzahl);
```

Ein DELETE-Befehl

```
                befehl.CommandText = "DELETE FROM Kunden
                                      WHERE name = 'Knudsen';";

                anzahl = befehl.ExecuteNonQuery();
                Console.WriteLine("Anzahl der gelöschten Zeilen: "
                                  + anzahl);
                Console.WriteLine();

            }
            catch(Exception ausnahme)
            {
                Console.WriteLine("Datenbankfehler: "
                                  + ausnahme.Message);
            }
```

Schließen der Datenbank-Verbindung.

```
            finally
            {
                if (offen == true) dBVerbindung.Close();
            }
        }
    }
}
```

Nach dem Starten werden die drei *Nicht-Select-SQL-Befehle* abgesetzt und die Anzahl der betroffenen Zeilen wird nach jedem Befehl ausgegeben:

```
C:\WINDOWS\system32\cmd.exe
Anzahl der eingefügten Zeilen: 1
Anzahl der geänderten Zeilen: 1
Anzahl der gelöschten Zeilen: 1

Drücken Sie eine beliebige Taste . . .
```

Zum Vergleich: Die Kundentabelle vor und nach den SQL-Befehlen:

**Vorher:**

Kunden

| id | name | strasse | ort | telefon |
|---|---|---|---|---|
| 1 | Hansen | Baumallee 1 | Hamburg | 123456 |
| 2 | Knudsen | Sonnenstr.4 | Berlin | 654321 |
| 3 | Albers | Paulistr. 8 | Hamburg | 111222 |

Datensatz: 1 von 3 · Kein Filter · Suchen

**Nachher:**

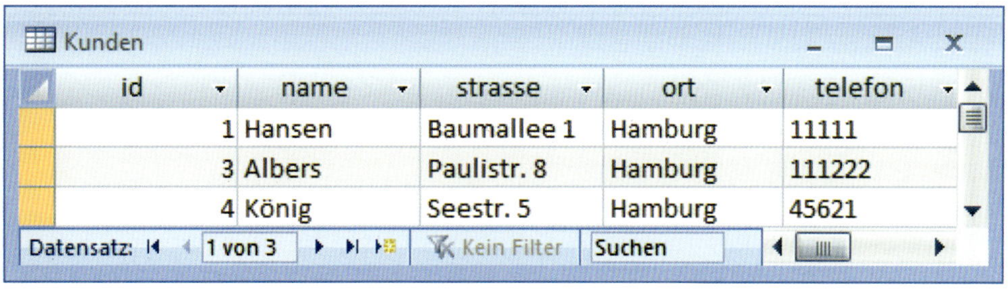

Kunden

| id | name | strasse | ort | telefon |
|---|---|---|---|---|
| 1 | Hansen | Baumallee 1 | Hamburg | 11111 |
| 3 | Albers | Paulistr. 8 | Hamburg | 111222 |
| 4 | König | Seestr. 5 | Hamburg | 45621 |



Der neue Datensatz erhält von ACCESS automatisch die ID 4. ACCESS achtet nicht auf lückenlose IDs nach dem Löschen und Einfügen von Datensätzen.

### 10.1.5 DataAdapter und DataSet

Bislang wurde die Datenbank geöffnet und sequenziell abgefragt oder über entsprechende SQL-Befehle modifiziert. Diese Vorgehensweise ist praktikabel, aber nicht sehr komfortabel. Aus diesem Grund gibt es die Möglichkeit, das komplette Ergebnis der Abfrage in einem speziellen Objekt der Klasse `DataSet` zu speichern. Dieses Objekt kann dann unabhängig von der Datenbank bearbeitet werden und erst im Anschluss findet eine Synchronisierung mit der Datenbank statt. Deshalb spricht man bei solchen Objekten auch davon, dass sie **verbindungslos** sind. Für den korrekten Austausch der Daten zwischen diesen Objekten und der Datenbank sorgen dann **Adapter-Objekte**. Die folgende Abbildung verdeutlicht diesen Zusammenhang:

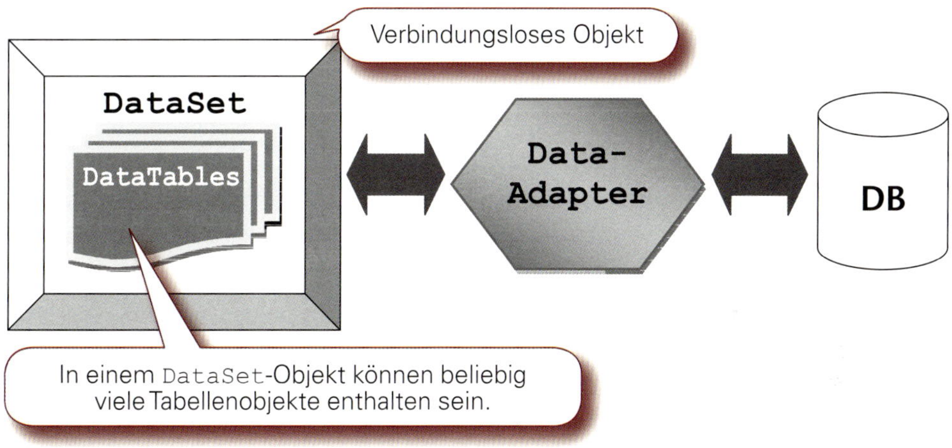


Das folgende Beispiel zeigt die Verwendung von `DataSet` und `DataAdapter`:

Einbinden der benötigten Namensräume.

```
using System;
using System.Data;
using System.Data.OleDb;


namespace DB_Zugriff_CSharp
{
     class CDBZugriff
     {

     static void Main(string[] args)
     {
          string verbindungsstring =
               "Provider=Microsoft.ACE.OLEDB.12.0;
                Data Source=C:\\Temp\\Kunden.accdb";
```

Den Verbindungsstring mit der Provider-Angabe und der Datenquelle festlegen.

```
OleDbConnection dBVerbindung = null;
OleDbCommand befehl = null;
bool offen = false;

try
{
    dBVerbindung =
        new OleDbConnection(verbindungsstring);
        dBVerbindung.Open();
        offen = true;

        befehl = dBVerbindung.CreateCommand();
        befehl.CommandText = "SELECT * FROM Kunden";
```

Ein `OleDBDataAdapter`-Objekt instanzieren und das `OleDbCommand`-Objekt übergeben.

```
        OleDbDataAdapter da = new OleDbDataAdapter(befehl);
```

Ein `DataSet`-Objekt anlegen.

```
        DataSet ds = new DataSet();
        da.Fill(ds);
```

Mit der Methode `Fill()` wird das `DataSet`-Objekt mit den Datensätzen aus der Datenbank gefüllt, die der oben angegebenen Abfrage entsprechen.

```
        for (int i = 0; i < ds.Tables[0].Rows.Count; i++)
        {
            Console.WriteLine(
            ds.Tables[0].Rows[i]["name"].ToString());
        }
```

Das Ergebnis der Abfrage kann über das `Tables`-Array des `DataSet`-Objektes angesprochen werden. Zusätzlich wird die gewünschte Zeile und Spalte angegeben:

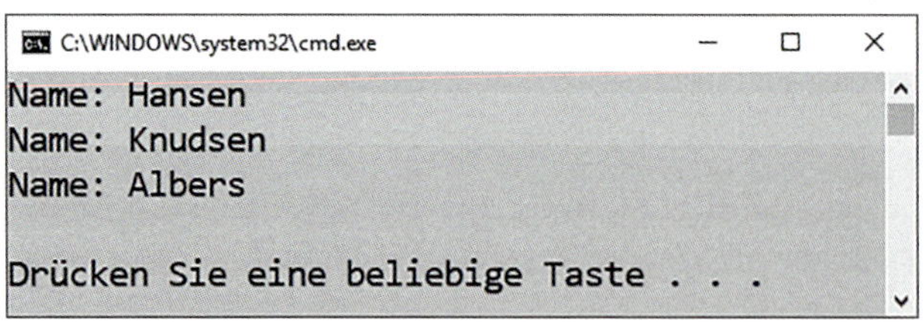


```
        ds.Tables[0].Rows[0]["name"] = "Laufer";
```

Eine Änderung der Daten erfolgt dann über eine einfache Zuweisung!

```
        DataRow zeile = ds.Tables[0].NewRow();
        zeile["id"] = 10;
        zeile["name"] = "Kaiser";
        ds.Tables[0].Rows.Add(zeile);
```

Das Hinzufügen eines Datensatzes erfolgt mit einem `DataRow`-Objekt und der Methode `Add()`.

```
        ds.Tables[0].Rows[1].Delete();
```

Das Löschen erfolgt über die `Delete`-Methode!

```
        OleDbCommandBuilder cmb =
                       new OleDbCommandBuilder(da);
        da.Update(ds);
```

Die Synchronisierung mit der Datenbank erfordert ein `CommandBuilder`-Objekt, das die erforderlichen `Update`-Befehle zur Verfügung stellt.

```
      }
      catch(Exception ausnahme)
      {
          Console.WriteLine("Datenbankfehler: "
                               + ausnahme.Message);
      }
      finally
      {
          if (offen == true) dBVerbindung.Close();
      }
    }
  }
}
```

Nach der Synchronisierung sieht die Kunden-Tabelle so aus:

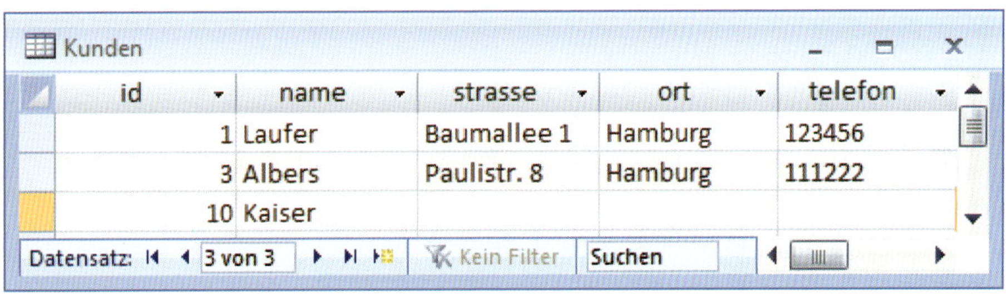

Kunden

| id | name | strasse | ort | telefon |
|---|---|---|---|---|
| 1 | Laufer | Baumallee 1 | Hamburg | 123456 |
| 3 | Albers | Paulistr. 8 | Hamburg | 111222 |
| 10 | Kaiser | | | |

Datensatz: 3 von 3 Kein Filter Suchen

## 10.2 Den Datenbankassistenten von Visual C# nutzen

### 10.2.1 Eine Datenbank einbinden

Die Entwicklungsumgebung Visual C# bietet einen Assistenten an, mit dem Datenbanken automatisiert in ein Projekt eingebunden werden können. Damit verkürzt sich die Entwicklungszeit im Vergleich zu den oben beschriebenen Methoden beträchtlich. Allerdings hat der Entwickler damit auch weniger Freiheiten, da der Assistent viel Quellcode automatisch generiert.

In einem ersten Schritt muss dem Projekt eine Datenquelle hinzugefügt werden. Das geschieht über den Menüpunkt *„Projekt → Neue Datenquelle hinzufügen…"*:

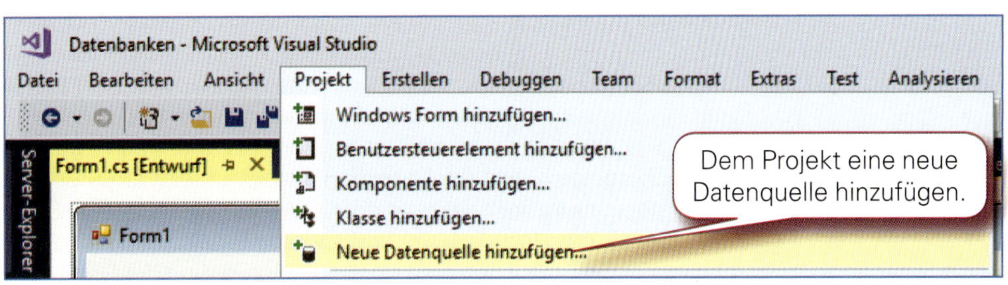

Im nächsten Schritt wird dann eine Datenbank gewählt:

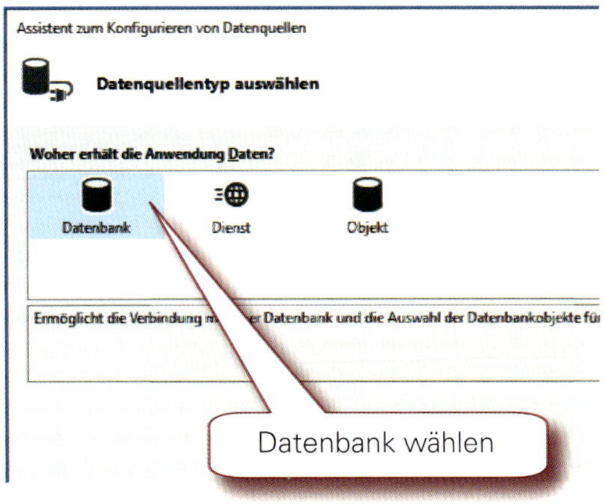


Anschließend muss das Datenbankmodell gewählt werden:

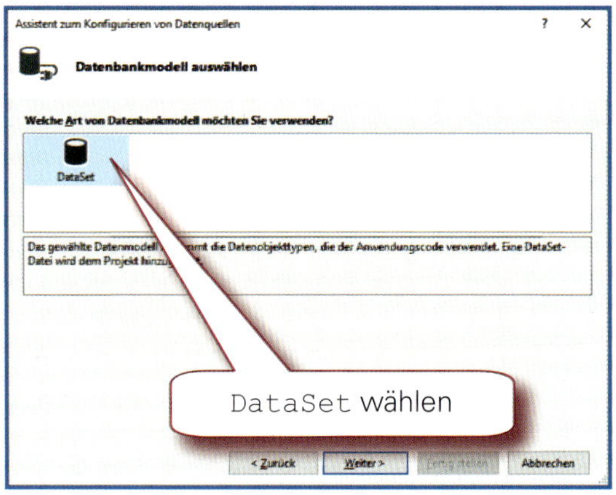


Danach eine neue Verbindung wählen:

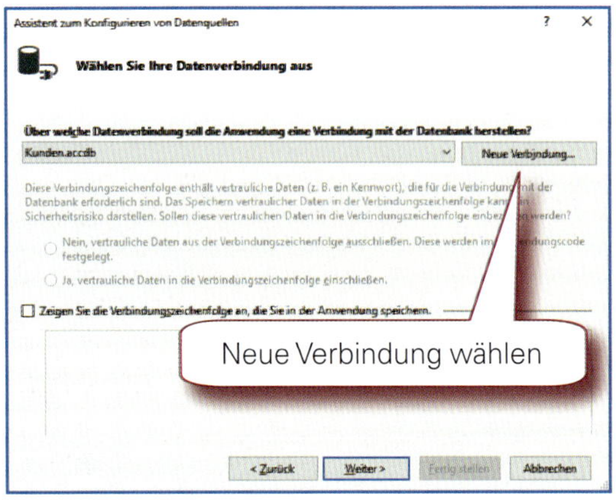


Die Datenquelle auf die gewünschte Datenbank ändern (hier eine ACCESS-Datenbank):

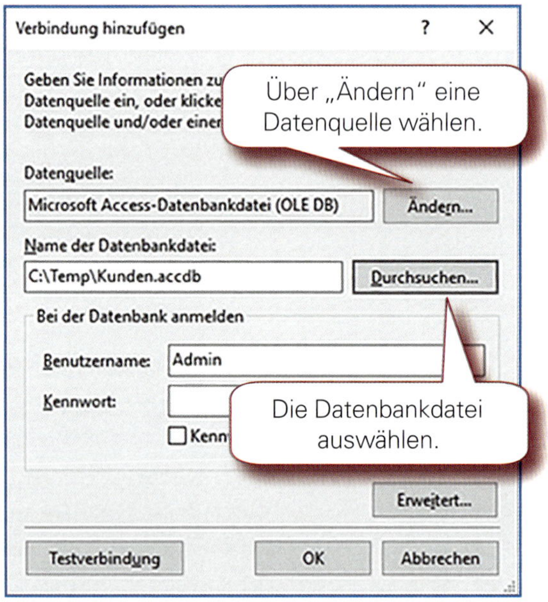


Nach dem Testen der Verbindung kann die Verbindung mit dem „OK"-Button bestätigt werden. Danach kann mit dem „Weiter"-Button des ursprünglichen Dialogs der Vorgang abgeschlossen werden.

Vorher fragt der Assistent aber nach der Verwendung der Datenbank als Kopie:

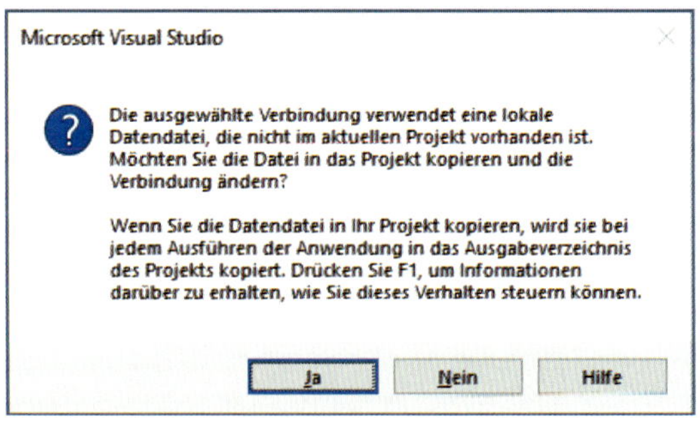


Die Microsoft-Online-Hilfe gibt Auskunft über diese Wahlmöglichkeit:

> Eine lokale Datenbankdatei kann als Datei in ein Projekt eingebunden werden. Wenn Sie zum ersten Mal eine Verbindung zwischen Ihrer Anwendung und einer lokalen Datenbankdatei herstellen, können Sie auswählen, ob Sie in Ihrem Projekt eine Kopie der Datenbank erstellen oder eine Verbindung zur Datenbankdatei an deren aktuellen Speicherort herstellen möchten. Wenn Sie eine Verbindung zu der vorhandenen Datei herstellen, wird die Verbindung genauso wie zu jeder Remote-Datenbank hergestellt, und die Datenbankdatei verbleibt am ursprünglichen Speicherort. Wenn Sie die Datenbank in Ihr Projekt kopieren möchten, erstellt Visual-Studio eine Kopie der Datenbankdatei, fügt sie dem Projekt hinzu und ändert die Verbindung, sodass sie auf die Datenbank im Projekt zeigt und nicht auf den ursprünglichen Speicherort der Datenbankdatei.

In diesem Beispiel wird mit „Nein“ geantwortet und es wird mit der Original-Datenbank (keine Kopie) gearbeitet.

Die Verbindung kann dann unter einem Namen gespeichert werden:

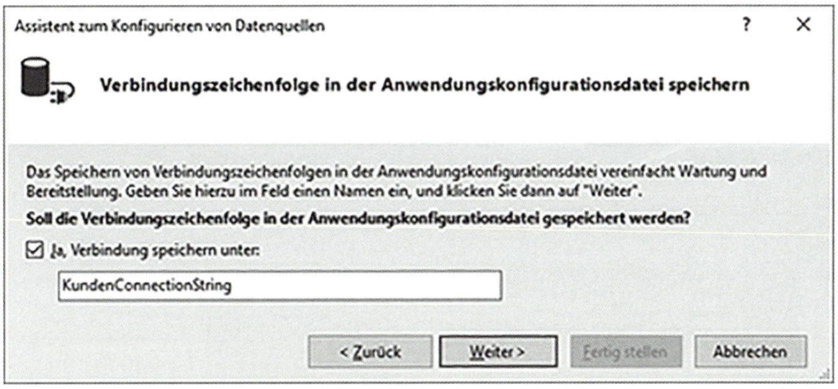


Nun können die Datenbankobjekte ausgewählt werden. In diesem Fall wird die komplette Kundentabelle ausgewählt:

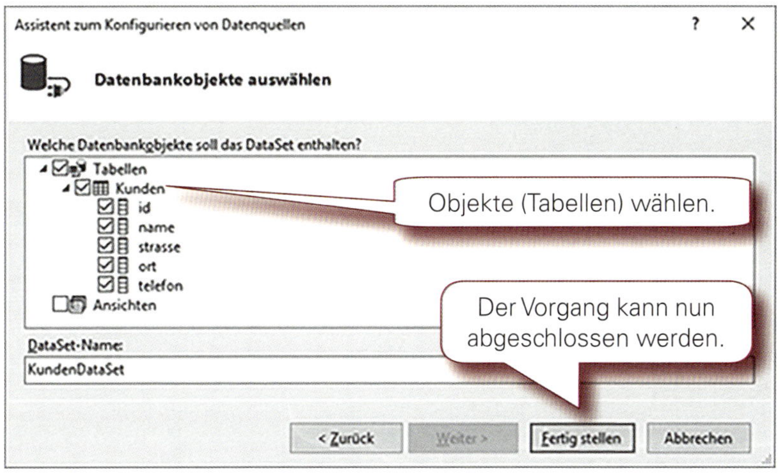


### 10.2.2 Windows-Forms-Steuerelemente automatisch anbinden

Mithilfe des Menüpunkts „*Ansicht → Weitere Fenster → Datenquellen*“ wird die Datenquelle angezeigt und kann anschließend für eine Forms-App verwendet werden.

Per *Drag&Drop* kann die Tabelle Kunden nun in der gewünschten Ansicht (hier `DataGridView`) auf die Form gezogen werden. Der Assistent legt automatisch das entsprechende Steuerelement und die Verbindung zur Datenbank und der Tabelle an:

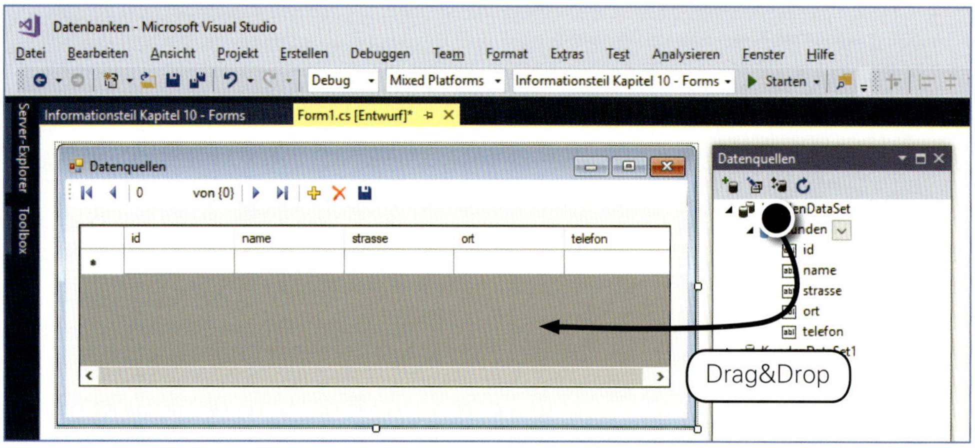


Nach dem Starten steht eine funktionstüchtige Ansicht der Datenbanktabelle zur Verfügung.

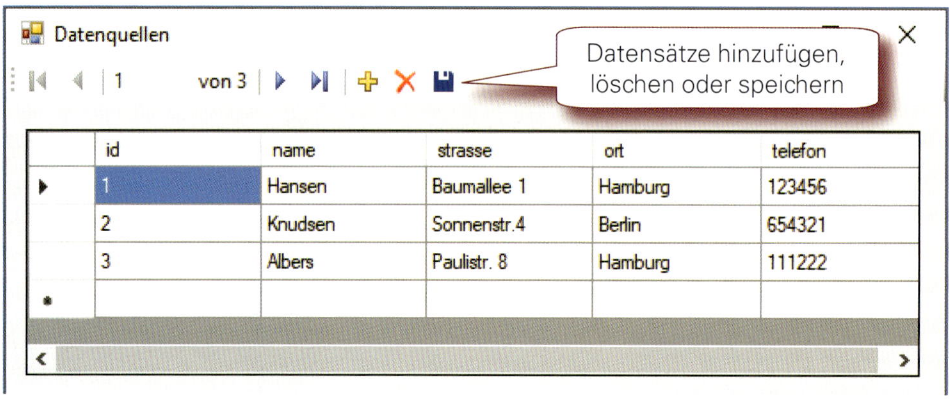


Die Datensätze können bearbeitet sowie gelöscht werden. Ebenso können auch neue Datensätze hinzugefügt werden. Natürlich stehen dem Entwickler eine Vielzahl von Ereignissen und Eigenschaften zur Verfügung, mit denen das Element programmiert werden kann. Beispielsweise kann durch den Doppelklick auf eine Zelle die Ereignisbehandlungsmethode `CellContentClick` erzeugt werden, die auf das Klicken auf einen Zelleninhalt reagiert.

```
private void kundenDataGridView_CellContentClick(object sender,
                                        DataGridViewCellEventArgs e)
{
    MessageBox.Show("Auf einen Zelleninhalt geklickt!");
}
```

Zusätzlich zu der `GridView`-Ansicht kann durchaus auch die Detailansicht per *Drag&Drop* auf die Form gezogen werden. Damit stehen dem Benutzer nicht nur die Tabellenansicht, sondern auch eine Formularansicht zur Verfügung. Die Anzeige der Daten wird automatisch synchronisiert:

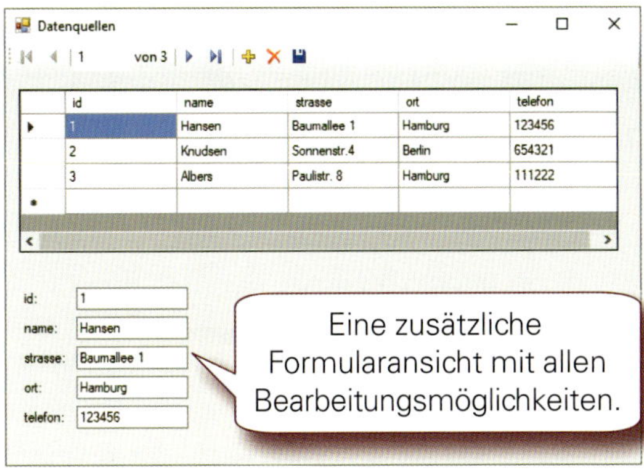


### 10.2.3 WPF-Steuerelemente automatisch anbinden

Mithilfe des Menüpunkts „Ansicht → Weitere Fenster → *Datenquellen*" wird die Datenquelle angezeigt und kann anschließend für eine WPF-App verwendet werden.

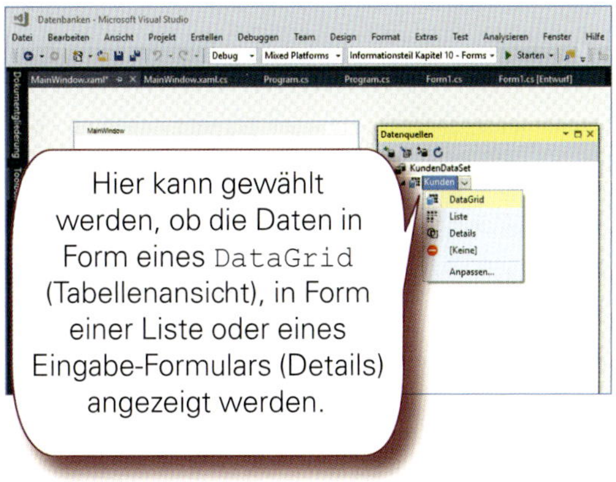


Per *Drag&Drop* kann die Tabelle Kunden nun in der gewünschten Ansicht (hier `DataGrid`) auf das Fenster gezogen werden. Der Assistent legt automatisch das entsprechende Steuerelement und die Verbindung zur Datenbank und der Tabelle an:

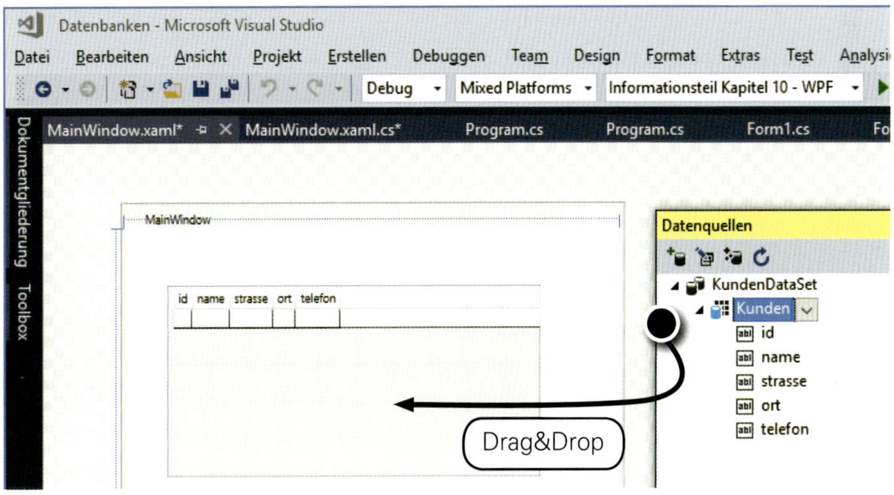


Nach dem Starten steht eine Tabellen-Ansicht der Datenbanktabelle zur Verfügung.

| id | name | strasse | ort | telefon |
|---|---|---|---|---|
| 1 | Hansen | Baumallee 1 | Hamburg | 123456 |
| 2 | Knudsen | Sonnenstr.4 | Berlin | 654321 |
| 3 | Albers | Paulistr. 8 | Hamburg | 111222 |
| | | | | |

Der zugehörige XAML-Code sieht so aus:

```
<DataGrid x:Name="kundenDataGrid" AutoGenerateColumns="False" EnableRowVirtualization="True" ItemsSource="{Binding}"
Margin="45,59,51,64" RowDetailsVisibilityMode="VisibleWhenSelected">
```

Die Spalten passen sich der Überschrift an.

```
        <DataGrid.Columns>
                <DataGridTextColumn x:Name="idColumn"
                Binding="{Binding id}" Header="id" Width=
                "SizeToHeader"/>
```

Die WPF-Datenbindung!

```
                <DataGridTextColumn x:Name="nameColumn"
                Binding="{Binding name}" Header="name"
                Width="SizeToHeader"/>
                <DataGridTextColumn x:Name="strasseColumn"
                    Binding="{Binding strasse}" Header="strasse"
                    Width="SizeToHeader"/>
                <DataGridTextColumn x:Name="ortColumn" Binding=
                "{Binding ort}"Header="ort" Width="SizeToHeader"/>
                <DataGridTextColumn x:Name="telefonColumn"
                Binding="{Binding telefon}" Header="telefon"
                Width="SizeToHeader"/>
        </DataGrid.Columns>
</DataGrid>
```

In die Tabelle können auch neue Werte eingetragen werden, allerdings findet keine automatische Synchronisierung statt. Dafür muss in der *Code-behind*-Datei eine bestimmte Methode der `DatenAdapterklasse` aufgerufen werden. Die folgende Ereignismethode zeigt die Vorgehensweise der Synchronisierung.

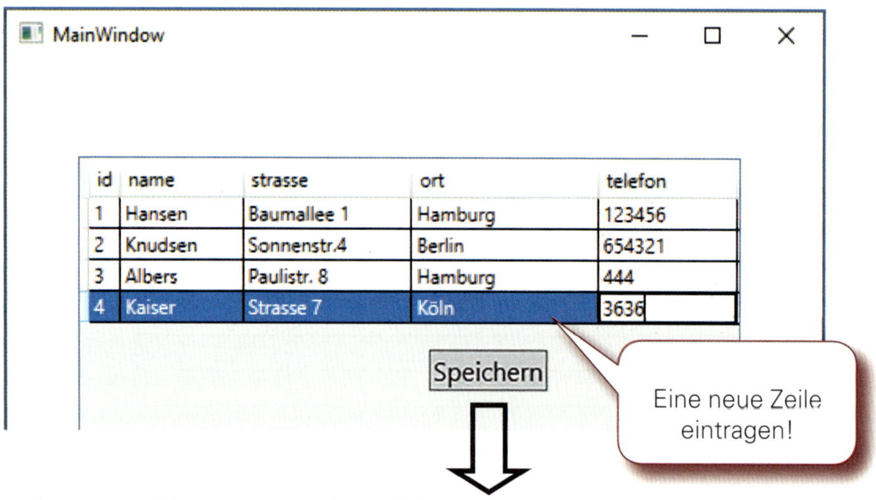


```
private void Button_Click(object sender, RoutedEventArgs e)
{
```

Durch die Instanzierung eines `CommandBuilder`-Objektes erhält die Adapter-Instanz alle nötigen Informationen für das ***Update***!

```
        try
        {
            OleDbCommandBuilder cmbKunden = new
                OleDbCommandBuilder(kundenDataSetKundenTableAdapter.
                                                        Adapter);
```

```
        kundenDataSetKundenTableAdapter.Update(kundenDataSet);
            MessageBox.Show("Update erfolgreich");
        }
        catch (System.Exception ex)
        {
            MessageBox.Show("Update-Fehler:" + ex);
        }
}
```

**Update** veranlassen!

Allerdings muss dazu in der *Code-behind*-Datei der Quellcode so geändert werden, dass die Verweise für die Datenbankanbindung als Attribute angelegt werden. Ansonsten wäre ein Zugriff auf das Adapterobjekt wie in der obigen Methode nicht möglich.

Der angepasste Quellcode sieht so aus:

```
public partial class MainWindow : Window
{
        public MainWindow()
        {
                InitializeComponent();
        }

        private KundenDataSet kundenDataSet;

        private KundenDataSetTableAdapters.KundenTableAdapter
                                    kundenDataSetKundenTableAdapter;
        private System.Windows.Data.CollectionViewSource
                                    kundenViewSource;
        private void Window_Loaded(object sender, RoutedEventArgs e)
        {
            kundenDataSet =
            ((KundenDataSet)(this.FindResource("kundenDataSet")));
             kundenDataSetKundenTableAdapter = new
             KundenDataSetTableAdapters.KundenTableAdapter();
             kundenDataSetKundenTableAdapter.Fill(kundenDataSet.
             Kunden);
             kundenViewSource =
              ((Sysem.Windows.Data.CollectionViewSource)
                     (this.FindResource("kundenViewSource")));

             kundenViewSource.View.MoveCurrentToFirst();
        }
        :
        :
}
```

Die Verweise als private Attribute anlegen.

### Navigationsmethoden

Neben der `Update`-Methode, um die Änderungen festzuschreiben, können mit den `Move`-Methoden der `ViewSource`-Klasse Bewegungen in den Datensätzen erzeugt werden:

```
kundenViewSource.View.
MoveCurrentToNext();

kundenViewSource.View.
MoveCurrentToPrevious();

kundenViewSource.View.
MoveCurrentToFirst();

kundenViewSource.View.
MoveCurrentToLast();
```

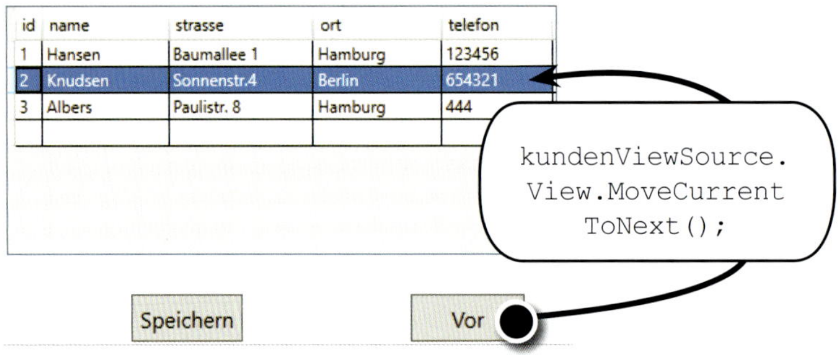


## 10.3 Aufgaben zu Kapitel 10

### Aufgabe 1

Für die Inventur einer Firma wird ein mobiler Scanner genutzt, der alle Artikel mithilfe eines Barcodes einscannen kann. Zusätzlich kann die Anzahl der Artikel über ein Barcode-Datenblatt eingescannt werden. Nach der Inventur liegen alle Daten in Form einer Textdatei auf einem Speicherchip des Scanners vor. Schreiben Sie eine einfache Konsolenanwendung, die eine solche Textdatei einliest und in einer Datenbanktabelle speichert. Die Datenbanktabelle wird vorher in einer geeigneten Datenbank (z. B. ACCESS) mit den entsprechenden SQL-Befehlen angelegt. Anschließend werden folgende statistische Kenndaten aus der Tabelle ausgelesen:

- Die drei Artikel, von denen die höchste Anzahl vorhanden ist.
- Die drei Artikel, von denen die geringste Anzahl vorhanden ist.
- Die durchschnittliche Anzahl der Artikel.

Nach einer Inventur könnte die Textdatei so aussehen:

Nach dem Starten könnte die Bildschirmausgabe so aussehen:

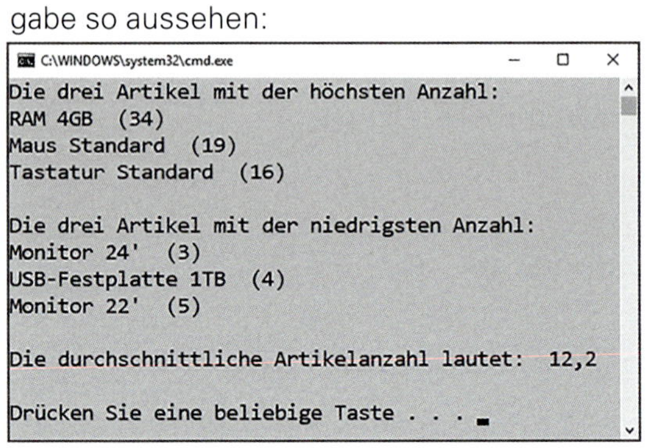


**Hinweise:**

- Nutzen Sie für das Einfügen der Datensätze entweder eine SQL-Anweisung oder ein `DataSet` Objekt.
- Die Berechnung der Kenndaten geschieht entweder mit den entsprechenden SQL-Funktionen (wie `AVG`) oder direkt im C#-Programm.

### Aufgabe 2

**Ausgangssituation**

In einer Firma sind die Bestelldaten der Kunden in zwei Datenbanktabellen (beispielsweise mit ACCESS) abgelegt. Für die Mitarbeiter soll eine einfache GUI-Anwendung geschrieben werden, mit der die Bestelldaten eines Kunden übersichtlich dargestellt werden können.

Die zugrunde liegenden Tabellen sehen so aus:

Kundentabelle:

| Kunden | |
|---|---|
| **ID** | **Name** |
| 1 | Maier |
| 2 | Knudsen |
| 3 | Kaiser |
| 4 | Franzen |
| 5 | Knobloch |

Beziehung der Tabellen:

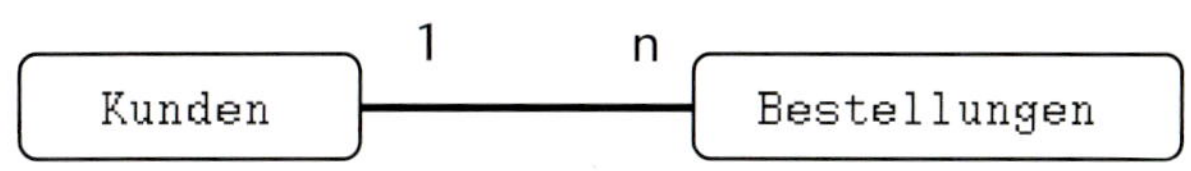


Bestellungen-Tabelle:

| Bestellungen | | | | | |
|---|---|---|---|---|---|
| **Kunden_ID** | **Bestellnummer** | **Datum** | **Infotext** | **Sachbearbeiter** | **Erledigt** |
| 1 | 10 | 10-05-2021 | Eilbestellung | Kracher | Ja |
| 3 | 11 | 22-05-2021 | gefährliche Fracht | klauber | Ja |
| 4 | 12 | 20-05-2021 | guter Kunde | Hütter | Nein |

Die Bestellungen-Tabelle hat einen Fremdschüssel `Kunden_ID`, der die „1:n" – Beziehung der beiden Tabellen umsetzt.

Aufgabenstellung:

Legen Sie die beiden Tabellen in einer geeigneten Datenbank an (beispielsweise ACCESS) und füllen Sie die Tabellen mit den entsprechenden Werten. Implementieren Sie dann eine Windows-Forms oder eine WPF-Anwendung, die auf die Datenbank zugreift und die Tabellen ausliest. Die Oberfläche der Anwendung sollte so aussehen:

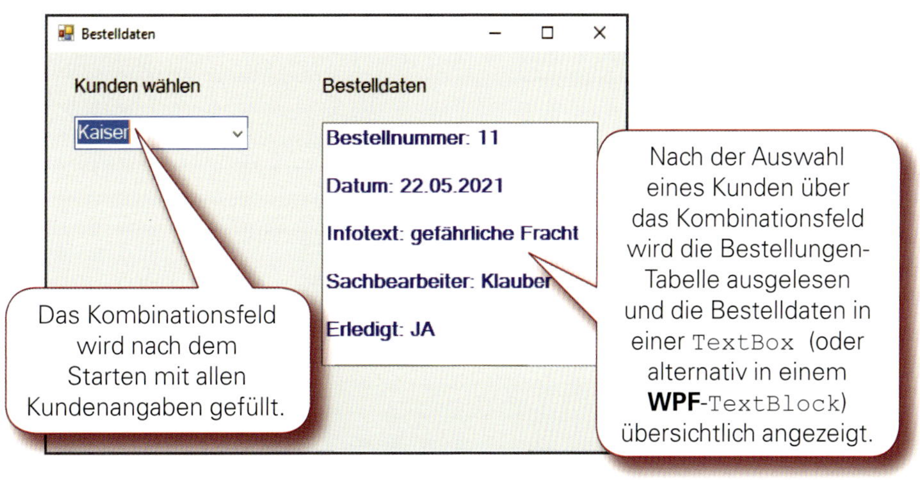

## 10.4 Digitale Inhalte zu Kapitel 10

**Hinweis:**

Um die Aufgaben online zu bearbeiten, bitte den QR-Code scannen oder den Link eingeben.

**Aufgabe 1: Ablauf eines Datenbankzugriffs in C# erkennen**
https://vel.plus/qkPs

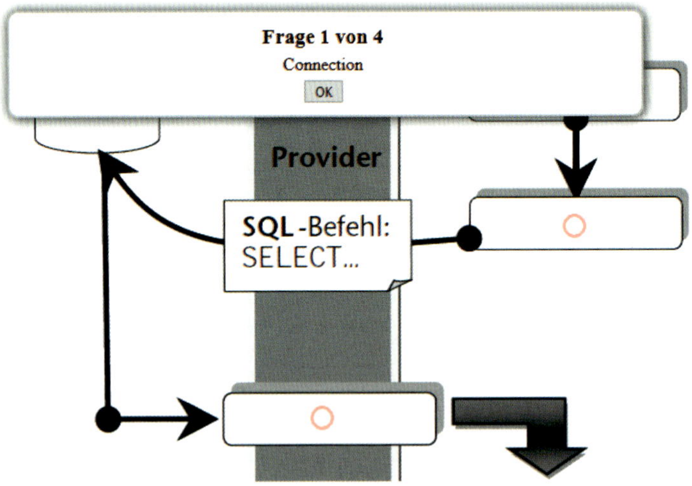


**Aufgabe 2: Kreuzworträtsel mit C#-Datenbankbegriffen**
https://vel.plus/hRHJ

# Index


## Symbole

$_POST[ ] 159
1:1-Beziehung 21
1:m-Beziehung 20
1. Normalform 35
2. Normalform 36

## A

Abfragen 84
Abfragen erstellen 137
ABS(zahl) 104
Access 73
Adapter-Objekte 189
ADO.NET 183
Aggregatfunktionen 99
Aktualisieren von Daten 113
Aktualisierungsweitergabe 77
ALTER 91
Änderungsanomalien 114
Anomalien 114
Ansicht 68
Ansicht-Shape 69
Anwendungsprogramme 9
Architektur 12
Architektur eines DBMS 16
Arrays 150
ASC 103
Assoziative Arrays 151
Attribute 23
Auswahlabfragen 92
AVG 99

## B

Backend 13
Basistabellen 17
Bedingungen 92
Befehlsschaltflächen 81
Benutzersicht 11
Berichte 82
BETWEEN 96
Beziehung 20, 23
Beziehungen 76
Beziehung erstellen 63
Beziehungslinie 63
Bottom-up 34

## C

CASCADE 52
CDATE 103
Childtabelle 22
CINT(zahl) 103
Client/Server-Datenbank 13
Codd 11
Command 184
CommandBuilder 191
COMMIT 116
COUNT 99
CREATE 90
Crows Feet Notation 54

## D

DataAdapter 189
Database 9
Database Management-System 9
Data Dictionary 11
Data Manipulation Language 112
DataReader 184
DataSet 189
Datatype 51
Data Warehouse 9
DATE() 101
Dateiorganisation 12
Datenanbieter 183
Datenbank-Assistent 121
Datenbanken 9
Datenbankentwicklung 33
Datenbankmodelldiagramm 60
Datenbankmodellierung 47
Datenbanksteuerung 80
Datenbanksystem 10
Datenbankverwaltungssystem 9
Datenbankzugriff 171, 183
Datenkatalog 11
Datensatz 11
Datenschutz 10
Datentyp 19
Datentypen 74, 123
Datenunabhängigkeit 10
Datumsfunktionen 100
DB-Designer 47
DBMS 9
DBMS-Connection 59
DBS 10
DCL 89
DDL 89
DELETE 113
Denormalisierung 38
Detailtabelle 41
DISTINCT 96
DML 89, 112
DQL 89
Drei-Schichten-Architektur 16
Dritte Normalform 37
DriverManager
– getConnection 173
DROP 91

## E

EER-Modell 50
Einbenutzerbetrieb 13
Einfügeanomalien 114
Eingabemaske 12
Entität 20
Entitäten-Beziehungs-Modell 22
Entity Relationship Model 22
ERM 22
ER-Modell 60
ER-Modellierung 24
ERM-Symbole 23
ERP-System 9
Erste Normalform 35
ExecuteNonQuery 187
ExecuteUpdate 175
EXP(Wert) 104
External View 17
Externe Ebene 16

## F

Feldprüfungsbedingung 71
Feldtyp 130
fileperms(); 157
filetype(); 157
Fill-Methode 190
Filterbedingungen 139
fopen() 155
foreach-Schleife 152
Foreign Key 52
Formular-Assistent 141
Formulare 77, 141, 158
Forward Engineering 57
Fremdschüssel 180, 199
Frontend 13
fwrite() 155

## G

GetDateTime-Methode 186
GetInt32-Methode 186
GetString-Methode 185, 186
GRANT 163
GROUP BY 104
Gruppenfunktionen 99
Gruppieren 104
Gültigkeitsregeln 75

## H

HAVING 105
Hierarchische Datenbank 14

## I

IN 96
Index 68
Indizes 67
Inkonsistenz 10
Insert 53
INSERT INTO 112
Integrität 41
Interne Ebene 16
ISNULL 104

## J

JDBC 171

## K

Kardinalität 22, 131
Kardinalität festlegen 64
Konsistenz 114
Konzeptuelle Ebene 16
Krähenfußnotation 54

## L

LCASE 103
LEFT 103
LEN 103
LibreOffice Base 10, 121
Logbuch 12
logische Funktionen 104
Logischer Entwurf 17
Löschanomalien 114
Löschen von Datensätzen 113
Löschweitergabe 77

## M

Makros 81
MariaDB 159
Mastertabelle 22, 41
mathematische Funktionen 104
MAX 99
Mehrbenutzerbetrieb 13
Mehrdimensionale Arrays 152
Microsoft Access 10
Microsoft VISIO 60
MIN 99
m:n-Beziehung 21, 24
MOD 104
msi-Paket 48
MS-VISIO 60
mydb 51
MyODBC 166
MySQL 10, 47, 147
mysqladmin 161
MySQL-Clients 160
mysql_close() 165
mysql_connect() 165
mysql_db_query() 165
mysqldump 161
mysql_fetch_array() 165
mysql_num_fields() 165
mysql_num_rows() 165
MySQL-Workbench 49

## N

.NET-Framework 183
Netzwerkartige Datenbank 14
Nichtschlüssel-Attribut 37
NO ACTION 52
Normalisierung 33
NULL-Wert 51, 97
numerischen Arrays 150

## O

Objekt 20
Objektorientierte Datenbank 14
Objektrelationale Datenbank 14
ODBC 166, 183
ODBC-Schnittstelle 134
ODBC-Treiber 64
OLEDB 183
OleDbCommand 184, 190
OleDBDataAdapter 190
OleDbDataReader 184
ON DELETE 132
ON UPDATE 132
Oracle 10, 183
ORDER BY 97

## P

Paradox 10
Phasen des Datenbankentwurfs 17
PHP 147, 149
phpMyAdmin 162
POST 159
Primärschlüssel 19, 75
Primarschlüssel setzen 129
Primary Key 20
Provider 183

## R

Rechenoperationen 100
Rechte 163
Redundanz 10
Referenzielle Aktion 64
Referenzielle Integrität 41, 76
Relationale Datenbank 14, 19
Relationen 19
require() 156
RESTRICT 52
ResultSet
– getDouble 174
– getInt 174
– getString 174
Reverse Engineering 64
rewind() 156
RIGHT 103
RND() 104
ROLLBACK 116

## S

Schema 16
Schlüssel 20
Schlüsselattribut 23
SELECT 92
SET NULL 52
Sortierung 86
Spalte 19, 20
SQL 89
– AVG 179, 198
– MAX 179, 198
– MIN 179
– SUM 179, 198
SQL-Anweisung 13
SQL-Script 58
SQL-Server 10, 50, 183
strtolower() 154
STR(zahl) 103
Subqueries 110
SUM 99

## T

Tabelle erstellen 60
Tabellen 19
Tabellen-Assistent 126
Tabellen verknüpfen 52
TextBox 199
Top-down 34
Transaktion 12
Transaktionen 115
transitive Abhängigkeit 37
Treiber
– Mysql 178
– SQLite 172

## U

UCASE 103
ucfirst() 154
Umwandlungsfunktionen 103
Unterabfragen 110
Unterformulare 78, 142
UPDATE 113

## V

VAL(string) 103
Variablen 150
verbindungslos 189
View 12, 68
Views 16
Visual C# 2010 184
voll funktionale Abhängigkeit 36

## W

Webserver 147
Webserver Apache 147
WHERE 92
WPF-TextBlock 199

## X

XAMPP 147, 148

## Z

Zeichenketten 154
Zeichenkettenfunktion 102
Zeile 19
Zelle 19
Zugriffsrechte 162
Zugriffsrechte auf Dateien 157
Zweite Normalform 36